ТРАВМА І СТІЙКІСТЬ

ПОСІБНИК

ЕФЕКТИВНА
ДОПОМОГА
ТИМ, ХТО
СЛУЖИТЬ
БОГУ

АВТОРИ ТА РЕДАКТОРИ
ФРАУКЕ І ЧАРЛІ ШЕЙФЕР

ТРАВМА і СТІЙКІСТЬ © 2023, Ukrainian, 2012 English Frauke C. Schaefer, MD and Charles A. Schaefer, PhD. Всі права захищені.

ISBN Друк: 978-1-0881-1359-2
ISBN електронна книга: 978-1-0881-1408-7
Біблія у перекладі Івана Огієнка, Українське Біблійне Товариство, 2004

Дизайн обкладинки та оформлення інтер'єру Sarah O'Neal | eve custom artwork
Зображення обкладинки надано AdobeStock/Alcorn Imagery

Особлива подяка команді українських перекладачів: Denys Baranov, Olena Cherkasova, Andrij Tryhuba, and Vasyl Novakovets

ПОДЯКА

Ідею написання книги на цю тему вперше висловив д-р Дан Дж. Блейзер. Ми вдячні за його бачення, невтомну підтримку і вплив, який він справив на наші життя, будучи наставником у дослідницькій праці та християнському житті. Він і д-р Том Хейл з радістю поділилися своїми знаннями, ставши редакторами-консультантами.

Книга не була б написана без можливостей для взаємодії та професійного розвитку, наданих проведенням щорічної конференції «Психічне здоров'я і місія» в Анголі, штат Індіана. Саме на цій конференції автори зустрілись і розробили концепцію книги.

Особливу подяку хочемо висловити Елізабет Стаут, професійному редактору і духовному наставнику; вона не лише дуже якісно виконала редакторську працю, але і зміцнила нашу стійкість своїм унікальним почуттям гумору.

Сара О'Ніл виявила творчість у розробці дизайну, а д-р Брент Ліндквіст допоміг у публікації книги.

Ми вдячні д-ру Крістін Рост за цінний внесок у розкриття теми подолання сильного травматичного стресу, а також д-ру Ричарду Горсач (тема внутрішньої релігійності) і д-ру Ребеці Екланд (тема плачу).

Велика подяка всім оповідачам, які заради нашого блага розкрили вразливі аспекти свого життя. Д-р Джеррі Сіттсер стисло виклав власний досвід трагічної втрати (попередньо опублікований у книзі «Замаскована благодать»).

Ми вдячні нашим підопічним, клієнтам і пацієнтам, які відверто розповідали про свій досвід, і ці свідоцтва дозволили нам прочитати книгу їхніх життів і сердець, що багато чому нас навчило.

Ми дякуємо нашим родинам і друзям за прояв терпіння, оскільки на втілення цього проєкту знадобилось більше часу, ніж очікувалось.

Фрауке і Чарлі Шейфер

Чапел-Хілл, Північна Кароліна, США

Серпень 2012

ПОДЯКА

Ідею написання книги на цю тему вперше висловив д-р Дан Дж. Блейзер. Ми вдячні за його бачення, невтомну підтримку і вплив, який він справив на наші життя, будучи наставником у дослідницькій праці та християнському житті. Він і д-р Том Хейл з радістю поділилися своїми знаннями, ставши редакторами-консультантами.

Книга не була б написана без можливостей для взаємодії та професійного розвитку, наданих проведенням щорічної конференції «Психічне здоров'я і місія» в Анголі, штат Індіана. Саме на цій конференції автори зустрілись і розробили концепцію книги.

Особливу подяку хочемо висловити Елізабет Стаут, професійному редактору і духовному наставнику; вона не лише дуже якісно виконала редакторську працю, але і зміцнила нашу стійкість своїм унікальним почуттям гумору.

Сара О'Ніл виявила творчість у розробці дизайну, а д-р Брент Ліндквіст допоміг у публікації книги.

Ми вдячні д-ру Крістін Рост за цінний внесок у розкриття теми подолання сильного травматичного стресу, а також д-ру Ричарду Горсач (тема внутрішньої релігійності) і д-ру Ребеці Екланд (тема плачу).

Велика подяка всім оповідачам, які заради нашого блага розкрили вразливі аспекти свого життя. Д-р Джеррі Сіттсер стисло виклав власний досвід трагічної втрати (попередньо опублікований у книзі «Замаскована благодать»).

Ми вдячні нашим підопічним, клієнтам і пацієнтам, які відверто розповідали про свій досвід, і ці свідоцтва дозволили нам прочитати книгу їхніх життів і сердець, що багато чому нас навчило.

Ми дякуємо нашим родинам і друзям за прояв терпіння, оскільки на втілення цього проєкту знадобилось більше часу, ніж очікувалось.

Фрауке і Чарлі Шейфер

Чапел-Хілл, Північна Кароліна, США

Серпень 2012

ЗМІСТ

ПОДЯКА УКРАЇНСЬКИЙ ПЕРЕКЛАД   vii
Фрауке і Чарлі Шейфер

ПЕРЕДМОВА   xi
Фрауке і Чарлі Шейфер

РОЗДІЛ 1. РОЗДУМИ НАД БОГОСЛОВ'ЯМ СТРАЖДАННЯ   1
Скотт Е. Шом

РОЗДІЛ 2. ІСТОРІЇ ПРО ТРАВМУ В СЛУЖІННІ   27

1. Громадянська війна й евакуація – *Карен Карр, Гана*   27
2. Боротьба з раком нирки – *Аллан і Бетсі Пул, США*   31
3. Жахлива автокатастрофа в Африці – *Енн Хеймел, Руанда*   35
4. Втрата близьких – *Джеррі Сіттсер, США*   39
5. Пограбування і зрада – *Дан Крам, Кенія*   42

РОЗДІЛ 3. РЕСУРСИ ДЛЯ ЕФЕКТИВНОЇ ПІДТРИМКИ   47

1. Характерні реакції після травми – *Карен Карр*   47
2. Дієва підтримка громади – *Карен Карр*   79
3. Особиста стійкість – *Карен Карр*   102
4. Здоровий стрес-менеджмент – *Фрауке Шейфер*   115
5. Управляючи сильним травматичним стресом – *Фрауке Шейфер*   131
6. Духовні ресурси в подоланні травми – *Фрауке і Чарлі Шейфер*   150
7. Молитва, яка зцілює – *Енн Хеймел*   201

СТИСЛО ПРО ГОЛОВНЕ 220
Фрауке і Чарлі Шейфер

ДОДАТКИ 223
А. Робочий лист «Назустріч богослов'ю ризику і 225
страждання» – *Скотт Шом*
Б. Характерні реакції на травму – *Карен Карр* 228
- Дорослі 228
- Діти 232
- Підлітки 234
- Оцінка рівня стресу міжкультурного працівника 236

В. Книги, онлайн-ресурси, консультаційні центри, 240
конференції і тренінги – *Чарлі Шейфер*

Г. Ресурси допомоги при травмах (для українського 249
видання – *Співробітники Barnabas International*

БІБЛІОГРАФІЯ 251

ПРО АВТОРІВ 259

ПОДЯКА
УКРАЇНСЬКИЙ ПЕРЕКЛАД

Божі шляхи – не наші шляхи; ці слова точно відображають ситуацію стосовно українського перекладу книги «Травма і стійкість». Ще до російського вторгнення в Україну у нас був «план А», запропонований Чарлі Ворнером, який в усіх питаннях християнського перекладу та видавництва довіряв Василю Новаковцю. Мета цього плану полягала у забезпеченні українських християнських служителів необхідними ресурсами в контексті питання травми. Однак «план А» зазнав суттєвих змін.

Із початком війни ми відчули ще більшу необхідність розпочинати процес перекладу книги, хоча б її розділу «Духовні ресурси у подоланні травми», оскільки травма швидко поглинала багатьох людей в Україні. Втім як? Люди тікали, а в життях українців панував хаос. Через мережу Linked-In ми зв'язалися з Денисом Барановим, як потенційним перекладачем книги, прочитавши переконливу рекомендацію стосовно його перекладацьких послуг, надану людиною, якій ми довіряли. Дивовижним чином під однією з основних професійних рекомендацій для Дениса було вказано ім'я Василя Новаковця. Попри хаотичні обставини в нас було сильне відчуття довіри Богу та один одному, і ми, зрештою, домовилися з Денисом розпочати цей перекладацький проєкт.

Денис наполегливо працював на розділом «Духовні ресурси». За допомогою Василя та багатьох інших, небайдужих до українського народу, ми зуміли безкоштовно опублікувати перекладений розділ в PDF-форматі, перед тим як він повноцінно увійшов до усієї перекладеної книги.

Денис Баранов майстерно переклав книгу на українську мову, живучи на території, окупованій російськими військами в Україні. Це стало можливим лише завдяки Божій допомозі, відважній вірі, наполегливості та стійкості. Вже під кінець роботи над перекладом книги Денису і його батькам вдалося переїхати у більш безпечне місце. Попри складні обставини він завершив переклад ще до Різдва 2022 року. Ми вражені і глибоко вдячні йому за його працю над цим проєктом.

Денис Баранов каже: «Я все можу в Тім, Хто мене підкріпляє, – в Ісусі Христі» (Фил. 4:13). Ці слова стали моїм девізом по житті, особливо у період тимчасової російської окупації міста Херсон в Україні, саме коли і робився український переклад книги «Травма і стійкість». Перш за все, велика вдячність і слава БОГУ за те, що Він допомагав мені працювати над перекладом у надскладних обставинах, коли за вікном щодня і щоночі чулися звуки вибухів та стрілянини, коли постійно відчувалась несвобода і небезпека, і серце краялось від переживань за майбутнє. Водночас було чітке внутрішнє усвідомлення, що Бог поряд, і саме завдяки Його допомозі був зроблений цей переклад. Ще хочу висловити велику подяку моїм батькам, які невпинно підтримували мене в процесі перекладу. Дякую вам за вашу любов!»

Ми вдячні Василю Новаковцю і його команді за редакцію, а також за консультації стосовно дизайну та видання. Ми дякуємо Сарі О'Ніл, дизайнеру англійської та іспанської версій книги, що вона знов допомагає нам в оформленні дизайну книги.

Василь Новаковець каже: «Це українське видання підготовлене українцями в контексті війни в Україні: перекладач жив і працював в умовах окупації, редактори є біженцями в інших країнах, а дизайнер живе у Західній Україні, де він бачив тисячі біженців зі Сходу нашої країни. Це і наша історія, бо ми знаємо, що таке ТРАВМА, і Бог через цю книгу дарує СТІЙКІСТЬ нашим серцям».

Ми дуже вдячні друзям, які підтримували в процесі перекладу розділу «Духовні ресурси» і підбадьорювали здійснити переклад усієї книги. Глибока вдячність ForumWiedenest (Німеччина) за щедру фінансову підтримку цього проєкту.

Фрауке і Чарлі Шейфер,

Січень 2023 рік

ПЕРЕДМОВА
ФРАУКЕ І ЧАРЛІ ШЕЙФЕР

Служіння Богу – це один із найзахоплюючих і приємних способів життя. Водночас воно може бути складним, ризикованим і часто виснажливим.

Будучи місіонерами в міжнародних контекстах, кожен із нас відчував особливу близькість до Бога. Чарлі керував комп'ютерним центром у Того; його діяльність була пов'язана з перекладом Біблії. Фрауке служила директором лікарні для прокажених у Непалі, її діяльність була зосереджена на підтримці здоров'я і розвитку громади. Для нас ці служіння стали життєзмінюючими. Який привілей брати участь у побудові Божого Царства в цих місцях, досягаючи бідних і перетинаючи культурні кордони! Безумовно, у цьому були додаткові ризики, однак коли ризикуєш в ім'я Бога, Його присутність стає дуже очевидною, переконливою й особистою.

Нас також уразив професіоналізм місіонерів, з якими ми познайомились. Вони були дивовижними людьми – сміливими, витривалими, жертовними і відданими своєму покликанню. Проте постійний високий рівень стресу, надмірна праця, проблеми у стосунках і травматичні події впливали на багатьох. Дехто просто виживав у служінні, замість того щоб процвітати, інші передчасно повернулися додому. Повернувшись до своєї країни, ми відчули Божий поклик підтримувати тих, хто служить. Чи допомогла б належна підтримка місіонерам продовжувати служіння без вигорання або передчасного припинення служіння? Чи можна зменшити негативні наслідки сильної травми? Ми присвятили себе вивченню психічного здоров'я у сфері психології та психіатрії, шукаючи способи допомогти місіонерам і пасторам. Вивчення Біблії та професійних книг у спробі поєднати віру і наукові знання стало нашим найбільш важливим завданням.

Після еміграції з Німеччини до США та після свого весілля 2000 року Фрауке почала вивчати психіатрію в Університеті Дюка в Північній Кароліні. Д-р Дан Дж. Блейзер, досвідчений дослідник університету, на початку своєї кар'єри брав участь у медичній місії в Центральній і Західній Африці. Він погодився взяти на себе керівництво дослідницьким проєктом на тему травми, травматичного стресу і стійкості серед місіонерів (Schaefer et al., 2007). Одним із головних відкриттів дослідження став той факт, що місіонери проживали у складних контекстах, але виявляли дивовижну стійкість, навіть попри високі ризики зазнати важких травм. Безумовно, ті, хто зазнав численних травматичних подій за кордоном, відчув міжособистісне насильство або жив у дуже нестабільних умовах (наприклад, часті бойові дії, громадянська війна і злочини), з більшою імовірністю могли зазнати посттравматичного стресового розладу. Водночас зі зростанням кількості зазнаних травматичних подій зростала і стійкість місіонерів. Чи можливо зміцнити стійкість місіонерів навіть попри травму та її руйнівні наслідки? Дивовижно! Подібне спостереження викладене в Біблії ще багато років тому:

> «Блаженна людина, що в Тобі має силу свою, блаженні, що в їхньому серці дороги до Тебе, ті, що через долину Плачу переходять, чинять її джерелом» (Пс. 83:6-7а).

«Долина Плачу» – це місце страждання, горя, болю і сліз. Коли люди проходять цією долиною і проливають свої сльози, вона стає родючим і добре политим ґрунтом для нового зростання. Феномен зростання після травми і страждання привертає увагу дослідників уже ціле десятиліття і названий «посттравматичним зростанням». Паралельне вивчення наукових матеріалів та Біблії надає дедалі більше подробиць. Травма не лише впливає на наш мозок, стосунки і сприйняття, вона також розбиває наші уявлення про Бога, світ, інших людей і про себе.

Для віруючих, зокрема місіонерів, це означає, що катастрофічні обставини можуть вплинути і навіть порушити основу нашого життя, наш зв'язок з Богом. У період посттравматичних труднощів духовні підвалини людини можуть зазнати змін. Якщо досвід людини не узгоджується з її попередніми переконаннями й очікуваннями, розпочинається процес внутрішньої боротьби, що може призвести до різних наслідків. Людина може відновитись, однак все одно залишитись під впливом пережитого, дехто – повністю відновитись, інші можуть стати дедалі більш сильнішими, є й такі, що втрачають силу і віру. Проживання наслідків сильної травми є межею, за якою основи життя або зміцнюються, або, навпаки, руйнуються. Процес відновлення містить потенціал для нашого вдосконалення стосовно того, що дійсно є важливим, а також творчий і генеративний елемент з підписом Всевишнього.

Дослідження посттравматичного зростання привело до інтригуючих запитань: які умови можуть посприяти найкращому процесу перебудови? які фактори можуть привести до довготривалого зміцнення стійкості й поглиблення віри? Задля кращого розуміння цих умов ми звернули увагу на духовні фактори стосовно наслідків травми, у тому числі посттравматичного стресу і зростання (Schaefer et al., 2008). Це дослідження стало причиною появи моделі, яка описує, як ці фактори впливають на наслідки. Втім, на них імовірно впливає дедалі більше духовних факторів, а не лише ті, які вже досліджені й описані в наукових виданнях. Отже, для повноти розуміння нам треба почути реальні історії місіонерів, а також відповідні біблійні уривки.

У Писанні ясно йдеться про страждання як про характерне явище для грішного світу і про унікальність входження Триєдиного Бога в людські страждання в Особі Ісуса Христа. Перебудова наших стосунків з Богом описана різними способами. У Біблії згадані принципи навчання і вдосконалення:

> «Майте, брати мої, повну радість, коли впадаєте в усілякі випробовування, знаючи, що досвідчення вашої віри дає терпеливість. А терпеливість нехай має чин досконалий,

щоб ви досконалі та бездоганні були, і недостачі ні в чому не мали» (Як. 1:2-4).

«Тіштеся з того, засмучені трохи тепер, якщо треба, всілякими випробовуваннями, щоб досвідчення вашої віри було дорогоцінніше за золото, яке гине, хоч і огнем випробовується, на похвалу, і честь, і славу при з'явленні Ісуса Христа» (1 Петр. 1:6-7).

Людські страждання, збентеження, розгубленість і темрява після травматичних подій описані в багатьох частинах Біблії, наприклад у Псалмах, Книзі Йова й у з'явленнях Ісуса після воскресіння. Для віруючих страждання здебільшого закінчуються не відчаєм, а появою «джерела» в «долині Плачу» (Пс. 83:6-7). Чудово виявити умови, які допомагають долати посттравматичні страждання. У темній ночі більшості трагічних і руйнівних подій завжди є відчуття надії та сподівань. Однак просто надрукувати ці спостереження в науковому виданні недостатньо.

2009 року для проведення щорічної конференції «Психічне здоров'я і місія» в Індіані, США, була обрана тема «Оцінка і зміцнення стійкості в місіонерах». Було чудово послухати виступи прекрасних спікерів з важливими думками і дослідженнями. Скотт Шом говорив про «Стійкість, здобуту через життєві труднощі». На попередній конференції його виступ був присвячений «Богослов'ю страждання». Д-р Енн Хеймел обговорила роль молитви у зціленні від травми. Д-р Карен Карр з «Мобільної команди душеопікунства» в Західній Африці казала про важливість громади для розвитку стійкості. Ми (Чарлі та Фрауке) провели семінар на тему «Біологічні й духовні засоби для стійкості». На цій конференції виникла ідея викласти ці важливі принципи для ширшого кола людей, які допомагають місіонерам і пасторам. Ця книга мала стати ресурсом для душеопікунів, здатних слухати, підбадьорювати і надавати практичну підтримку. Цими душеопікунами можуть бути навчені фахівці з реагування на кризу, опікунський персонал, місцеві адміністратори й організаційні лідери.

Такі люди є частиною системи підтримки, і до них можна звернутись у будь-який момент. Ця книга також стане ресурсом і натхненням для християнських фахівців з питань психічного здоров'я, які підтримують людей у служінні. Бачення зародилось! І ми дуже зраділи, що всі потенційні автори одразу погодились з тим, що ця книга варта написання.

НАША ІСТОРІЯ ТРАВМИ

Ми пройшли через власний процес кризи і відновлення. Перші п'ять років нашого подружнього життя ми прожили спокійно. Після переїзду з Німеччини Фрауке дедалі більше поглибила дружні стосунки зі своїми близькими подругами. Ми працювали разом та іноді подорожували, щоб допомогти місіонерам, які зазнали кризи. Одного ранку Фрауке збиралася на конференцію, а Чарлі працював над завершенням підготовки до церковного ретриту, який мав розпочатися наступного дня. Будучи завзятим бігуном, Чарлі розпочав ранкову пробіжку, однак додому не повернувся.

Відсутність чоловіка схвилювала Фрауке, і вона почала шукати його в усіх імовірних місцях перебування, однак такого ніде не було. Подзвонивши в поліцію, вона дізналась, що Чарлі доправили до лікарні, бо він був дезорієнтований після того, як впав під час пробіжки. З невідомих причин у нього виникла внутрішньочерепна кровотеча. Медичний розум Фрауке почав аналізувати ситуацію: чому це сталось? що буде з Чарлі? чи справить це тривалий вплив на його мозок? чи отримає він інвалідність? чи зможуть вони і далі працювати з місіонерами? Її серцебиття прискорилось, вона відчувала напругу в м'язах і нудоту. Все це вказувало на ознаки сильного стресу. Однак Фрауке зосередилась, відкинувши будь-які сентиментальні почуття, і налаштувалась на подолання кризи. Для неї, як для лікаря, цей стан був дуже знайомий.

На щастя, Фрауке одразу звернулась за підтримкою до родини і церковної громади, ініціювавши надання практичної допомоги Чарлі, а також перенесення ретриту, який планувався на наступний день і на якому Чарлі мав бути головним спікером. Невдовзі біля Фрауке вже були родичі Чарлі, найближчі колеги і пастор.

Перебуваючи декілька тижнів у оточенні громади, яка надавала практичну, емоційну і духовну підтримку, Чарлі пройшов через інтенсивну неврологічну терапію і згодом уже відновлювався вдома. Одна мудра жінка сказала Фрауке: «Іноді найбільша допомога для інших – дозволити їм допомогти тобі». Вона дослухалась до слів жінки і радо приймала любов і турботу людей, які приносили їжу, молились і просто були поряд. Їхня турбота стала проявом Божої присутності й любові, навіть попри розбиті плани і мрії.

Після падіння Чарлі Фрауке почувалась віддаленою від Бога й ухилялась від Його присутності. Хоч спілкування між нею та Богом залишалось добрим, її все одно мучили болісні запитання: чому це сталося, якщо ми обидва вірили, що виконували Божу справу, призначену для нас? як падіння Чарлі відповідало Божому плану? чому ми не змогли провести ретрит, до якого так старанно готувались і за який так завзято молились? Через певний час Фрауке нарешті спитала про це Бога. І одразу отримала відповідь, відчувши мир від усвідомлення Божого запевнення: «Я з тобою і все знаю». Бог казав, що в той період поглиблення їхньої любові й довіри до Нього було набагато важливішим за служіння іншим.

РОЗУМІННЯ ТРАВМИ В ЦІЙ КНИЗІ

Загальне визначення *травми* в цій книзі: будь-яка серйозна подія, що становить загрозу або впливає на життя або фізичну цілісність людини чи її близьких. Якщо людина є учасником або свідком такої події або дізнається про неї, це викликає в неї сильний страх, безпорадність або жах. Розуміння травми деякими нашими авторами може дещо різнитись, і вони про це кажуть у відповідних розділах книги.

ПЛАН КНИГИ

Книга надає практичні, богословські, психологічні й духовні ресурси, а також методи стрес-менеджменту для тих, хто підтримує людей у служінні в кризовий період. Багато частин книги будуть корисними і для тих, хто сам зазнав кризи.

Ви можете почати з будь-якої частини, яка стосується вашої ситуації, водночас принципи, викладені в Розділі 1 «Роздуми над богослов'ям страждання», основоположні.

«Історії про травму в служінні» в Розділі 2 знайомлять нас з тими, хто зазнав кризи. Кожна історія і травматична ситуація унікальна. Оповідачі розкривають власний біль і розмірковують над тим, що їм допомогло його прожити. Вони також розповідають про поглиблення чи зміцнення, яке сталося внаслідок кризи. Читаючи ці історії, зверніть увагу на глибину ситуацій і реакцій та на те, що допомогло людям це пережити. Сподіваємось, що ці особисті розповіді про вразливість, біль і силу знайдуть реакцію на них і надихнуть.

Розділ 3 «Ресурси для ефективної підтримки» розширить розуміння реакцій, стрес-менеджменту і видів ефективної підтримки. У розділі міститься опис різних практичних інструментів. Особливий акцент зроблений на ресурсах, які стосуються духовної боротьби після травми. У досягненні позитивного результату важливу роль відіграє підтримка громади, внутрішня релігійність, прощення і прояв особливої уваги. Всебічний огляд ресурсів завершується описом ролі молитви зцілення у відновленні та зміцненні наших стосунків з Богом.

Додатки містять корисні матеріали, перелік додаткових ресурсів, наприклад книги, вебсайти, можливості для навчання і контактну інформацію центрів консультування місіонерів.

ОБМЕЖЕННЯ

Хоч основні принципи ґрунтуються на дослідженні, ця книга призначена стати практичним ресурсом для людей, які допомагають тим, хто зазнав травми. У ній пояснюються принципи і процеси без намагань надати вичерпну інформацію. Ми пояснюємо інструменти, які виявились корисними для нас у нашій роботі з травмованими християнами. Інструментам, які ми обрали, легко навчити інших, і їх застосовували християни і місіонери без професійної підготовки. Автор «Роздумів над богослов'ям страждання» глибинно розкриває тему, бо він є пастором, духовним ментором і наставником, який часто підтримує місіонерів. Водночас інші пастори і богослови матимуть інші погляди на цю тему і робитимуть зовсім інші акценти. Нехай це спонукатиме всіх нас розвивати власне біблійне богослов'я страждання. Ми сподіваємось, що з часом відбудеться діалог між читачами й авторами книги і ми зможемо вдосконалити зміст.

Ми раді, що книга «Травма і стійкість: ефективна допомога тим, хто служить Богу» привернула вашу увагу! Нехай Божий Дух супроводжує вас у подорожі цією книгою та в допомозі тим, хто страждає, служачи Богу.

РОЗДІЛ 1
РОЗДУМИ НАД БОГОСЛОВ'ЯМ СТРАЖДАННЯ

СКОТТ Е. ШОМ

Життя легко мене збентежує і розгублює. Іноді таємниці Божих шляхів є просто таємницями, яких я ніколи не збагну. Наприклад, читаючи про Анну, просту жінку, яку любив її чоловік і яку Бог зробив безплідною (внаслідок чого вона зазнала глузування), я усвідомлюю, що не розумію Божих шляхів (1 Сам. 1:5-6). Я знаю, що Бог добрий і люблячий, однак іноді Його дії мені не подобаються! Через цю дуалістичну динаміку світу, сповненого красою і болем, і через Бога, Який є близьким Отцем і водночас Святою Таємничою Особистістю, я почуваюся збентеженим і розгубленим. У часи найбільшого збентеження і розгублення мені бракує енергії в цьому розібратись. Почуваючись надзвичайно пригніченим і слабким, перебуваючи у стані пітьми і цілковитого спустошення, я прагну підбадьорення, аби про мене пам'ятали і піклувались.

Я пізнав, що Бог завжди поряд. Він завжди піклується про мене. Можливо, я цього не відчуваю, однак це правда. Звідки я це знаю? Я пізнав цю істину з багатьох біблійних історій про зламані життя, від сотень дивовижних людей з усього світу, з якими я і моя дружина мали привілей познайомитись, і з наших власних життів, сповнених болем і красою. Дійсність Царства Христа парадоксальна. Нам запропоновані любов, благодать, прощення і життя. І водночас ми проваджені шляхом, який веде до Голгофи. Нам треба відмовлятись від намагань усе тримати під власним контролем, аби нам на дедалі більшому рівні пізнавати Божу любов до нас, уподібнюватися Христу і виявляти цю любов до інших. Як ми побачимо в цьому розділі, особисте страждання є одним зі способів та засобів, якими Бог приводить нас туди, де ми маємо бути, аби відчути повноту Його любові й відкуплення.

Я сподіваюсь, що цей розділ спонукатиме читача до розвитку особистого богослов'я страждання. На тему страждання написані цілі томи, але й досі є над чим розмірковувати. У разі страждання і втрати важливим є погляд. Погляд не позбавляє мене болю і не вирішує моїх проблем, однак він може надати дар істини. Істина в тому, що Бог є любов, що біль є звичайним людським досвідом і водночас благодаттю, так, благодаттю від Бога. Його мудрість перевершує мою мудрість, і Він краще знає, де мені бути на моєму шляху. З цим поглядом я можу перевести подих і трохи розслабитись.

Дозвольте розглянути цей парадокс на основі лише одного уривку. У 2 Коринтян 1 Павло говорить, що наш Бог – «Бог потіхи всілякої». Слова «потіха» і «милосердя» знов і знов уживаються у віршах 3-7. Разом із ними часто вживаються і слова «страждання» і «скорбота». Павло говорить, що ці дві дійсності можуть співіснувати і співіснують. Утіха, яку я часто шукаю у своєму житті, є рішенням. Я благаю Бога вирішити мої проблеми і зцілити мій біль. Іноді Бог вирішує проблеми, однак не завжди. Хоч Бог може не позбавити нас проблем, Він обіцяє бути поряд із нами в цих проблемах. Грецький корінь слова «потіха» в 2 Коринтян 1 є тим самим словом, яке Ісус використав, сказавши учням, що Бог пошле «Утішителя». Немає значення, наскільки темний наш шлях, наскільки велика наша втрата, наскільки сильний наш біль, утіхою, яку нам обіцяє Бог, є Він Сам. Він з нами в усіх подіях. Моєю першою реакцією на біль, який я зазнав у житті, було обурення. Однак у цьому болі я відчув благодать, яка б не була виявлена, якби все було добре. Це дійсність присутності Істинного Бога. І це дійсно велике підбадьорення.

А. ОСОБИСТЕ СТРАЖДАННЯ

Невдовзі після трагічних подій у Сполучених Штатах 11 вересня 2001 року я взяв участь у щорічній пасторській конференції («Pastors to Missionary»)[1]. Через виступи спікерів конференції Бог навів мене на думку, що нам треба розробити належне богослов'я страждання.

Впродовж наступного року я досліджував основні біблійні тексти, аби виявити більш реалістичне і біблійне богослов'я страждання. Відтоді сталися дві важливі події. Мене почали запрошувати з виступами на цю тему на міжнародних конференціях. Прийняття всіх цих запрошень продовжило формувати мою подорож. Формуванню погляду на страждання дедалі більше посприяв мій досвід смертельної небезпеки від тропічних хвороб, остання з яких лишила мене із синдромом хронічної втоми. Бог показав мені, що я не можу просто говорити про страждання, але мушу також страждати, бо не лише сам проходжу крізь горе, але й заглиблююсь у життєві труднощі інших людей унаслідок турботи про них. Горе – частина мого покликання. У цьому світі й навколо нас багато болю і страждання. Оскільки кожна людина покликана турбуватись про інших, дуже важливо, аби вона була здатна добре проходити крізь труднощі й темний період у житті.

Б. БІБЛІЙНЕ БОГОСЛОВ'Я СТРАЖДАННЯ

Упродовж багатьох століть на тему страждання були написані цілі томи. У цьому розділі міститься стислий огляд цієї теми на основі центральних текстів Нового Завіту. Їх цілком достатньо, щоб надати новий погляд на життєві події[2]. Я не говоритиму про причини страждань, бо вони оповиті таємницею. Але ми намагаємось віднайти відповідь на це питання, тому я говоритиму про те, як Бог використовує страждання в наших життях, як Він з болісної дійсності робить красу. Через свої проблеми зі здоров'ям я рік намагався зрозуміти, якою була Божа мета. Чому я лишився з болем і втратою? Я поїхав послужити іншим і сам захворів. Невже все саме так і відбувається?

Усі ми зазнаємо труднощів. Проходячи власний шлях крізь темряву, я зміг відновити свій погляд на життя за допомогою певних істин. Ці істини можуть попровадити нас і в подорожі з іншими людьми крізь їхню темряву.

ВАЖЛИВІСТЬ БОГОСЛОВ'Я СТРАЖДАННЯ

Турбуючись про інших людей, нам варто розмірковувати про страждання. Пастори і світові служителі живуть в умовах надмірної напруги. У Божому Слові сказано, що з наближенням Другого пришестя Христа нестабільний світ стане дедалі більш жорстоким. За досягнення недосягнутих регіонів і сучасних субкультур світу треба буде заплатити високу особисту ціну. Західна церква дрейфувала до культури споживання і відданості комфорту. Ця дійсність позбавила нас розуміння страждання і хреста – основної теми в Божому Слові. Труднощі є звичайним явищем, і Бог не прикрашує цієї дійсності. Треба мислити біблійно.

НАША ЗМІНА

Цілісна зміна веде до зростання і зрілості. Наша потреба у зростанні охоплює емоційну, духовну й особистісну сфери наших життів. Отже, коли Бог змінює мій характер, я зростаю у здатності любити Його та інших людей. У мене є певний набір особистісних вірувань і навичок, які я застосовую відносно інших людей і Бога. Цураючись людей, віддаляюсь від них і поводячись таємничо, я не стану раптом виявляти близькість, теплоту і щирість у своєму молитовному житті. Цілком імовірно, що я займатиму віддалену і захисну позицію стосовно Бога. Мої міжособистісні взаємини відображатимуть мої стосунки з Богом. Якщо я зростаю в терпінні й терпеливо борюсь з труднощами, то виявлятиму більше терпіння в очікуванні на Божі відповіді та у стосунках з іншими людьми. Чим більше я уподібнюватимусь Христу, тим більше наслідуватиму Його в духовних, емоційних і особистісних сферах життя. Я уподібнюватимусь Христу в усьому. Страждання є одним зі способів, якими Бог спонукає нас зростати і ставати зрілими людьми, сформованими за образом нашого Господа.

ВІДКУПНА МЕТА СТРАЖДАННЯ

Вивчаючи основні біблійні уривки, я зробив висновок, що Бог задумав процес відкуплення, аби ми рухались до цілісної зрілості, частково через різні страждання. Для досягнення зрілості ми потребуємо не лише труднощів, але й любові, істини, благодаті, часу і стосунків. Водночас Бог управляє труднощами, стражданнями, зовнішніми випробуваннями разом із внутрішніми спокусами, аби зробити нас сильнішими. У випробуваннях я пізнаю істини, які б інакше не пізнав. Важливим є не лише саме пізнання, але й поглиблення, зміцнення і досягнення зрілості людської душі. Випробування є частиною шляху всіх тих, хто прагне уподібнення Христу. Для досягнення зрілості людська душа потребує труднощів, так само як фізичне зростання часто потребує стресу, викликів і болю. Отже, страждання необхідне для досягнення зрілості. Можливо, нам таке не подобається або ж ми не до кінця це розуміємо, однак тут і криється біблійна дійсність.

Намагання уникнути будь-яких страждань, влаштувати життя в безкінечному комфорті й позбавитись будь-яких труднощів у житті є саботуванням важливої складової процесу набуття зрілості. У заможній західній культурі (зі шкіряними сидіннями з підігрівом в автівках, будинками з клімат-контролем і брендовими речами) ми не лише віримо в комфортне життя, але й уважаємо, що заслуговуємо на нього. Це повсюдне прагнення комфорту проникає і в церкву та впливає на наше розуміння страждання. У різних частинах світу медіа справили вплив як на світські, так і на християнські верстви населення. Ніколи не треба забувати, що центром Божої рятівної праці є хрест, місце сильного фізичного, емоційного і духовного страждання.

ВИЗНАЧЕННЯ «СТРАЖДАННЯ»

У грецькому Новому Завіті використано декілька слів стосовно поняття страждання. Ці грецькі терміни можна перекласти як страждання, випробування, спокуса, гоніння, докір, образа, горе, осуд тощо. У багатьох уривках, на які я посилатимусь, основними є два грецьких слова, значення яких передає ідею, що стражданням можна назвати будь-які труднощі. До широкої категорії страждання можна вважати належним будь-який досвід труднощів. Біблія не порівнює і не применшує будь-якої форми людських труднощів, і нам не треба цього робити. Якщо для вас щось складно, це і є труднощами. Першим грецьким словом є parasmos (πειρασμος). Ужитий в основних уривках, наприклад у Якова 1 і 1 Петра 1, цей термін має подвійне значення, посилаючись на зовнішні випробування і внутрішні спокуси. Яків, наприклад, каже: «Майте, брати мої, повну радість, коли впадаєте в усілякі випробовування» (Як. 1:2). Потім у вірші 12 він додає: «Блаженна людина, що витерпить пробу». «Випробовування» у вірші 2 є зовнішніми, а «проба» у вірші 12 є внутрішньою. Обидва слова походять від грецького слова. Яків не конкретизує ні випробовування, ані пробу. Новозавітні автори рідко їх визначають. І це робиться навмисно. Більш важливими є не обставини, а їхній вплив на нас і наша реакція на них. Те, що є випробуванням для мене, для вас може не становити великої проблеми. Важливим є сукупний вплив випробування на людину. Слово parasmos охоплює різноманітний людський досвід у контексті грішного світу. Значення цього слова стосується будь-яких фізичних, емоційних, духовних, особистісних чи обставинних труднощів, яких ми зазнаємо (рак, землетрус або міжособистісний конфлікт).

Другим грецьким словом є thlipsis (θλιπσις). Це слово вжито в Новому Завіті 45 разів, 24 з яких ужив лише один Павло. Воно є узагальнюючим словом і охоплює будь-які фізичні, емоційні або духовні труднощі, відомі людству. Західне мислення схильне до двох негативних відгуків на страждання. Однією реакцією є надмірне одухотворення. Нам здається, що ми не страждали по-справжньому, якщо не зазнали обмовлення або гоніння за віру. Такий погляд робить страждання духовною медаллю пошани або навіть спонукає людей навмисно шукати надважких випробувань. Іншою крайністю є схильність применшувати або відкидати біль. Ми вважаємо, що нам не треба брати його близько до серця. Ми себе переконуємо: «То не велика проблема» або «Не варто так перейматися». У Сполучених Штатах нам здається, що ми можемо все. Треба лише докласти зусиль, і ми зможемо з усім впоратись і в усьому досягти успіху. Однак це гуманістичні, небіблійні й ганебні реакції на життєві труднощі. Боже Слово ніколи не одухотворяє, відкидає чи применшує наш біль. І нам не треба цього робити, навпаки, варто цілковито усвідомлювати труднощі, яких ми зазнаємо, і з гідністю перемагати їх.

Біблійні терміни parasmos і thlipsis означають будь-які фізичні, емоційні, особистісні, духовні чи обставинні труднощі. Вони охоплюють як самозаподіяне страждання, так і заподіяне ззовні. Це можуть бути природні катастрофи, хвороби, нещасні випадки, насильство й утиск. І тут не можна допускати поверхових реакцій, надмірного одухотворення або применшення. Колись, почавши повторно аналізувати свій життєвий досвід, я усвідомив, що Бог допустив у моєму житті різні страждання і використав їх для мого формування. Водночас це усвідомлення не позбавило мене болю.

СТРАЖДАННЯ, НАЛЕЖНЕ ВИЗНАЧЕННЯ

Належне визначення страждання таке. Страждання – це *будь-який* досвід, який викликає внутрішній або зовнішній тиск на фізичному, емоційному, духовному чи особистісному рівні. У грішному світі страждає все людство. Основні біблійні уривки вказують, що Бог у Своїй доброті використовує страждання для нашого тимчасового і вічного блага. Божу рятівну працю можна добре пізнати в контексті страждання.

Різні біблійні уривки показують, як Бог за допомогою труднощів формує нас і робить зрілими. Біль можуть завдати інші люди навмисно або випадково, зовнішні обставини (природні катастрофи чи автомобільна аварія) і навіть наші власні безглузді рішення. Є й більші проблеми з духовної точки зору, а не лише видимі обставини. Наприклад, якщо, маючи борг, я безглуздо вирішу привласнити собі кошти, зазнаю наслідків. Так, це самозаподіяне страждання, і я заслуговую наслідків. Втім, Бог милостивий. Якщо я визнаю свою провину і розкаюсь, Він простить і мудро використає обставини для мого формування. У разі статевого насилля людина відчуватиме різні рівні фізичного й емоційного болю, не кажучи вже про юридичний процес, пов'язаний із ситуацією. Усе це дуже болісно. Водночас Бог може використати будь-який аспект страждання для нашого блага і допомогти нам пізнати істини, які б ми інакше не пізнали. Я продовжу розглядати не конкретні види болю, його причини і навіть не підтвердження, а способи, якими Бог використовує біль для нашого уподібнення Христу. Страждання і випробування є звичними як для послідовників Христа, так і для невіруючих. У чому ж різниця для християн? Для тих, хто належить Христу, існує інший аспект страждання – ми можемо поділяти страждання Христа.

Під участю у стражданнях Христа слід розуміти гоніння. Заглибившись у Боже Слово, я пізнав велику таємницю. У подорожі з Богом кожен із нас зазнає спустошливих періодів. Святий Іван від Хреста докладно описав «темну ніч душі». Є труднощі, до яких нас вестиме Дух Христа. Вони також є стражданнями, які Бог використовує для нашого формування.

- Слово *страждання* означає весь людський досвід болю. Біблія згадує дуже конкретні види страждань (наприклад, гоніння) і водночас містить багато загальних згадок про звичайні людські страждання.
- Бог ніколи не відкидає і не применшує людського досвіду болю. Нам також не треба цього робити.
- Обставини, які завдають болю, менш важливі, ніж їхній вплив на нас і наша реакція на них.
- Усі люди страждають. Віруючий зазнає додаткового страждання за віру та в ходінні з Богом.

В. БОЖА МЕТА У СТРАЖДАННІ ВІРУЮЧОГО

МЕТА 1: СТРАЖДАННЯ І ЗМІНА

Якова 1 і Римлян 5 і 8 є основними уривками стосовно особистого страждання, і їх можна порівнювати для виявлення важливих істин.

> «Майте, брати мої, повну радість, коли впадаєте в усілякі випробовування, знаючи, що досвідчення вашої віри дає терпеливість. А терпеливість нехай має чин досконалий,

щоб ви досконалі та бездоганні були, і недостачі ні в чому не мали» (Як. 1:2-4).

«Через [Ісуса Христа] ми вірою одержали доступ до тієї благодаті, що в ній стоїмо, і хвалимось надією слави Божої. І не тільки нею, але й хвалимося в утисках, знаючи, що утиски приносять терпеливість, а терпеливість – досвід, а досвід – надію» (Рим. 5:2-4).

Обидва уривки описують процес особистого і духовного зростання, спричиненого стражданням:

Майте... повну радість... знаючи, що:
Усілякі випробовування >> терпеливість >> досконалі, бездоганні, без недостачі
(Як. 1:2-4)

Хвалимося в утисках, знаючи, що:
Утиски >> терпеливість >> досвід >> надія
(Рим. 5:2-4)

Божа мета. Божа мета полягає в нашій зрілості, відображеній у Христовому характері (див.: Рим. 8:29). Бог хоче, аби ми зростали цілісно. Ця істина викладена у фразах «щоб ви досконалі [зрілі] та бездоганні були, і недостачі ні в чому не мали» і «приносять... досвід». Випробуванням може бути як повний будинок галасливих і активних дітлахів, так і смерть дитини. Травма не є передумовою для зростання. Водночас у тексті сказано, що Бог усі труднощі використовує з рятівною метою. Павло і Яків твердять, що терпіння (у деяких текстах ужиті слова витривалість або наполегливість) може стати плодом труднощів. Бог створив нас таким чином, що для нашого зростання потрібні страждання. Якщо ніколи не зазнаю невдач, якщо завжди отримую те, що хочу, і тоді, коли хочу, я ніколи не зросту в терпеливості. Жодного іншого способу розвинути терпеливість, крім страждання, не існує, а терпеливість сприяє подальшому формуванню характеру, зокрема розвитку любові, доброти і благочестя. Разом усі ці риси називаються характером.

Джеррі Сіттсер оповідає про травматичну втрату своєї матері, дружини і дочки в автомобільній катастрофі. Він каже: «Хоч я зазнав смерті, я також зазнав життя, і таким чином, що раніше навіть не міг уявити – не після темряви, як можна припустити, а *посеред* самої темряви. Я не пройшов крізь біль і вийшов з іншого боку, ні, я проживав його і знайшов у цьому болі благодать вижити і зрештою зрости… Смуток назавжди оселився в моїй душі й водночас розширив її» (Sittser, 1995, 37). Сіттсер змінився посеред пітьми. Він відчув життя немислимими раніше для нього способами. Він зріс, його душа розширилась. Це чудовий опис досягнення цілісної зрілості. Я нікому не бажаю зазнати такого болю і такої втрати, однак Бог може розвивати нас як через незначні незручності, так і через жахливі втрати. Він добрий, мудрий, могутній і милостивий Бог, Який бере наш жахливий досвід і перетворює його на красу.

Павло, Яків та інші новозавітні автори чітко стверджують, що випробування продукують «характер». Без випробувань неможливо досягти певного рівня зростання характеру. Хоч для досягнення зрілості потрібні не лише страждання (для зростання ми також потребуємо благодаті, любові, істини, інших людей і часу), вони є частиною нашого зростання.

Розуміння віруючого. Фраза «знаючи, що» є ключовою в обох уривках. Є істина, яка надасть нам розуміння посеред труднощів. Це розуміння важливе, трансцендентне і вічне. Божі цілі для труднощів благі й не випадкові. Коли ми зазнаємо випробувань, для нас стає правдивим вислів «перспектива – це все». Бог використає отриманий нами жахливий досвід для нашого блага. Так, процес буде неприємним, однак його результат нам сподобається.

Відгук віруючого. Яків каже: «Радість!» Павло вигукує: «Хвала!» Коли я занурююсь у пітьму, ці слова здаються мені дивними. Яків і Павло говорять про радість у випробуваннях, бо усвідомлюють Божу добру і рятівну працю через них. Радість викликає не біль, а розуміння, що Бог діє. Яків і Павло навчились прагнути уподібнення Христу, якого Бог бажає для Свого народу. Якщо страждання є засобом уподібнення

Христу, так тому і бути. Вони дивились не на теперішні болісні обставини, а на довгострокову користь від них. Біблія не закликає нас радіти болю, вона закликає нас радіти Божій турботливій присутності з нами, у той час як ми проходимо крізь страждання й очікуємо на зміни. Як нам виявляти такий відгук? Через прагнення до того, чого для нас бажає Бог, а саме зрілості, Христового характеру. Коли Боже бажання стає нашим бажанням, тоді ми з більшою готовністю приймаємо страждання та, можливо, навіть виявляємо вдячність і радість.

Про це легко писати, однак важко проживати. У труднощах я борюся з Богом. Я можу відчувати сильний гнів, смуток і біль. Але ненавиджу біль і хочу вирішення проблем. Я не хочу цього зазнавати. Однак іноді Бог допускає, аби я залишався зі своїм болем, і з любов'ю спрямовує мене до цілісної зрілості. І ця істина надає мені подальшу перспективу. Напруга і труднощі не змінились, але я дію краще в цей парадоксально важкий час. Я хочу позбавитись болю, однак учуся гідно його переживати. Настав день, коли я в намаганнях подолати свої хвороби помолився: «Отче, мені це не подобається, і я все одно хочу, аби Ти позбавив мене цих труднощів, однак я прошу – навчи мене належно з цим поратись. Навчи мене всьому, що мені потрібно знати». У таких молитвах виявляється чесність і прагнення до Бога без жодного применшення чи одухотворення проблеми. Бог відповів на мою молитву і частково позбавив мене від проявів хвороби. Тепер я інша людина.

Один коментатор Послання Якова нагадує: «Бог працює над зміцненням чоловіків та жінок, які б могли виявляти наполегливість у важкі часи... Ми дуже часто настільки прагнемо уникнути труднощів, що шукаємо лише порятунку від випробувань і не намагаємось отримати всю духовну користь від них» (Hodges, 1994, 19). Отже, перша мета пов'язана з тим, що Бог використовує страждання як важливу складову процесу досягнення цілісної зрілості. Бог бажає, аби Його діти виявляли радісну наполегливість в очікуванні на Його працю в їхньому стражданні, а не просто поступливість. Для такого відгуку важливим є погляд на ситуацію, чітке усвідомлення, що Бог з любов'ю робить нас зрілими у Христі.

МЕТА 2: СТРАЖДАННЯ ВИПРОБОВУЄ І ЗМІЦНЮЄ ВІРУ

Петро стверджує: «Тіштеся з того, засмучені трохи тепер, якщо треба, всілякими випробовуваннями, щоб досвідчення вашої віри було дорогоцінніше за золото, яке гине, хоч і огнем випробовується, на похвалу, і честь, і славу при з'явленні Ісуса Христа» (1 Петр. 1:6-7). Важливу роль у нашому зміцненні відіграє наша реакція на труднощі. Багато людей схильні сумніватися в Божій доброті, вони зосереджені лише на собі й понад усе прагнуть комфорту. Подібні дії позбавляють користі, яку можна отримати, зазнавши труднощів. Отже, друга мета полягає в тому, що Бог використовує страждання для випробування і зміцнення нашої віри.

Це «випробування віри» може бути відсутнім у нашому християнському словнику. Ми про нього знаємо, але не надаємо значення. Наша подорож є подорожжю віри. Без віри неможливо догодити Богу (Євр. 11:6). Віра є настільки важливою рисою послідовника Христа, що Бог постійно працює над зміцненням нашої здатності довіряти. Ми вчимося довіряти, що Бог добрий і мудрий, навіть якщо наше життя не таке, яким би ми хотіли його бачити. Я зрозумів, що не завжди здатен осягнути Божу мудрість. У стражданні ми пізнаємо, що Його шляхи – не наші шляхи. Якби все вирішував сам, я би записався на семінар про зрілу віру і на цьому закінчив. Натомість Божий шлях інший. Бог використовує випробування, щоб очистити мою віру, подібно до того, як вогонь очищує золото. І Він закликає мене довіряти тому, що Його наміри добрі й люблячі, хоч я цього й не розумію. Випробування віри навчило мене довіряти.

МЕТА 3: СТРАЖДАННЯ СПОНУКАЄ ДО ПРОЯВУ ПОКІРНОСТІ НАВІТЬ ПОПРИ БІЛЬ

Петро в Першому листі каже: «Отож, коли тілом Христос постраждав за нас, то озбройтеся й ви тією самою думкою, бо хто тілом постраждав, той перестав грішити, щоб решту часу в тілі жити вже не для пожадливостей людських, а для Божої волі» (1 Петр. 4:1-2). Страждання, про яке говорить Петро, є стражданням за добрі діла, як зазначено в 1 Петра 3:17. Одержувачі його листа зазнавали гоніння за віру. Петро неодноразово наводить приклад Ісуса, як треба діяти у ворожому оточенні.

Петро робить незвичне твердження стосовно нашого духовного зростання, *якщо* ми приймаємо труднощі. Він уживає фразу, яка привертає увагу: «...хто тілом постраждав, той перестав грішити». Петро твердить, що той, хто зазнає труднощів, показує, що його до цього спонукає покірність Богу, а не уникнення труднощів. Покірність Богу, навіть якщо вона пов'язана зі стражданням, морально зміцнює. Якщо людина віддає перевагу покірності, а не пошуку власного комфорту, це приводить до змін і зростання у здатності шукати Божої волі. Це процес, який триває все життя. Одним із засобів цього зростання є страждання.

Як ми реагуємо на неослабний біль у житті? Чи намагаємось віднайти утіху в надмірному шопінгу, у споживанні їжі або алкоголю, у розвагах і надмірній праці або через прояв люті? Або ж ми покірно і радісно слідуємо за Духом? Бог бажає, аби ми ходили Його шляхами навіть попри тимчасові труднощі. Бог прагне сформувати в нас цю рішучість. Чи готові ми цьому навчитись? Отець шукає синів і дочок, які здатні виявляти наполегливість.

МЕТА 4: БОГ ВИКОРИСТОВУЄ ТРУДНОЩІ, ЩОБ ЗМІНИТИ ХАРАКТЕР

Уривок Євреїв 12:5-11 є ключовим для розуміння мотивів Небесного Отця, коли Він дозволяє, аби Його діти зазнавали труднощів. Оскільки це великий уривок, ми розглядатимемо його частинами.

> «І забули нагад, що говорить до вас, як синів: "Мій сину, – не нехтуй Господньої кари, і не знемагай, коли Він докоряє тобі. Бо Господь, кого любить, того Він карає, і б'є кожного сина, якого приймає"» (Євр. 12:5-6).

Метою страждання може бути настанова. Зазнавши важких часів, ми приділяємо Богу таку увагу, яку ще ніколи не виявляли.

Ми порушуємо різні запитання стосовно Бога, життя і самих себе. Ці запитання є способами, якими Дух формує нас. Найкраще, якщо людина запитує: «Боже, що Ти хочеш, аби я з цього пізнав? Навчи мене».

> «Коли терпите кару, то робить Бог вам, як синам. Хіба є такий син, що батько його не карає? А коли ви без кари, що спільна для всіх, то ви діти з перелюбу, а не сини. А до того, ми мали батьків, що карали наше тіло, – і боялися їх, то чи ж не далеко більше повинні коритися ми Отцеві духів, щоб жити?» (Євр. 12:7-9).

Інший принцип полягає в тому, що страждання є ознакою Божої батьківської турботи. Не треба жадати свободи від дисципліни. Якщо батьки не виправляють нас, вони виявляють байдужість. Бог завжди навчає нас у Своїй щирій батьківській любові. Це важлива істина, яку варто пам'ятати, коли життя здається похмурим, а Бог – далеким; Отець поряд із нами і любить нас.

> «Ті нас за короткого часу карали, як їм до вподоби було, Цей же на користь, щоб ми стали учасниками Його святости. Усяка кара в теперішній час не здається потіхою, але смутком, та згодом для навчених нею приносить мирний плід праведности» (Євр. 12:10-11).

Остання важлива істина. Прийняття Божого дисциплінарного процесу веде до життя. Це життя, яке нам дарує Бог, має «мирний плід праведности». Завдяки дисципліні ми уподібнюємося Христу. Бог прагне, аби ми були «учасниками Його святості», аби ми набували Христового характеру.

Отже, належно реагувати на страждання – це намагатися зрозуміти, на яку рису характеру Бог звертає увагу, та з довірою приймати і підкорюватись Його дисципліні (1 Петр. 4:1-2). Моя хвороба викрила мою схильність до егоїзму. Почуваючи себе дуже погано, я сердився, що не міг робити те, що хотів, і тоді, коли хотів.

Минали місяці, і речі, які були для мене важливими, наприклад заняття спортом, почали відступати на другий план, бо в мене бракувало енергії. З часом мої погляди змінились. Бог провадив мене до інших пріоритетів. Я мав зрозуміти, на що саме Він звертав мою увагу. Інакше, позбавившись труднощів, я міг повернутись до старого способу життя. З відновленою енергією я міг застосовувати уроки, яким Бог мене навчив, міг виявляти Йому покірність, а не прагнути лише до власного комфорту.

У кожного з нас є недоліки характеру, і Бог у належний час зверне на них увагу. Зазнавши труднощів, попросімо Бога навчити нас. Він прагне це зробити для Своїх дітей. Святий Дух нам допоможе. Наш люблячий Отець навчає Своїх дітей благочестивому життю, справжньому життю, а не ілюзії.

У разі тривалих труднощів люди зазвичай уважають, що Бог їх карає. Що ми зробили не так? Як нам треба це відшкодувати? Це нездоровий і небіблійний хід думок. Бог нас приймає не на основі наших справ. На цьому підґрунті Він також не відкидає і не карає нас. Його прийняття завжди ґрунтується на хресній праці Христа. Божі дії стосовно нас завжди вкорінені в любові. Жодних винятків. Якщо я грішу, Бог продовжує мене любити? Моя відповідь: «Так». Він завжди радіє мені. Бог не завжди задоволений моїми вчинками, однак Він цінує мене не на основі моїх дій. Мої образливі та грішні вчинки можуть порушити близькість з Ним. Однак завдяки силі самопожертви Ісуса для мене завжди відкритий шлях сповіді та прощення. Так, мої вчинки можуть засмучувати Бога, однак Його любов до мене залишається незмінною. Він досі за мене і прагне стосунків зі мною. Стосунки відновлюються, коли я сповідую вчинений гріх і шукаю Його прощення. Іван написав: «Страху немає в любові, але досконала любов проганяє страх геть, бо страх має муку. Хто ж боїться, той не досконалий в любові» (1 Ів. 4:18). Бог сильно нас любить. Натомість ми боїмося покарання. «Досконалий в любові» дозволяє нам повертатися до світла щоразу, коли ми заблукали. У світлі для нас є прощення і відновлення. Водночас є наслідки моїх учинків. Якщо я пограбую банк, Бог мене простить, однак мене все одно ув'язнять. Простий приклад, однак правдивий. Бог використає наші недоліки і біль, який вони викликають, для нашого ж формування. Ми вважаємо, що біль «поганий» і його треба уникати будь-якою ціною. А якщо Бог зробив біль благодаттю, аби привести нас туди, куди б ми інакше не прийшли?

Страждають праведні й неправедні. Прояв довіри, покірності й готовності вчитися допомагає нам отримувати користь з важкого досвіду. Немає нічого гіршого, ніж пройти через труднощі й не взяти з цього нічого позитивного! Страждання може стати можливістю для тих, хто звертається до Бога.

МЕТА 5: ДУХОВНА СПАДЩИНА І ВІЧНА НАГОРОДА

Все життя Ісуса позначене стражданнями і випробуваннями, починаючи з втечі до Єгипту в дитинстві й до самого розп'яття на хресті. У Нагірній проповіді Ісус навчав про страждання, спричинені людським опором на віруючих, які живуть за Божими цілями.

> «Блаженні вигнані за правду, бо їхнє Царство Небесне. Блаженні ви, як ганьбити та гнати вас будуть, і будуть облудно на вас наговорювати всяке слово лихе ради Мене. Радійте та веселіться, – нагорода-бо ваша велика на небесах! Бо так гнали й пророків, що були перед вами» (Мт. 5:10-12).

Слово «веселіться» здається суперечним у цьому контексті. Грецький термін, перекладений як «веселитись», походить від двох слів, які означають «сильно стрибати». Дійсно яскравий образ! У цьому вченні Ісус поєднує дві дійсності – вічну нагороду («нагорода-бо ваша велика на небесах») і духовну спадщину («бо так гнали й пророків, що були перед вами») та пов'язує їх з темою особистого страждання. Зазнати гоніння за віру означає виявити відданість Ісусу Христу. Зазнати гоніння означає пройти однією дорогою з пророками, святими і мучениками. За словами Ісуса, зазнати гоніння – не кара, а слава. «Радійте у ці миті та веселіться», – сказав Ісус. Вважайте за привілей долучитися до громади страдників у Христі.

Цей тип мислення зосереджений на Божому Царстві й мало

заохочується західною культурою. У Сполучених Штатах глибоко вкорінений погляд, що я маю право на щастя, тому ніщо і ніхто не мусить стояти на заваді його отриманню. Згідно з цим розумінням, навіть Бог не має заважати нашому прагненню до щастя. Однак це не біблійний погляд! Дійсність – слава *через* хрест. Дійсність – низхідна траєкторія Христа, що її описав Павло у Филип'ян 2:5-8. Христос відмовився від Божественної слави, щоб стати людиною. Він не шукав людської слави, а прагнув стати слугою. Більш того, Він помер смертю злочинця. Це шлях, до якого ми покликані, і це не шлях комфорту, задоволення, легкості чи заможності. Заклик Христа іти за Ним сильніший за будь-які культурні й соціальні заклики. У Посланні до филип'ян міститься важливе посилання на це вчення. Павло пише: «Бо вчинено вам за Христа добродійство, – не тільки вірувати в Нього, але і страждати за Нього» (Фил. 1:29). Бог виявив до филип'ян подвійну благодать – дарував спасіння в Христі й закликав постраждати за Христа. Цей погляд значним чином впливає на те, як ми реагуємо на цей вид страждання. З Божої точки зору, страждання заради Христа є даром, рівнозначним отриманню особистого спасіння. Це благодать, дар. Як це може бути? «Бо їхнє Царство Небесне», – відповів би Ісус.

Згідно з Матвія 5 і Филип'ян 1, страждання заради Христа є даром. Полікарп (70–155 рр. після Р.Х.), учень апостола Івана, осягнув цю істину, коли промовив перед своєю стратою: «Дякую Тобі, що Ти милостиво вважаєш мене гідним цього дня і цієї години». Його слова перегукуються з описаним про Петра та Івана в Діях 5:41: «А вони поверталися з синедріону, радіючи, що сподобились прийняти зневагу за Ймення Господа Ісуса».

МЕТА 6: СТРАЖДАННЯ ПОСИЛЮЄ ЗДАТНІСТЬ ПРИЙМАТИ ТАЄМНИЦЮ

Пет Расселл пише: «Страждання – це не питання, яке потребує відповіді. Це не проблема, яка потребує вирішення. Страждання – це таємниця, яка потребує присутності» (Russell, 2011, 29). «Присутністю», до якої закликає Расселл, є моя пильність, обізнаність і уважність до Божого голосу в тих обставинах, у яких я перебуваю.

Дуже легко заціпеніти і таким чином упустити можливість по-новому пізнати Бога. Ми багато чого не розуміємо у стражданні. Божі шляхи дійсно не наші шляхи, і Його мудрість незбагненна. Я знаю, що Бог добрий і мудрий. Усі болісні обставини перебувають у межах Божої доброти і мудрості. Йосип, Даниїл, Рут, Анна і Самуїл зазнали сильного болю і великих втрат, подекуди надзвичайно несправедливих. Усі вони отримали спасіння посеред своїх страждань. Йосип не зростав у власній культурі. Даниїл утратив право поклонятися у власній землі. Рут була овдовілою чужоземкою. Анна зазнавала докучань від своєї суперниці, навіть коли народила сина, аби виконати свою обітницю. Самуїл провів своє дитинство і юні роки далеко від дому, живучи і служачи у скинії (1 Сам. 2–3).

Ці історії допомагають мені в намаганнях зрозуміти власну історію. Є цілі значно вищі, ніж я можу збагнути. Анна була «простою» домогосподаркою *та* народила великого пророка, який об'єднав увесь народ (1 Сам. 1). Рут була овдовілою чужоземкою, яка стала прапрабабусею царя Давида (Рут. 1 і 4:1-22). Ці жінки ніколи не усвідомлювали, до якого національного надбання приведе їхня особиста втрата. Яке благо приносить іншим моя втрата? Павло сміливо каже, що його страждання доповнюють брак страждань за церкву (Кол. 1:24). У своїх стражданнях за Бога ми якимось незбагненним чином долучаємось до страждань Христа (2 Тим. 1:8; Фил. 1:29; 3:10). Крім того, ми також приєднуємось до страждань Церкви по всьому світу. До Христових страждань ми долучаємось не лише в разі гоніння, але й тоді, коли зазнаємо бідності, соціального, політичного і релігійного утиску і браку багатьох ресурсів. Труднощі, які виникають у слідуванні за Христом, є частиною спільного болю всіх тих, хто кличе Господнє Ім'я.

Мене досі бентежить мій особистий біль і біль моїх друзів. Я не розумію, чому моя теща загинула в автокатастрофі або чому мій друг Кірк помер через бічний аміотрофічний склероз (ALS) у свої сорок років. Я також не розумію страждань християн в інших країнах. Навіть якщо з вірою проголошую біблійні істини, я все одно відчуваю біль. Мене все одно засмучуватимуть колишні й майбутні втрати. Ми одночасно горюємо і йдемо з вірою в Бога, Який здатен побачити нас у будь-яких життєвих труднощах. Я у своєму стражданні маю перебувати в Божій присутності та йти разом з іншими прочанами в цьому жорстокому світі. Страждання сповільнило і поглибило мене, аби наблизити до Бога. З подальшою подорожжю Бог і далі надає Свій провід, однак потрібен триваліший період тиші й очікування, аби розпізнати, що Він говорить. Страждання вчить мене бути присутнім.

ПІДСУМОК: НАРОДЖЕНІ У ХРИСТІ – НАРОДЖЕНІ У СТРАЖДАННІ

Ми розглянули шість основоположних істин, розкритих у новозавітних уривках про страждання, і це зовсім не вичерпний перелік. Отже, *деякі* з Божих цілей стосовно нашого страждання:

1. розвинути в нас Христовий характер;
2. зміцнити нашу віру і зробити нас стійкими синами і дочками;
3. розвинути готовність коритися Богу попри будь-який біль;
4. привести нас до більшого благочестя;
5. надати вічну нагороду і долучити до багатої духовної спадщини Божих служителів, які зазнали страждання у служінні;
6. посилити нашу здатність приймати таємницю.

Бог створив людську душу, і для досягнення повноти зрілості вона потребує певного аспекту страждання. Цей шлях призначений для всіх, хто бажає уподібнення Христу, і відображений у такій діаграмі.

Г. ЗАСТОСУВАННЯ: ДУШЕОПІКУНСТВО

Душеопікуни покликані входити у страждання інших людей і проходити їх разом з ними. Ця книга надає конкретні й практичні методи душеопікунства в контексті травми. Хотів би розглянути, як ці істини впливають на прояв нашої турботи. У Приповістях 17:17 нагадано, що «в недолі… [друг] робиться братом». Пам'ятайте про це, опікуючись іншими.

НЕ ЗАВДАЮЧИ ШКОДИ БОЖІЙ РЯТІВНІЙ ПРАЦІ

Бог прагне, аби ми досягали повноти зрілості, частково через страждання і труднощі. Це значним чином впливає на наш відгук на страждання інших. Якщо намагаюсь допомогти людині якнайшвидше позбавитись від болю, я *можу* завдати шкоди рятівній праці, яку Бог хоче здійснити через тривалий період страждання. У будь-яких труднощах *основним* відгуком того, хто хоче допомогти, має бути не пошук «ліків», а приєднання до подорожі страдника.

Я підкреслюю слово «основний», бо є багато інших видів відгуку. Часто нам треба направляти страждаючих людей до фахівців з психічного здоров'я або до лікарів для забезпечення належної допомоги. Однак, будучи пастирями, нам потрібно і далі перебувати поряд із цими людьми, служачи Богу в знедоленому світі. Навіть після направлення людей на проходження відповідної терапії я все одно хочу залишатися *поряд із ними*. Усі ми потребуємо пастирської опіки, особливо коли проходимо долину темряви.

Намагаючись виконати це покликання, варто пам'ятати про дві спокуси. По-перше, нам подобається, коли в нас мають потребу. Але люди найперше потребують Христа. Наша мета – привести Христа до людини і людину до Христа. По-друге, нам подобається щось виправляти. Будь ласка, не намагайтесь виправляти людей чи їхні проблеми. Якщо щось і треба «виправити», то цьому можна посприяти проявом любові та власною присутністю. А Бог у належний час їх урятує. Моя основна роль – супроводжувати людей у цьому процесі. Немає більш кращого дару для тих, хто страждає, ніж наша проста і постійна присутність з ними.

ЧОТИРИ ПОЗИЦІЇ СТОСОВНО ПЕРЕБУВАННЯ З ТИМИ, ХТО СТРАЖДАЄ

Для перебування з людиною в період страждань важливі чотири позиції. Вони посилюють нашу здатність *розпізнавати* Божу трансцендентну працю і *перебувати з* іншими в цьому процесі. Для кожної з позицій запропоновані запитання для роздумів, які допоможуть/посприяють належній узгодженості в періоди напруженого служіння.

Позиція 1: Позиція Богопізнання

Апостол Павло каже, що Бог призначив нам бути «подібними до образу Сина Його» (Рим. 8:29). Ісус постійно прагнув пізнати волю Отця. Отже, нашим першим відгуком стосовно страдника має бути запитання: «Ким для мене був Бог?» Ми найперше мусимо шукати не рішення, а розуміння. У Приповістях 18:13 написано: «Хто відповідає на слово, ще поки почув, – то глупота та сором йому!» Першою позицією має бути *уважне слухання*. Як Христос уже діє? Як мені приєднатися до виконання Божих суверенних задумів? Чи готовий я шукати Бога і слухати Його від імені того, хто страждає?

Сидячи з іншою людиною у глибокій скорботі і сльозах, я намагаюсь зрозуміти Божі дії та рівень обізнаності страдника про них. Тут варто бути обережними. Часто під час травми рани настільки свіжі, що об'єктивне сприйняття дійсності майже неможливе. Розуміння Божих дій може бути не безпосередньою, а скоріше довгостроковою потребою. Тому просто будьте поряд в ім'я Христа. Ступінь, до якого я перебуваю поряд із людиною, є ступенем, до якого я здатен пізнавати. Ми вважаємо, що Бог присутній і формує людину. Я не формую її, а лише спостерігаю за працею Того, Хто це робить. Уважне слухання є одним із проявів турботи про людину, яка страждає.

ПОЗИЦІЯ 1: ЗАПИТАННЯ ДЛЯ РОЗДУМІВ

1. Як мені навчитись краще пізнавати Бога і бути уважним до людей?
2. Як нагадувати собі, що головний помічник – Бог, а не я?
3. Як мені дієвіше приводити Христа до людей і людей до Христа?

Позиція 2: Позиція перебування поряд

Найбільша потреба в час травми – супровід. Супутник може лагідно взяти за руку та поступово і мудро провести страдника

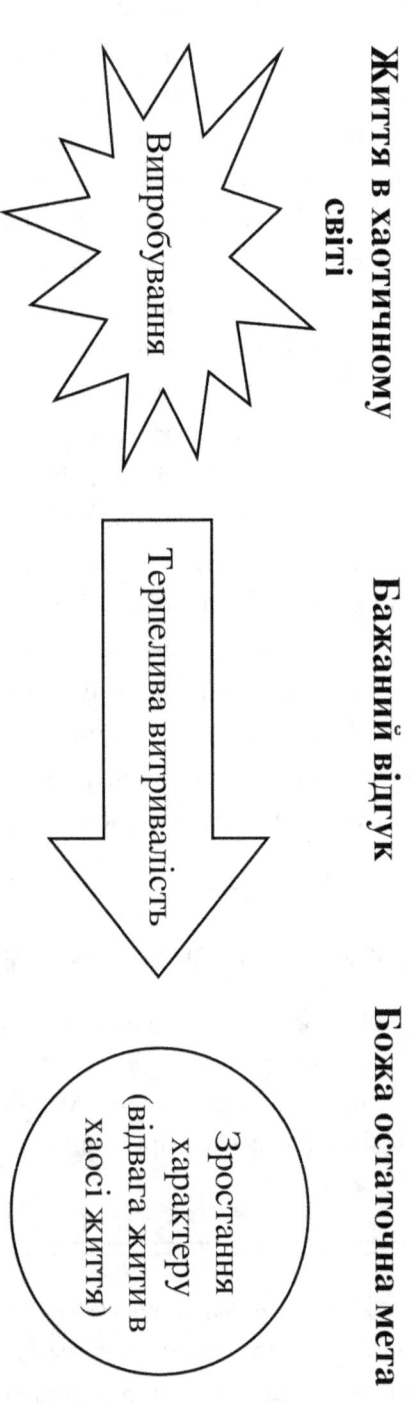

Життя в хаотичному світі

Випробування

Бажаний відгук

Терпелива витривалість

Божа остаточна мета

Зростання характеру (відвага жити в хаосі життя)

Розуміння Божої мети у нашому внутрішньому зростанні допомагає нам «радіти та веселитись».

Зрілий характер виявляється у виконанні двох великих заповідей:
1. Любити Бога усім своїм єством Йому на славу.
2. Любити інших, як самих себе, у житті жертовного служіння.

через процес відновлення. Я мушу бути не начальником або тим, хто вирішує проблеми, а супутником. Часто є професійна інструкція. Проте я мушу виявляти присутню, уважну, доступну і лагідну турботу.

Цей простий і водночас глибокий прояв присутності є великим даром. У 2 Коринтян прославляється Бог потіхи і милосердя. Слово «потіха» є перекладом грецького терміна *paraklete*. Це саме слово Ісус ужив стосовно Духа, назвавши Його Утішителем і Помічником. Це грецьке слово означає «іти поряд». Божою утіхою для нас у стражданні є Його присутність. Можливо, Він не вирішує наших проблем так, як би нам хотілось, однак Він завжди буде поряд із нами. У 2 Коринтян 1:3-7 Павло написав, що ми також мусимо бути *paraklete*. Один із найбільших привілеїв у житті – супроводжувати інших у час травми, втрати, горя і відновлення.

ПОЗИЦІЯ 2: ЗАПИТАННЯ ДЛЯ РОЗДУМІВ

1. Як мені просто перебувати поряд з іншою людиною?
2. Як мені краще виявляти свою присутність з іншими?
3. Які духовні практики можуть допомогти мені в цьому?

Позиція 3: Позиція жертовності

«Пастир добрий кладе життя власне за вівці» (Ів. 10:11). Ми покликані жертвувати власним життям за своїх братів (1 Ів. 3:16) і сестер. Біблійним прикладом такого ставлення є Епафродит. Павло каже, що Епафродит ледве не помер (Фил. 2:27) через намагання йому допомогти. Церква у Филипах послала на допомогу Павлові одного зі своїх членів, неоспіваного героя Епафродита. Він імовірно підтримав апостола, принісши йому лист, грошовий дарунок і теплі речі. Павло подякував церкві за ці дари. Водночас тим, хто по-справжньому послужив Павлові, був Епафродит. Чим же він послужив Павлові, який, як і багато сучасних пасторів і місіонерів, зазнавав труднощів? «Бо за діло Христове

[Епафродит] наблизився був аж до смерти, наражаючи на небезпеку життя, щоб доповнити ваш нестаток служіння для мене» (Фил. 2:30).

Фраза «наблизився був аж до» є чудовим описом. Ця фраза – переклад одного грецького слова *paraboloni* (παραβλονί), яке означає наражати себе на небезпеку заради іншого. У І столітті жив адвокат, який заради дружби наражав себе на небезпеку. Намагаючись досягти справедливості, він довів справу клієнта аж до самого імператора. У післяапостольські часи група віруючих, ризикуючи власним життям, допомагала заразним хворим і ховала померлих. Ці віруючі називали себе *paraboloni*.

Такою людиною був і Епафродит. Він служив із самопожертвою. Його послали послужити Павлові навіть попри великий ризик. Епафродит був самовідданою людиною. Заради допомоги Павлові він ризикував своїм життям, служачи особистою присутністю і жертовністю. Це роль пастиря. Пастирі покликані жертовно жити і бути готовими покласти своє життя.

Турбота про травмованих людей може призвести до побічної травми. Перебуваючи поряд із цими людьми і слухаючи їхні трагічні історії, душеопікуни роблять себе вразливими до болю. Увесь цей біль накопичується в нас і впливає на нас. Турбота про травмованих означає, що я також до певної міри травмуюся. Я плакатиму. Я пам'ятатиму про

ПОЗИЦІЯ 3: ЗАПИТАННЯ ДЛЯ РОЗДУМІВ

1. Наскільки я готовий віддатися іншим?
2. Чи готовий я знов і знов входити у складні стосунки і до небезпечних країн, аби послужити Божим служителям? Чи готовий я пожертвувати своїм життям заради інших? Чому так або ні?
3. Як я, душеопікун, турбуюсь про самого себе?

жорстокість цього світу. Моє серце непокоїтиметься. Допомагаючи іншим, я можу зазнати шкоди. Продовжуючи перебувати поряд з іншими в їхньому болі й травмі, я буквально кладу за них своє життя. Ісус каже, що немає більшої любові, ніж ця (Ів. 15:13).

Позиція 4: Позиція наполегливості

Бог діє терміново, однак не поспіхом. Важливо, аби ми уподібнювались Христу, навіть якщо на цей процес знадобиться десятки років. Наскільки зарозуміло вважати, що я своїм коротким візитом або простою порадою можу принести зцілення і вирішення проблеми. Намагання належним чином боротися з власними труднощами та практика усамітнення (сидіти в тиші й наодинці з Богом) допомогли мені бути терпеливим з іншими. Я вчуся не квапитись, чекати, міркувати і перебувати поряд з іншою людиною. Усе це важливо для піклування про страдників.

Травмовані люди часто страждають тривалий період часу. Терпеливе ставлення до болю іншої людини може зникнути ще задовго до того, як зникне її біль. Тому Бог навчив мене терпіти власний біль, аби я міг з терпінням ставитись до болю інших.

> ## ПОЗИЦІЯ 4: ЗАПИТАННЯ ДЛЯ РОЗДУМІВ
>
> 1. Чи готовий я з терпінням поставитись до того, хто покликаний Богом перетерпіти біль?
> 2. Чи готовий я виявляти терпіння у складних випадках душеопікунства?
> 3. Чи допускає ритм мого життя неспішні періоди очікування на Божий прояв і перебування поряд зі страдниками?

Ґ. ЗАКІНЧЕННЯ

Цей світ – жорстоке місце. Ми всі зазнаємо страждань, *і* Бог завжди присутній поряд із нами в похмурі часи. Бог зробив труднощі необхідним аспектом набуття цілісної зрілості людської душі. Безумовно, для зростання ми потребуємо не лише труднощів, однак вони потрібні. Основний обов'язок душеопікуна – співпрацювати з Богом і боротися разом з іншими з їхніми труднощами. Ми добре служимо, якщо пізнаємо, як Бог через страждання формує наші життя і розвиває нашу здатність проходити з іншими важкі часи. Чи готові ми пожертвувати власним життям заради інших? Чи віднайшли ми місце у своїх серцях для *перебування* з іншими в їхніх труднощах? Той, хто покликаний до цього служіння, «в недолі... робиться братом» (Пр. 17:17).

ПРИМІТКИ ДО РОЗДІЛУ 1

1. Дивіться barnabas.org стосовно інформації про щорічну пасторську конференцію («Pastors to Missionary»).
2. Окремі частини цього розділу вже були опубліковані у книзі «Лагідна турбота» (Tender Care. Rockford, IL: Barnabas Books, 2008). Дозвіл на повторну публікацію наданий Barnabas International.

РОЗДІЛ 2
ІСТОРІЇ ПРО ТРАВМУ В СЛУЖІННІ

ІСТОРІЯ 1
Громадянська війна й евакуація
Карен Карр, Гана

Одна справа – знати про ризики, зовсім інша – їх щоденно зазнавати. «Мобільна команда душеопікунства» (The Mobile Member Care Team) – це міжконфесійна група фахівців з питань навчання, консультування й адміністрування. Наше завдання – посилити стійкість і посприяти розвитку турботливих взаємин між місіонерами. Ми працюємо під керівництвом Правління лідерів місій та співробітничаємо з місіонерськими організаціями з питань проведення семінарів, надання допомоги в подоланні кризових ситуацій та консультування. Більшість членів команди вже жили в Африці, і ми знали, що, піклуючись про інших, ми самі не убезпечені від отримання травми і нам треба підтримувати власне психічне здоров'я. Отже, 2000 року команда з трьох членів прибула до Абіджана, Кот-д'Івуар, для праці з місіонерськими громадами в 14 країнах Західної Африки.

Перші два роки були особливо напруженими для нас. Крім характерних труднощів, пов'язаних з процесом започаткування нового служіння та проживання в міжкультурному контексті, ми ще й зазнавали викликів перебування в дуже нестабільній країні зі зростаючим проявом насильства і громадським неспокоєм. Я перебувала під сильним впливом горя і болю, оскільки місіонери, яких консультувала, належали до великої місіонерської родини, частиною якої я була сама. З деякими вже зустрічалась раніше під час семінарів та різних соціальних заходів, а тепер вони страждали від кризових ситуацій: смерть близьких, озброєне пограбування, викрадення дітей, побиття і зґвалтування. Ці місіонери були частиною мого особистого життя, частиною моєї власної системи соціальної підтримки. Я перебувала в їхньому світі, а вони в моєму, і наші світи постійно змінювались.

Отриманий досвід і моя внутрішня реакція на нього підготували мене до більш серйозної кризи, яка мене очікувала. 19 вересня 2002 року я прокинулась від звуків стрілянини в місті Буаке в центральній частині Кот-д'Івуару. Ми щойно розпочали проведення семінару для 14 міжкультурних працівників, навчаючи їх міжособистісним навичкам. Ще лежачи в ліжку і слухаючи віддалений обмін артилерійськими залпами, я одразу подумала, що відому банду грабіжників нарешті оточили і тепер вони ведуть перестрілку з поліцією. Однак стрілянина посилювалась, і я припустила, що то була ще одна спроба перевороту в країні. Ранкові новини підтвердили, що повстанці атакували урядові війська в трьох стратегічних місцях, у тому числі в Буаке. Отже, розпочалась наша восьмиденна облога в будинку під перехресним вогнем між урядовими і повстанськими військами.

Іноді вибухи були дуже гучними і близькими. Ми закрили вікна матрацами, аби захиститись від розбитого скла, і лежали на підлозі, притиснувшись до стіни. Пам'ятаю, як я трималась за щиколотку іншої людини, яка лежала переді мною, і молилась, аби Господь сповнив наші серця миром. І Він дарував нам мир і утіху. Інколи ми співали (тихо, аби повстанці не дізнались про наше місцеперебування) гімни про нашу єдність у Христі. Ніхто не панікував, не плакав і не гнівався. Ми підсвідомо визначили, хто яку роль буде виконувати у спільній кризі. Четверо з нас відповідали за ухвалення рішень, інші носили відра води з криниці, готували їжу, доглядали за нашою безпекою або стояли на колінах і молились.

Постійно лунали телефонні дзвінки від родичів, друзів, керівництва місії та посольства США. Одним із найбільших проявів підтримки для нас були щоденні, а іноді навіть щогодинні, дзвінки від лідерів нашої місії, які запевняли, що докладали зусилля для нашого порятунку. Нам казали, щоб ми залишались на місці й чекали на безпечну евакуацію. Ми хвилювались, що до планів американського посольства не входив порятунок нігерійців, які були частиною нашої групи; отже, ми домовились, що в такому разі хтось із нас залишиться разом з ними.

Згодом у пошуку притулку до наших воріт підійшла група із 40 наляканих ліберійців. Одного з них ми знали, інші були його родичами. Ми дозволили їм увійти, однак не знали, чи дозволити їм залишитись. Їх присутність посилювала ризик для нас самих, водночас їх могли обвинуватити в заворушеннях і вбити, якби ми їх відіслали. Коли ми в молитві вирішили прихистити і їх, я намагалась упоратись із почуттям провини, що допустила навіть думку про те, аби їх відіслати.

За ті вісім днів найскладнішими для мене були два моменти. По-перше, коли ми почули, як до нас дедалі ближче і ближче наближався натовп. Ліберійці мовчали, наче німі. На їхніх обличчях я могла побачити шок і страх. Навіть найменші дітки сиділи мовчки. Я була в Руанді й чула історії про геноцид, тому уявила, як натовп уривається до нашої будівлі й у нас на очах убиває ліберійців. Мені було страшно, бо почувалася безпорадною. Ми всі молились за безпеку, і галас натовпу поступово вщух в іншому напрямку.

Другий момент настав, коли раптом біля стін, що оточували наше подвір'я, почався інтенсивний бій із застосуванням важкої артилерії. Ми забігли до будівлі, сховалися і з кожним вибухом дедалі більше притискалися до землі. Біжучи позаду дорогої подруги, я намагалась уявити, що б сталось, якби когось із нас застрелили. Ми не могли дістатись до лікарні й володіли лише елементарними навичками надання першої допомоги. Ми всі змогли сховатись, однак думка про те, що могло б статись, вплинула на мене емоційно навіть більше, ніж те, що сталося насправді.

Після восьми днів очікування нас евакуювали з Буаке в супроводі французьких солдатів. З будинку ми всі вийшли разом як єдина група. Перед тим як роз'їхатись по різних країнах, ми ще провели час разом, аналізуючи і радіючи тому, що кожен із нас зробив заради нашого спільного порятунку. Ми сміялись, плакали й обіймались, розуміючи, що пережитий досвід поєднав нас на все життя.

У наступні дні ми почувалися виснаженими, перебували в оціпенінні й були дезорієнтовані. У такому стані важко бути продуктивними. Майбутнє Кот-д'Івуару залишалось незрозумілим. Невдовзі після евакуації нам надали допомогу американські психологи, які прибули до нас в Абіджан, у центральному офісі місії. Вони годинами працювали з нами як окремо, так і цілою командою.

Уважне слухання і безпечна присутність психологів суттєво допомогли, і я розповіла про найбільш стресові події минулого року та розпочала роботу над своїм страхом, гнівом і болем. Я плакала і порушувала запитання, на які не знаходила відповіді. Наприклад: чому Бог дозволив цьому статись? Я повернулась до першопричини свого перебування там (Бог сповнив мене любов'ю до місіонерів і покликав мене до цієї праці). Ці коріння були глибокими і міцними та запевнили мене в тому, що Бог дасть мені все необхідне для виконання праці, до якої Він мене покликав. Йшлося не про мою силу, енергію чи волю, а про розуміння, що то було саме те, що я мала робити. Вмотивована любов'ю до людей, яким допомагала, і радістю від надання цієї допомоги, я могла продовжувати служити і далі.

Нагадування про Господній поклик у моєму житті відіграло ключову роль у моєму відновленні та здатності повернутись до напруженого служіння. Я також працювала над власним богослов'ям страждання. Не все почуте і побачене мною узгоджувалось з моїм розумінням справедливості або навіть з моїм поглядом на Божий характер і Його волю. Відчайдушні спроби зрозуміти Божу суверенність посеред збентеження, розгубленості й невизначеності були важливою складовою процесу аналізу травматичної події. Усамітнення на чудовому пляжі за містом разом зі своїми улюбленими членами команди, споглядання за птахами, молитва і вивчення Псалмів повернуло мене назад до роздумів, істини і перспективи. Найважливішим біблійним уривком для мене став текст Йова 19:25: «Та я знаю, що мій Викупитель живий, і останнього дня Він підійме із пороху цю шкіру мою, яка розпадається». Ці слова допомогли мені зрозуміти, що за мого життя не всі прояви несправедливості будуть усунені, однак зрештою таке відбудеться.

Після відпочинку і відпустки, яка відновила нашу енергію і бачення, наша команда повернулася до служіння. Війна і насильство тривали. Отже, ми вирішили переїхати до Гани, звідки могли продовжувати служіння місіонерам з 14 країн. Цей переїзд відкрив нові двері можливостей для більш поглибленої взаємодії з африканцями. Пізніше Господь допоміг мені простити тих, хто завдав шкоди людям, якими я опікувалась. Прощення надало мені більшу свободу працювати з тими, хто зазнав сильного болю і страждання, носити їхні тягарі та приносити їх до Хреста.

ІСТОРІЯ 2
Боротьба з раком нирки
Аллан і Бетсі Пул, США

Аллан пізнав Господа ще в часи навчання в коледжі й відчував сильний поклик служити Йому в ролі пастора, що є захоплюючим і водночас непростим покликанням. Знайомство з Бетсі було справжнім даром. Вона з усією серйозністю прийняла покликання бути дружиною пастора і погодилась підтримувати Аллана в пасторському служінні. Їхній шлюб був люблячим і міцним; також у них народилось двоє дітей, яких вони сильно любили. Їхнє служіння було корисним і ефективним, а стосунки Аллана зі старшим пастором – глибокі й довірливі. У Бетсі й Аллана було багато друзів. Аллана часто захоплювало те, що він пізнавав про Бога в процесі богословського вивчення. Обидва були відкриті до пізнання Господа безпосереднім, особистим і унікальним чином.

Під час спільного ретриту з друзями Аллан відчув, що наступний рік стане для нього «великим роком». Водночас він зовсім не очікував проблем зі здоров'ям, перші ознаки яких з'явились, коли він одного дня приймав ванну. Його це дуже схвилювало, однак лікар після огляду запевнив, що немає жодних підстав для занепокоєння. Наступні місяці Аллан і Бетсі провели дуже активно, у тому числі приділяючи час богословському навчанню. Аллана особливо захоплювало заглиблення в тему Трійці. Бетсі вивчала «Подорож Пілігрима», яка справила значний вплив на її внутрішній духовний світ. Здавалося, що вони були готові до будь-чого несподіваного. Однак для Бетсі ніщо не передвіщало чогось несподіваного.

Через декілька місяців Аллан зазнав більш серйозного нападу. Він одразу звернувся до фахівця і після медичного огляду почув від лікаря тривожні новини: «У нас проблема». В одній з нирок Аллана з'явилась ракова пухлина розміром з тенісний м'яч. Коли він подзвонив Бетсі, щоб сповістити про новину, вона якраз разом з близькими друзями фарбувала дитячу кімнату для їхнього третього малюка, який мав невдовзі народитись. Новина від Аллана стала справжнім шоком, і перебування друзів поряд з Бетсі дуже допомогло. Протягом наступних важких тижнів добрі друзі дуже їх підтримували, допомагаючи різноманітними способами. Для Аллана одразу замовили додаткові тести, які зрештою показали злоякісні утворення в печінці. Все це складно було осмислити. В Аллана стискалося серце при думці, що він може померти і не побачити, як зростають його діти, у тому числі ще ненароджене немовля, що він може залишити дружину на самоті з усіма цими обов'язками.

Невдовзі після підтвердження діагнозу Аллан сів за свій робочий стіл і подивився на ікону Трійці. У ту мить він по-особливому відчув Бога. Здавалось, наче Він промовляв до Аллана через ікону із зображенням «Трійці» Рубльова: «Твоє місце за столом безпечне». У цей момент Аллан відчув, що спроможний «змінити власну невпевненість на впевненість Божого вітання. Він був Його».

Дізнавшись про проблеми зі здоров'ям, Аллан і Бетсі одразу сповістили про це Еда, старшого пастора. Серед інших рис чудового пастора Еду була властива дивовижна здатність бути поряд і слухати, а потім приносити в молитві до Бога почуті хвилювання. Водночас він був дуже практичним і одразу звільнив Аллана від виконання пасторських обов'язків. Того вечора в церкві організували молитовну зустріч на підтримку Аллана і Бетсі. Друзі планували, як допомогти їм з доглядом за дітьми і з приготуванням їжі, аби подружжя могло зосередитись над тим, з чим їм треба впоратись емоційно. Усього через чотири дні Аллану мали зробити операцію. Члени церкви завзято відгукнулись на заклик до спільної молитви. Люди настійливо молились і просили, аби Господь прибрав пухлину. Усі зібрались навколо Аллана і Бетсі та возносили свої молитви до Бога. Ця молитовна зустріч зробила Божу присутність для Аллана і Бетсі дедалі більш справжньою – їм здавалось, що вони потрапили в зовсім іншу сферу.

Операція тривала вісім годин. Перші висновки виявились обнадійливими, без жодних ознак ураження лімфатичних вузлів. Для Аллана розпочався повільний процес відновлення. Важко було проживати місяці поступового повернення сил після складної операції.

Завдяки Божій милості Бетсі народила немовля на два тижні пізніше, через шість повних тижнів після операції Аллана. На щастя, він уже був здатен стояти і став частиною цієї дивовижної події. Бетсі й Аллан разом вітали свою новонароджену доньку. Аллану здавалось, що його життя починається знову. Через декілька місяців після операції він уже зміг повернутись до церковного служіння. У ті місяці були й періоди темряви, коли Аллану здавалось, що люди «того дня забули помолитись» про нього, однак потім приходили періоди достатньої сили, щоб упоратись із повсякденними викликами.

Ще від початку хвороби Аллан і Бетсі трималась один за одного різними способами і водночас почувалися дещо відокремленими. Бетсі могла лише допомагати чоловікові в лікуванні, хоч її переповнювали страхи стосовно і власного майбутнього, і майбутнього дітей, однак про це вона тоді не могла казати. Аллан у свою чергу всіма наявними силами зосереджувався на власному лікуванні.

Він продовжував обстежуватись стосовно раку нирок. Кожний візит до лікаря і кожний огляд викликав у нього страх почути невтішні новини. Однак лікарі наполягали на регулярному обстеженні. Після операції Аллан іноді відчував біль, що породжувало хвилювання стосовно можливих катастрофічних діагнозів. Наприклад, коли в нього через мігрень погіршувався зір, його охоплював страх, що то були ознаки метастазів у мозку. Раніше в нього ніколи не було подібних страхів.

Досвід Бетсі в ролі дружини, матері й опікуна був іншим. Невдовзі після виявлення в Аллана серйозного діагнозу близькі друзі почали казати їй: «Дозволь людям тобі допомогти. Ця ситуація стосується всієї громади. Просто скажи нам, що тобі потрібно, і ми це організуємо». Зрештою вони переконали Бетсі, і вона почала надавати перелік своїх практичних потреб, наприклад викупати дітей, підготувати дитячі речі в очікуванні пологів, прибрати на подвір'ї, почистити ринви. Друзі та члени церкви сформували команду, яка допомагала у вирішенні практичних потреб. Батько Аллана, який мав більше «лікарняного» досвіду, ніж Бетсі, одразу запропонував залишатися на ніч із сином у лікарні. Батьки Бетсі оселились у місцевому готелі та взяли на себе більшу частину турботи про дітей.

Щонайменше два випадки по-особливому торкнулися серця Бетсі. Подруга випрала всі дитячі речі, а також принесла нові ковдри, простирадла і додаткову одежу для немовляти, і все було дуже охайно складено. Для Бетсі то було дуже відчутною ознакою, що «Бог любить тебе». Чоловік, чий син знайшов Христа завдяки служінню Аллана, надіслав щедру фінансову допомогу «на всяк випадок». Прояв турботи глибоко торкнувся душі Бетсі, оскільки все це було практично і надприродно.

Ще на самому початку Бетсі відчувала емоційні сили і відважно долала труднощі. Однак коли Аллан повернувся до більш-менш нормального життя, приблизно через чотири місяці після операції, вона на короткий час «зламалась», відчуваючи себе дуже наляканою. Друзі, які приймали її в такому стані без будь-яких спроб виправити, були особливо цінними і неймовірно допомогли.

Озираючись назад, Аллан і Бетсі впевнені, що ніколи б не хотіли пережити таке знову. Водночас вони свідчать, що під час цього випробування їхня віра значно поглибилась. Тепер вони без сумнівів знають, що «те, у що вони вірять, є істиною». Із належним біблійним розумінням страждання для них уже ніколи не буде негативного взаємозв'язку між їхньою вірою та цією хворобою.

Аллан і Бетсі відчули, що отриманий досвід ще краще підготував їх до пасторського служіння. Вони вже не бояться ввійти в кімнату до людини, яка щойно отримала погані новини. За словами свідків, у таких ситуаціях присутність Аллана несе із собою спокій і надійність. Для Бетсі фізичні прояви Божої присутності та близькості були життєзмінюючою і відчутною дійсністю, яка сповнила її миром, «вищим від усякого розуму». Божа відчутна присутність через добрі справи інших переконала Бетсі, що практична допомога важливіша за слова при входженні в біль і кризу іншої людини. Ці ситуації не про нас, а більше про можливість для Бога виявити Себе в житті людини.

Аллан і Бетсі дуже вдячні за люблячу, молитовну і практичну підтримку, яку вони отримали від старшого пастора, церковної громади, родини і друзів. Члени громади у свою чергу ще неодноразово дякуватимуть їм за те, що вони прийняли їхню турботу. Дійсно, у той час потреба приймати підтримку була дуже важливою. Обставини Аллана і Бетсі стали досвідом усієї громади.

Аллан каже: «Більшості з нас хотілось би, щоб життя було сповнене радістю і щоб в ньому не було місця стражданню. Я також цього хотів би. Однак наш світ – розбите місце, і я радий, що цей факт не застає Бога зненацька. Через Ісуса Христа Бог увійшов у цей світ з усім його болем і бунтом та страждав разом з нами, однак не в ідеалізованому образі, а як той, хто дійсно розуміє наше становище. Добра новина в тому, що заключне слово за Богом, а не за грішним світом. Бог живий. Довіряйте Йому, ми також довірятимемо Йому. Я вдячний за цю справжню утіху».

ІСТОРІЯ 3
Жахлива автокатастрофа в Африці
Енн Хеймел, Руанда

27 липня 1990 року мій чоловік Едріан, наші три сини (8, 6 і 3 роки) і я поверталсь додому в Руанду після двох тижнів перебування в Зімбабве, Замбії і Танзанії. Руанда стала нашим домом, починаючи з 1982 року, коли ми переїхали в цю країну з Бурунді, аби допомогти в будівництві та становленні Адвентистського Університету Центральної Африки. Університет призначався для франкомовних студентів з Африки та з регіону Індійського океану. Університет вирішили збудувати в цій країні, бо на той час Руанда вважалась найбільш спокійною і

стабільною країною у франкомовному регіоні Африки. Ми переїхали туди невдовзі після того, як президент Руанди виділив землю для будівництва університету.

Будучи першопрохідцями, ми стикались з багатьма труднощами тамтешнього життя, особливо живучи з маленькою дитиною. Коли ми туди переїхали, нашому найстаршому сину було лише вісім місяців. Ми поїхали до Африки одразу після того, як я закінчила навчання в коледжі; мені тоді був 21 рік. Мій чоловік закінчив навчання на рік раніше. Тоді нам було понад 20, і ми прагнули служити Богу. Ми раділи від усвідомлення, що беремо участь у чомусь дуже визначному, що ми допомагаємо будувати університет, у якому навчатимуть чоловіків та жінок нести Євангелію Ісуса Христа до віддалених куточків Африки. Ми раділи, що були першими місіонерами, які будуть жити на території університету, незважаючи на всі труднощі, пов'язані з цим.

1990 року ми разом з друзями здійснили поїздку до Зімбабве. Наші друзі були лікарями, і в них також було троє дітей, приблизно одного віку з нашими синами. В останній день подорожі ми їхали значно довше, ніж в інші дні, оскільки хотіли перетнути кордон між Руандою і Танзанією до його закриття із заходом сонця. Коли ми зупинились пообідати, перед нами вже виднілись гори Руанди. Ми подякували Богу за безпечну і приємну поїздку. Перетинаючи того вечора кордон між Руандою і Танзанією, ми сподівались, що вже зовсім скоро зможемо прийняти душ і лягти спати у зручних ліжках.

Далі я пам'ятаю своє пробудження на лікарняному ліжку в Брюсселі, у Бельгії; я не розуміла, де я була і як сюди потрапила. Дивлячись на величезні рани на своїх ногах, я не усвідомлювала, що то були мої ноги. Зі слів подруги, яка подорожувала з нами, я дізналась, що невдовзі після перетину кордону наша родина зазнала лобового зіткнення з вантажівкою. Мій чоловік загинув на місці, і його вже поховали в Руанді. Мій трирічний син перебував чотирма поверхами вище в педіатричному відділенні. У нього був перелом черепа, розтрощена нога і відбито два пальця на нозі. Два інших сини, шестирічний і восьмирічний, досі перебували в Руанді. Вони були єдиними членами родини, присутніми під час поховання чоловіка.

Я почувалася приголомшеною від дійсності, яка трапилася. Усе своє життя я вважала Бога моїм Небесним Отцем. Я з готовністю залишила комфортне і безпечне життя в Америці заради служіння Йому в Африці. Я вірила, що Він потурбується про мене і про мою родину. Усвідомлюючи те, що сталося, мені було шкода, що ми не всі загинули в цій автокатастрофі. Смерть здавалася кращою за життя, яке було переді мною. Мій біль був настільки сильний, що я думала лише про те, як його позбавитись. Я дивилась на крапельницю і просила лікаря додати щось туди, аби моє життя скінчилось. Я не хотіла жити без чоловіка і без Бога.

Раніше я не вірила, що в християнина можуть виникати суїцидальні думки. Вважаючи, що довіра Христу є належним захистом від будь-якого відчаю, я не усвідомлювала, наскільки біль може завадити нам відчути Божу присутність. Подумки уявляла, як Бог з любов'ю і турботою дивиться на мене з небес. Однак тієї миті, коли ми виїхали з-за рогу прямо назустріч вантажівці, Він відвернувся від мене. Обставини мого життя кричали, що Бога там не було. Якщо Він і був, то не турбувався. Тепер я розумію, що моє богослов'я страждання не відповідало тій кризі, якої я зазнала. Два тижні, які я перебувала в Бельгії, були найтяжчими тижнями в моєму житті. Однак Бог мене не залишив. Він був зі мною і приходив до мене багатьма способами через багатьох людей.

Автокатастрофа справила визначальний вплив на моє життя. Вона похитнула мої стосунки з Богом більше, ніж будь-що інше, і водночас поглибила мої взаємини з Ним так, як ніщо інше. Духовна криза, якої я зазнала, була такою самою серйозною і виснажливою, як і емоційна криза. Я мала багато що оплакати. Численні втрати ускладнюють процес горювання. Безумовно, найбільшою втратою була смерть мого чоловіка і найкращого друга, батька моїх дітей. Втративши його, я втратила свою ідентичність як місіонера, втратила свій дім і життя, яке ми разом будували в Руанді. Після закінчення коледжу я знала лише один спосіб життя – місіонерство. То було життя, для якого, як я вважала, мене створив Бог. Я втратила систему соціальної підтримки в місіонерській громаді, частиною якої ми були. Я втратила почуття цінності, яке виникає від участі в чомусь більшому за нас самих. Я також втратила дитячу віру в Бога, у мого Небесного Отця. Переді мною постала необхідність розвивати довіру, яка підтримає мене під час нових труднощів.

Мене очікували великі труднощі, але було й багато того, що допомогло мені їх подолати. Церква надала практичну допомогу, яку я потребувала, зокрема медичну після аварії та фінансову, оскільки я починала процес відбудови мого життя. Крім того, я отримала не менш важливу емоційну підтримку від приналежності до Божої родини. Хоч обставини мого життя кричали про відсутність Бога, Він показав мені Себе через багатьох людей. Знов і знов, тиждень за тижнем, місяць за місяцем, після аварії люди, часто незнайомці, своєю добротою і підтримкою виявляли до мене любов Ісуса. Я також звернулась за допомогою до християнського психолога, аби мені пройти крізь біль численних утрат, яких я зазнала.

Фізичне, емоційне і духовне відновлення було повільним. На той час, коли я вже достатньою мірою фізично відновилась, щоб повернутись до Руанди і вперше побачити могилу мого чоловіка, там розпочалась війна. Минув цілий рік після автокатастрофи, перш ніж у Руанді запанувала певна стабільність і ми змогли туди приїхати. Повернення до Руанди і прощання з тамтешнім життям і з людьми, яких ми сильно любили, було важливим кроком, який допоміг мені розпочати тривалий і часто болісний процес відбудови мого життя. Повернувшись до Сполучених Штатів після подорожі до Руанди, я була зарахована на докторську програму «Консультативна психологія» в Університеті Ендрюса в Берріен Спрінгс, штат Мічиган. Оплакування втрат і нова мета в житті стали важливими аспектами зцілення.

Війна в Руанді тривала наступні три роки. 6 квітня 1994 року в новинах повідомили, що літак президента Жювеналя Хабіарімана збили. Новина про його смерть сколихнула народ, викликавши прояв насилля. У країні відбулися жахливі події. Я оплакувала народ Руанди. Він був моїм народом. Я його знала як добрий і лагідний народ, і моє серце було пов'язане з ним. Події в Руанді дуже на мене вплинули. Коли геноцид дійшов до місцевості, де була розташована територія університету, місіонерів евакуювали і наша школа була втрачена. Ми були першими місіонерами, які переїхали жити на територію університету. Наш найменший син був єдиною місіонерською дитиною, яка там народилась, і мій чоловік був єдиним місіонером, якого там поховали. Мої страждання і біль не лише віддзеркалювались, але й множились у геноциді, який поширився країною. Багатьом людям у Руанді також здавалось, що Бог їх покинув.

На щастя, ми служимо Богу, Який зцілює. Поки я навчалась і шукала зцілення та цілісності в житті, Бог привів до мене і моїх синів чудового чоловіка. Через п'ять років після автокатастрофи Лорен запропонував мені вийти за нього заміж, і ми об'єднали наших сімох дітей в одну родину. Нещодавно ми всі разом повернулись до Руанди, вперше відтоді, як ми були там через рік після аварії. Бог приносить зцілення і Руанді. Нас, як місіонерів, часто просять брати участь у стражданнях народу, якому ми служимо. Частиною Доброї звістки, якою ми маємо привілей ділитися, є істина, що ми служимо Богу, Який зцілює.

ІСТОРІЯ 4
Втрата близьких
Джеррі Сіттсер, США

Моя історія втрати достатньо проста, але наслідки – ні. 1991 року наша родина поверталась додому з Кер-д'Алена, штат Айдахо. У нашому мінівені були моя дружина Лінда, моя мати Грейс, яка приїхала до нас на вихідні, наші четверо дітей (Кетрін, 8, Девід, 7, Діана Джейн, 4, і Джон, 2) і я. Їдучи дорогою, ми пізно помітили машину, яка прямувала на великій швидкості й за кермом якої був нетверезий водій, котрий виїхав на зустрічну смугу і врізався прямо в наш мінівен. Моя мати, дружина і донька Діана Джейн померли майже одразу (як і дружина та ще ненароджене немовля нетверезого водія). Мій найменший син Джон отримав серйозні травми, однак згодом відновився. Кетрін, Девід і я зазнали лише незначних ушкоджень. Лінія між живими і мертвими була жахливо прямою і чіткою, наче поріз від скальпеля.

Автокатастрофа трапилася двадцять років тому. Проте два спогади і досі лишаються яскравими, наче я й досі перебуваю на місці події. Сумніваюсь, що вони коли-небудь зникнуть. Першим спогадом є жахливе видовище аварії, всі звуки і запахи, пов'язані з нею. Я досі бачу розбите скло і спотворені тіла, чую лязкіт металу і звуки сирен, відчуваю сморід насильства. Моєю першою інстинктивною реакцією було витягти дітей через передні водійські двері, єдині, які можна було відкрити. Я швидко оцінив ушкодження, перевірив пульс, зробив штучне дихання і заволав про допомогу. Я досі відчуваю ці спогади. Я досі здригаюся і тремчу, коли про це згадую, що відбувається доволі часто. Переді мною роками стояв вибір – або заглушати спогади, або втрачати глузд.

Другим спогадом є мовчання в кареті швидкої допомоги. Свідок аварії імовірно викликав поліцію, бо зрештою на місце події прибуло багато поліцейських машин і карет швидкої допомоги. Приблизно через годину після автокатастрофи моїх трьох живих дітей і мене посадили у «швидку» і повезли до найближчої лікарні, яка була розташована на відстані 45 миль. Протягом усієї години, що ми їхали, всі мовчали, мовчали, як у порожньому соборі, мовчали від важкості трагедії, мовчали, хоч мої діти тихо схлипували. Мовчання дало мені можливість подумати, мій мозок став оплотом раціоналізму. Я поглянув на трагедію, і переді мною постали тільки два варіанти: або я задаю для нас траєкторію болю, яка імовірно ніколи не скінчиться, або подивлюся в обличчя трагедії і скажу: «Досить! Кровотеча припиняється прямо зараз і прямо тут!» З надвеликими зусиллями я обрав перше. Я гадав, що це ближче до прояву щирої любові й що це вияв рішучості, яка охоплює жінку під час пологів.

Як пояснити цю дивну суміш емоцій і спокійного раціоналізму? І ця суміш ніколи не покидала мене. Аварія зробила мене надзвичайно емоційною і водночас надзвичайно раціональною людиною. Емоційною, бо подія глибоко проникла в серце і завдала сильного болю; раціональною, бо вона очистила мій розум від непотребу, змусила мене розмірковувати над істинністю моєї віри і спонукала присвятити себе найважливішим речам у житті. Ці два аспекти душі, емоції і раціоналізм, можуть гармонійно взаємодіяти між собою. Я маю на увазі таке.

Перше – емоції. Дивно, однак мою душу найбільше мучило збентеження і розгубленість. Я почувався людиною, яка чує знайому мову, однак з певної причини не розуміє жодного слова, наче всі літери, слова й акценти перемішалися між собою. Я не міг віднайти жодного сенсу в аварії, докладав усіх зусиль, щоб осягнути: «Що тут щойно сталось? Не розумію». Безумовно, виникали й інші емоції, але найсильнішим серед них було збентеження.

Мої друзі виявили мудрість і слухали мої емоції без намагання заспокоїти їх чи витіснити, хоч я певен, що їм хотілося це зробити, бо вони дуже непокоїлись за мене. Вони розуміли, що емоції гніву, смутку, страху і збентеження так само природні, як і відчуття голоду, спраги чи втоми. Я не був першою чи останньою в історії людиною, яка відчувала такі сильні емоції. Допустимість цих емоцій визнає і Біблія. У Псалмах висловлені не лише захоплення і радість, але і смуток, розчарування, гнів і безпорадність. Біблія не уникає почуттів. Емоція спрямована до Бога, бо Він великий і здатен її сприйняти.

Мої емоції потребували моєї уваги, їх не можна було відкинути. Я мав визнати їх, зануритись у темряву й опрацювати їх. Друзі допомогли, час допоміг. Час зцілює не все, однак він надає можливість для зцілення. Поглинання сильних емоцій моїм життям потребує тривалого часу, аби вони стали більш знайомою і більш природною частиною мого єства. Вони ніколи мене повністю не залишають. Проте ці емоції тепер відчуваються дещо інакше, менш нав'язливо й агресивно. Вони стали більше моїми друзями, ніж ворогами.

Друге – раціоналізм. Втрата – не лише емоційний досвід. Це також інтелектуальний аспект, який спонукає нас думати про те, що є істинним, правильним і справжнім. Кожен у щось вірить у контексті втрати. Хтось може заперечити існування Бога і дійти висновку, що життя цілковито беззмістовне і випадкове. Втім, це раціональний відгук на проблему страждання. Після автокатастрофи я не відвертався від Бога і не звинувачував Його. Натомість щодо всього іншого я порушував запитання: що найкраще наповнює життя змістом – існування Бога або Його неіснування? наявність всесвітньої моралі чи її відсутність? Бог усе контролює або життя вже саме по собі є випадковим? Я вважаю, що судити лише Бога після досвіду страждання нечесно і безвідповідально. Нам треба проаналізувати всі великі питання життя. З часом я повернувся до християнської віри, однак уже з більшим розумінням і з оновленою впевненістю, бо віра надала найкращі відповіді на мої найглибші запитання.

Небезпечними є обидві крайнощі: безсердечна голова і безголове серце. Аварія торкнулася оголеного нерву моїх емоцій і поставила під сумнів мої переконання. Якщо ми хочемо залишатись людьми, варто пам'ятати, що емоції та раціональне мислення не можуть існувати одне без одного. З роками після травми я став більш емоційною і водночас більш вдумливою людиною.

Тепер я сприймаю аварію не за окрему подію, а за розділ у більшій історії. Відтоді багато що відбулось. Три роки тому Кетрін вийшла заміж і переїхала до Боготи, у Колумбію, де разом з чоловіком несла місіонерське служіння. Тепер вона живе в Портленді, де працює педагогом. Минулого року я знов одружився на давній подрузі Патриції. Цієї весни Девід закінчив навчання в Duke Divinity School, а Джон – у Seattle Pacific University. Усі діти процвітають, і я також. Тепер аварія є частиною ширших спогадів, які мають велике значення. Водночас шрам, глибокий і сильний, став ознакою благодаті. Чому він виник, я й досі не розумію, та ймовірно ніколи не зрозумію. Однак його наслідок цілком очевидний, і за нього я дякую Богу щодня.

ІСТОРІЯ 5
Пограбування і зрада

Дан Крам, Кенія

Конні і я служили місіонерами в Кенії, працюючи з народом масаї ще з 1988 року. У серпні 1997 року ми і наші троє маленьких дітей щойно повернулись з поїздки додому. Ми сподівались, що наше служіння буде успішним, а родинні стосунки близькими.

Однак однієї вересневої ночі наш світ повністю перевернувся, коли банда з трьох чи п'ятьох озброєних людей увірвалась до нашого будинку й упродовж десяти хвилин пограбувала нас на 1500 доларів. Під час нападу мою руку серйозно травмували. Коли мене вдарили, Конні скрикнула. Я мусив обійти будинок і показати грабіжникам нашу схованку з грошима. Увесь час я дивився вниз, бо, якби я когось із них упізнав і якби вони це зрозуміли, мене б убили. Конні погрожували мачете, коли вона намагалася зібрати докупи дітей. Діти все чули і бачили. То був жахливий досвід.

З настанням світанку ми поїхали до лікарні. Після десяти днів у Найробі, де ми отримали медичну допомогу і купили нові замки, ми повернулись до села. Я хотів поговорити з лідерами церкви і сказати їм, що з нами все добре. Люди також говорили про пограбування і міркували, як впіймати злочинців.

Коли ми прибули додому, до нас прийшло багато людей висловити співчуття і поцікавитись нашим станом. Я говорив про пограбування з церковними лідерами і з нашим сусідом. Церковні лідери виявили до нас розуміння і співчуття та дуже засмутились через нашу ситуацію. Вони дійсно турбувались про нас і хотіли виявити любов і підтримку. Жоден із них не знав, хто міг це зробити.

Втім, наш сусід уважав, що знав, кого треба винуватити, а саме заздрісного вождя іншого клану. Однак сусіда не турбував наш стан, він зосереджувався лише на тому, як нам і далі задовольняти його потреби та підтримувати його статус. Мене приголомшило, що той, кого ми знали і кому довіряли, використовував мене в суперництві з іншим кланом. Допоки ця заздрість і суперництво існують, наші життя будуть у постійній небезпеці. Я був розгніваний, глибоко розчарований і раптом відчув незахищеність, бо розумів, що нам треба негайно переїхати. Дружина дуже тужила через втрату будинку і громади, яку добре знала і сильно любила. Вона розчаровано кричала і вигукувала: «Невже ці чоловіки не розуміють, скільки горя вони всім приносять?» У цілковитій невідомості, що робити далі, ми невдовзі виїхали з того села, подалі від подвійної кризи пограбування і зради.

Декілька наступних днів ми провели в будинку члена нашої команди, повністю приголомшені й у намаганні зрозуміти значення того, що сталося. Ми втратили будинок (єдиний будинок, який ми збудували для себе), служіння, невинуватість, масайських друзів і багато іншого.

Протягом наступних двох місяців усе в наших життях йшло шкереберть. Ми не знали, де тепер наш дім. Ми хотіли справедливості, однак її не було. То був найпохмуріший період для нас на місіонерському полі. Ми переїхали до Найробі та змінили фокус у служінні. Однак ми не могли просто «переступити» через те, що сталося. Наше тимчасове помешкання розташовувалось поблизу консультаційного центру, в якому нам допомагали загоювати травму. Наша команда не мала досвіду в допомозі подолання подібної кризи. У перший місяць їхня допомога була відчутною, а після того ми здебільшого були залишені сам на сам зі своїми проблемами. Вони дали нам час для молитви і роздумів про майбутнє. Багато хто очікував, що ми швидко «переступимо» через пережите і підемо далі. Ми всі були вразливі, і кожен із нас по-різному справлявся зі своїми труднощами. Пізніше ми усвідомили, що ображалися і гнівалися на те, що наша команда не турбувалась про нас більше. Для побудови нових стосунків потребувався час, і ми зрештою визначили тих, кому могли довіряти, і все почали заново.

Декілька факторів допомогли нам на початку пережити раптовий переїзд. По-перше, ми знайшли в Найробі будинок, вільний на три місяці. У нас знову були свої ліжка і кухня для приготування їжі. По-друге, нам вдалося продовжити домашнє навчання дітей; у цьому Конні допомагав ще один волонтер. По-третє, з нами проводили постійне консультування, яке допомогло нам розібратися у своїх почуттях. По-четверте, я декілька разів їздив на зустріч з церковними лідерами, щоб їх підбадьорити. Це надало нам відчуття нормального життя.

Я ніколи не скаржився Богу на те, що сталося, оскільки Він через декілька днів після події сказав мені в серці, що перебував з нами увесь час і все бачив. «Я бачив, як вони поранили твою руку, і Я плакав за тебе». «Я бачив, як вони погрожували твоїй дружині, і це краяло Мені серце». Усвідомлення Божої присутності та Його співчуття до нашої родини стало джерелом зцілення.

Однак нам усе одно було важко. Загроза бути вбитим під час

збройного пограбування сильно мене приголомшила. Дізнавшись про зраду сусіда, я повністю усвідомив реальність загрози нашим життям тієї ночі. Нам було складно комусь довіряти. Хто дійсно знав про те, що сталося насправді, і хто за нами спостерігав? Ми вже навіть почали боятися ліхтариків. Наприклад, коли о другій годині ночі на під'їзді в Найробі з'явилась аварійна машина електрокомпанії, мене не було вдома. Налякані темними фігурами, які несподівано прибули посеред ночі, Конні й усі діти зібрались в одній кімнаті.

Нам було складно ухвалювати рішення. Ми молились стосовно варіантів майбутнього служіння, досі відчуваючи небезпечність повернення до села. Ми почали спілкуватися з іншими місіонерами, які зазнали схожої кризи, і це спілкування посприяло нашому поступовому зціленню. Вони розуміли наші почуття і могли висловити те, що ми думали. Усі ці люди стали для нас Божою утіхою. Якби ми забажали «повернутись додому» у США, члени родини і друзі виявили б до нас багато співчуття. Однак Конні та я відчували, що краще нам прожити це на місіонерському полі, оскільки люди тут краще зрозуміють нас і допоможуть у процесі зцілення. Бог дав нам сили залишитись, хоч це і було непросто зробити.

Ще одним фактором мого зцілення був процес відмови від прагнень до справедливості, а також прощення для тих, хто завдав шкоди мені й моїй родині. Через декілька місяців після пограбування я дізнався, що грабіжники досі стежили за мною, бо я прагнув, аби їх піймали. Друг з церкви сказав мені: «Проблема грабіжників у тому, що вони завжди без грошей та в бігах». Я розсміявся. Якимось чином це допомогло мені усвідомити, що я можу рухатись далі, вільний від прагнення домогтися справедливості задля втихомирення свого гніву, бо злодії все одно потрапляють у пастки власних змов. Для мене це стало формою справедливості, і я відчув, що можу припинити про них думати та повернутися до свого життя. Яка свобода! Хоч я розумів необхідність припинити стосунки із сусідом, який мене зрадив, я і далі довіряв християнським лідерам-масайцям, які непохитно мене підтримували і підбадьорювали.

Бог, працюючи в моєму серці, допоміг мені зрозуміти, що травму не легко подолати і що зцілення потребує часу. Раніше я вважав, що християни можуть і мусять долати свої труднощі через молитву, читання Біблії і за короткий проміжок часу. Зростаючи в безпечному контексті й ніколи не зазнаючи кризи або травми, мені було легко так думати. «Треба просто переступити» – був мій погляд. Місяці оговтування від травми навчили мене приймати і не судити людей, які зазнали травми. Тепер я кажу: «Не спішіть». Я також зрозумів, що лідери мусять з терпінням ставитись до людей, які відновлюються після травми, оскільки Бог не спішить.

Незважаючи на жах пограбування, зраду того, кому ми довіряли, та всі подальші втрати, Господь використав цю подію на благо. Ми були змушені переїхати на нове місце і розпочати нове служіння, яке зрештою принесло багато користі. Ми працювали з багатьма церквами, бо тепер їх нараховується вже 14 з понад 1000 віруючих, кількість яких продовжує зростати. Через багато років Господь привів нас до служіння допомоги травмованим місіонерам. Отримавши від Бога співчуття, ми здатні виявляти його до інших.

РОЗДІЛ 3
РЕСУРСИ ДЛЯ ЕФЕКТИВНОЇ ПІДТРИМКИ

ЧАСТИНА 1
Характерні реакції після травми
Карен Карр

А. ВИЗНАЧЕННЯ

Терміни «травма» і «криза» часто вживаються взаємозаміно. З наукової точки зору подія називається «травматичною» в разі втрати або загрози втрати життя чи завдання фізичної шкоди, при цьому людина особисто пережила цю подію або стала її свідком (American Psychiatric Association, 2000). Вплив травматичної події на людину називається «психологічною травмою». Натомість визначити те, що можна кваліфікувати як кризу, доволі складно, бо суб'єктивний досвід болю дуже різниться. Криза названа «тимчасовим станом розчарування і дезорганізації, що здебільшого характеризується нездатністю людини впоратись з конкретною ситуацією звичними методами вирішення проблем, а також імовірністю суттєвих позитивних або негативних наслідків» (Slaikeu, 1990, 15). Отже, травма – це підгрупа кризи.

Слово «криза» також застосовується для опису внутрішньої реакції на подію. Люди часто кажуть: «Я пережив кризу» чи «У мене криза». Якщо людина зазнала кризи, це означає, що сталося щось жахливе і що здатність упоратись з цим виходить за межі звичайної спроможності вирішувати проблеми і відновлюватись. Таким чином, те, що для однієї людини є кризою, для іншої – звична справа.

Пам'ятаю, як одного разу я сиділа з місіонеркою, котра описувала свій досвід початку геноциду в Руанді. Вона почула звук потужного вибуху і написала своїй родині у США: «То була не щоденна і звична канонада». Її родина написала у відповідь: «Що ти маєш на увазі під словами "щоденна і звична канонада"?» Місіонерка настільки звикла до звуків вибухів навколо неї, що вони не викликали в неї почуття страху. Натомість цей гучніший вибух (який виник унаслідок підбиття президентського літака) дійсно налякав її.

Б. ЧАСТОТА І ВИДИ ТРАВМИ

Для більшості людей криза і травма неминучі. Нам, чоловікам і жінкам віри, сказано очікувати на страждання. «Улюблені, не дивуйтесь огневі, що вам посилається на випробовування, немовби чужому випадку для вас» (1 Петр. 4:12). Однак ми дивуємось, якщо трапляється щось жахливе. Ми цього не очікуємо, і нашою першою реакцією є невіра і заперечення. Ми наче говоримо: «Це неможливо. Це не може бути правдою, бо не є правильним і не узгоджується з моїм розумінням справедливості й добра». Дехто навіть уважає, що людей, які присвятили своє життя християнському служінню, Бог має більше захищати, тому вони дивовижним чином мусять уникати будь-якого досвіду насильства. Цей погляд відображає богослов'я друзів Йова. *Якщо ви живете чистим і святим життям, ви не будете страждати.* Таким є богослов'я страждання, взяте зі слів Білдада: «Якщо чистий ти та безневинний, – то тепер [Бог] тобі Свою милість пробудить, і наповнить оселю твою справедливістю» (Йов 8:6).

Результати дослідження (2005), в якому порівнювалась частота травм серед місіонерів і населення США, спростовують це хибне вірування. Згідно з дослідженням, місіонери в Західній Африці та Європі зазнавали більше серйозних травм, ніж загальне населення США. Місіонери в Західній Африці зазнавали суттєво більше травм, ніж місіонери в Європі, які у свою чергу зазнавали суттєво більше травм, ніж американське населення. Серед місіонерів у Західній Африці 92 % чоловіків і 85 % жінок розповіли про одну або більше сильних травм у житті. В Європі цими показниками є 82 % серед чоловіків і 73 % серед жінок відповідно. Для порівняння, серед населення США 61 % чоловіків і 51 % жінок розповіли про одну чи більше сильних травм у житті. Різниця дедалі більша, якщо порівнювати ці три групи стосовно того, хто зазнав три або більше сильних травм (див. табл.: «Частота травм»).

ЧАСТОТА ТРАВМ СЕРЕД МІСІОНЕРІВ І НАСЕЛЕННЯ США		
Населення	% чоловіків з 3 травмами і більше	% жінок з 3 травмами і більше
Загальне населення США*	10%	5%
Місіонери в Європі#	47%	30%
Місіонери в Західній Африці#	71%	64%

*Дані National Comorbidity Survey (Kessler, 1995).
Результати місіонерського дослідження (Schaefer, 2007), N=250.

Найпоширеніші травми серед місіонерів у Західній Африці: серйозні захворювання (61 %); автокатастрофи, аварії поїздів або літаків (56 %); раптова смерть члена родини або близького друга (51 %); небезпека бойових дій, громадянський неспокій або війна (48 %); крадіжка зі зломом (41 %); серйозна загроза або шкода члену родини чи близькому другу (38 %); бути свідком серйозного поранення або смерті іншої людини внаслідок аварії чи прояву насильства (34 %); та евакуація (31 %). Для місіонерів з Європи найпоширенішими травмами були: автокатастрофи, аварії поїздів або літаків (66 %); раптова смерть члена родини або близького друга (54 %); і крадіжка зі зломом (38 %).

B. КОНТЕКСТ ТРАВМИ

Щоб зрозуміти реакцію людини на травму, треба зрозуміти контекст. Коли я питаю в подруги, яка вільно розмовляє французькою, значення певного французького слова, вона зазвичай відповідає: «А який контекст?» Слово має настільки багато можливих значень, що без знання контексту можна надати невірне тлумачення.

Розуміння контексту, пов'язаного з травмою, означає:

- поглянути на те, що відбувалось у житті людини до травми;
- питати про окремі аспекти самої травми;
- дізнатись, яким був відгук людей на травму людини, що також дасть нам розуміння, наскільки належною є система підтримки людини.

ФАКТОРИ, ЩО ПЕРЕДУЮТЬ ТРАВМІ

Різні події або стани, які можуть позитивним або негативним чином обумовити вплив самої травми. Такими можуть бути:

- попередній досвід особистої кризи (може допомогти або, навпаки, завадити);
- попередній психологічний розлад (депресія, посттравматичний стрес, тривожний розлад);
- певні особисті риси можуть бути корисними, водночас здатні також посилювати ризик негативного впливу, наприклад зосередженість на подробицях, любов до уваги оточуючих, потреба в надмірному контролі, прагнення до дій, ризикованість, потреба бути потрібним;
- схильність надмірно спрощувати проблеми і недооцінювати дійсність;
- схильність до почуття сорому або провини, що пов'язано з культурними особливостями або особистим досвідом;
- надмірна незалежність (неприйняття допомоги інших) або залежність;
- погані звички – переїдання, куріння, споживання алкоголю;
- доступ до системи підтримки – якість стосунків;
- стан здоров'я;
- гормональні зміни: підлітковий період, вагітність, менопауза;
- духовний стан;

- рівень енергії або виснаження;
- проблеми в родині, між батьками і дитиною;
- стосунки з родиною в рідній країні та з командою підтримки;
- нещодавній досвід втрати, значних змін або переїзду;
- богослов'я страждання;
- культурні й родинні принципи стосовно страждання і прояву болю.

У моїй розповіді про громадянські заворушення й евакуацію (Історія 1) я казала: «Перші два роки були особливо напруженими для нас. Крім характерних труднощів, пов'язаних з процесом започаткування нового служіння і проживання в міжкультурному контексті, ми ще й зазнавали викликів перебування в дуже нестабільній країні зі зростаючим проявом насильства і громадським неспокоєм. Я перебувала під сильним впливом горя і болю, оскільки місіонери, яких я консультувала, належали до великої місіонерської родини, частиною якої я була сама. З деякими я вже зустрічалась раніше під час семінарів та різних соціальних заходів, а тепер вони страждали від кризових ситуацій: смерть близьких, озброєне пограбування, викрадення дітей, побиття і згвалтування». У цій розповіді міститься декілька значимих факторів, що передують травмі: *попередня вразливість до травми, почуття смутку і посилений стрес*. Докладніше знаючи особистий досвід людини, я можу визначити й інші фактори, наприклад *крихке богослов'я страждання, особисте бажання контролювати речі, які не можна контролювати, і посилене відчуття гніву і несправедливості*.

Аналізуючи історії, описані на початку книги, можна визначити позитивні й негативні фактори, які вплинули на реакцію на кризу авторів цих історій. Родина Дана Крама (Історія 5) щойно повернулась з поїздки додому; отже, то був *період переїзду*. Шлюб Аллана і Бетсі (Історія 2) був побудований на міцному фундаменті та служив сильним джерелом *емоційної підтримки*; крім того, вони відчували підтримку громади. Енн (Історія 3) описує досвід, який передував травмі: *переворот, стреси, пов'язані з подорожами, задоволення від служіння*.

Якщо ми вирішили допомогти травмованій людині, корисно

послухати про значимі для неї фактори, які передували травмі. Про них можна також дізнатись, порушуючи різні запитання, наприклад: що важливого відбувалось у вашому житті перед цією подією? Ми можемо виявляти схильність слухати лише про негативні та стресові моменти, проте знання про сильні боки і ресурси людини (стосункові, емоційні й духовні) допоможе зрозуміти, що може найбільше посприяти зціленню травмованої людини.

ПРИРОДА ТРАВМАТИЧНОЇ ПОДІЇ

На ступінь емоційної реакції та значимості того, що відбулось, може вплинути багато аспектів травматичної події. Наприклад:

Чи було це...
- ненасильницьким або насильницьким проявом;
- завдано людиною або спричинено природним явищем;
- навмисно або випадково;
- превентивно або не превентивно.

Чи була наявна...
- участь дітей (жертв);
- відсутність попередження;
- близькість до події і загроза особистій безпеці;
- серйозність і тривалість події.

Якими були...
- роль і відповідальність людини в події (лідер, батьки, вихователь);
- особиста провина/помилка;
- особисті стосунки з жертвою (жертвами).

Якими є...
- значення події;
- довгострокові наслідки (наприклад, згвалтування може призвести до вагітності, аварія – до втрати кінцівок).

Якими були...
- ступінь невизначеності під час події;
- частота події;

- дії інших людей у цій кризі;
- реакції інших під час і після події (наприклад, відгук сусідів, колег, лідерів, душеопікунів, друзів і родини).

Докладний аналіз історії Джеррі (Історія 4) з урахуванням кожного фактора допомагає зрозуміти серйозність кризи.

- **Насильницький прояв** – загиблі й поранені.
- **Завдано людиною** – аварію спричинив водій іншої машини.
- **Випадково**.
- **Превентивно** – інший водій вирішив напитись.
- **Участь дітей (жертв)** – дитина Джеррі.
- **Відсутність попередження** – не було жодного часу реагувати чи готуватись.
- **Близькість до події і загроза особистій безпеці** – Джеррі перебував у машині й ризикував отримати серйозну травму.
- **Серйозність і тривалість події** – загинули його матір, дружина і дочка.
- **Роль і відповідальність людини** – син, чоловік і батька; водій машини загиблих.
- **Особиста провина чи помилка** – жодної.
- **Особисті стосунки з жертвами** – дуже близькі.
- **Значення події** – сумніви стосовно віри.
- **Довгострокові наслідки** – остаточна втрата близьких.
- **Ступінь невизначеності під час події** – невизначеність стосовно того, хто виживе.
- **Частота події** – одноразово.
- **Дії інших людей у цій кризі** – підтримка медпрацівників, друзів, родини.

Довгий перелік критичних аспектів травми Джеррі допомагає зрозуміти багато ступенів та рівнів горя і втрати, яких він зазнав наступними днями. Деякі з цих категорій об'єктивні й вимірні, наприклад наявність дитячих жертв. Інші більш суб'єктивні й можуть різнитися між людьми. Наприклад, яким є рівень особистої провини в тому, що сталося? Якби Джеррі був відповідальний за аварію, процес його відновлення був би зовсім інший, оскільки він мав би впоратись з почуттям власної провини і сорому, а також з осудом інших людей. У багатьох випадках людина, яка вижила, відчуватиме провину і сором, навіть якщо вона й невинна.

РЕАКЦІЯ ІНШИХ НА ТРАВМАТИЧНУ ПОДІЮ

Реакція інших під час і після травматичної події часто дуже важлива для реакції жертви. Джеррі (Історія 4) казав: «Мої друзі виявили мудрість і слухали мої емоції без намагання заспокоїти їх чи витіснити, хоч я певен, що їм хотілося це зробити, бо вони дуже непокоїлись за мене». Дан Крам (Історія 5) казав: «Я був розлючений і глибоко засмучений та раптом відчув себе незахищеним через очевидний брак турботи про мою родину». Дан і його дружина також казали: «Згодом ми усвідомили, що відчували образу і гнів через те, що наша команда не виявляла до нас більшої турботи». Я (Історія 1) зазначила: «Одним із найбільших проявів підтримки для нас були щоденні, а іноді навіть щогодинні, дзвінки від лідерів нашої місії, які запевняли, що докладали зусилля для нашого порятунку».

Місіонер їхав через африканське село, як раптом на дорогу вибіг хлопець і, потрапивши під автівку, загинув. Розгнівані селяни побігли до машини місіонера. Він мусив негайно втекти до поліцейського відділку, інакше його могли витягти з машини і забити до смерті. Інший місіонер був здивований і водночас вдячний людям, які прибігли на допомогу після того, як він збив на смерть дитину на віддаленій африканській дорозі, а потім в'їхав у канаву через спробу уникнути зіткнення з дитиною. Якщо люди відчувають турботу і захист з боку свідків травми, це може зменшити її негативний вплив.

Дії та слова друзів, членів родини, лідерів, співробітників і незнайомців, після того як сталася травматична подія, можуть стати або сіллю на рані, або ж цілющим бальзамом. Коли Йов у присутності друзів виливав свою страдну душу, Білдад відповів: «Аж доки ти будеш таке теревенити? І доки слова твоїх уст будуть вітром бурхливим?» (Йов 8:2). Ці слова призвели Йова в дедалі більший відчай: «Все одно буду я винуватий, то нащо надармо я мучитися буду?» (Йов 9:29). Натомість постійна присутність, любляче слухання і вчасно промовлені слова можуть принести страднику цілющу присутність Христа. «Господь Бог Мені дав мову вправну, щоб уміти зміцнити словом змученого» (Іс. 50:4). Утіха є втіленням мудрості.

Г. РІЗНОБІЧНА РЕАКЦІЯ НА ТРАВМУ

Карл Слайкеу (Slaikeu, 1990, 164-165) винайшов чудовий акронім (англ. – BASIC), який охоплює різні аспекти реакції на травму. Ми в «Мобільній команді душеопікунства» додали наприкінці ще літеру S (англ.) для категорії «Духовна реакція». У контексті кожної з цих сфер ми розглянемо загальні реакції на травму серед дорослих і дітей. Перелік загальних реакцій допоможе травмованим людям зрозуміти, що їхні відчуття не є чимось незвичайним чи ознакою, що з ними щось не так (див.: Додатки 2. А-В). Це просте запевнення може принести полегшення й утіху для тих, хто відчуває страх і розчарування, що вони не можуть «просто переступити через травму і рухатись далі». Пояснення звичайних реакцій на травму дає людям можливість зрозуміти й обговорити вплив травми, а також допомагає їм з більшим терпінням ставитись до себе в процесі відновлення. Пояснюючи дорослим «Характерні реакції на травму» (Додаток 2. А), можна сказати:

> «Кожна людина унікальна в тому, як вона реагує на травму, тому ваша реакція може відрізнятися від реакції іншої людини, яка пережила такий самий чи схожий досвід. Пам'ятайте, що для зцілення потрібен час. Попрацювавши над своїми реакціями, ви опинитесь у новому місці в житті, яке характеризується глибшим розумінням, належними висновками, стійкістю, більшою довірою та розширеним світоглядом. Ви не лише постраждаєте, але й досягнете процвітання. Хоч багато що забудеться і вам стане набагато краще, все одно будуть аспекти, які можуть викликати ці

симптоми і болісні спогади. Якщо ці симптоми почнуть сильно виявлятись і триватимуть довгий період часу чи якщо ви помітите ознаки погіршення служіння або стосунків, ви, можливо, захочете поспілкуватись з фахівцем з питань травми. Це не означає, що ви божевільні, це лише означає, що вам потрібна допомога».

З переліком звичайних реакцій на травму в дітей (Додаток 2. Б) можна ознайомити батьків, учителів та інших опікунів, аби вони посприяли відновленню дитини. Їх можна проконсультувати стосовно нормалізації реакцій у дітей. Додавати впевненості може усвідомлення, що дитина починає належним чином реагувати на травматичну подію. У залежності від рівня розвитку дитини, перелік звичайних реакцій можна дати і самим дітям, аби вони могли порушити запитання й обговорити свої реакції (Додаток 2. В).

ПОВЕДІНКА ДОРОСЛИХ

Зазвичай посттравматична поведінка дорослих характеризується або уникненням усього, що пов'язано з травмою, або сильним фізіологічним збудженням. Через тривалі ефекти адреналіну та постійні фізіологічні реакції на травматичні спогади людина може бути гіперактивною або, навпаки, дуже повільною, лякливою, менш продуктивною, безцільно блукати або часто плакати. Люди можуть губити речі або класти їх не в належне місце. Біль від травми може бути настільки сильним, що дехто шукатиме способи його позбавитись, наприклад, вдаючись до алкоголю або наркотиків, надмірно працюючи, намагаючись уникнути будь-яких спогадів про травму (у тому числі бажаючи переїхати), раптово змінюючи спосіб життя, відмовляючись від будь-яких веселощів. Через спонуку уникати болю людина дедалі більш несхильна говорити про те, що сталося, і відмовляється приймати допомогу. Іронія полягає в тому, що розмова з довіреним і досвідченим помічником посприяє зціленню, тоді як уникнення цієї розмови лише посилить біль.

Бажання уникати болісних спогадів і бажання вийти із ситуації, яка залишається небезпечною, не ідентичні. Наприклад, виїзд родини Крам із села (Історія 5) і мій виїзд з міста під облогою (Історія 1) були намаганням вижити і проявом обережності. Рішення Енн (Історія 3) залишити місце служіння ґрунтувалось на практичних аспектах її ситуації та усвідомленні впливу її потреб і потреб її дітей на громаду. Водночас дехто може залишити служіння і відповідну країну через бажання, аби їм більше нічого не нагадувало про травматичну подію. Тим, хто дістався безпечного місця, радять проаналізувати свої травматичні реакції перед прийняттям важливого рішення стосовно переїзду або завершення служіння.

ПОВЕДІНКА ДІТЕЙ

Посттравматична поведінка дітей зазвичай регресивна. Вони, наприклад, можуть знову почати смоктати палець, за когось чіплятися, у них може спостерігатися нічне нетримання сечі, відновлення звичок, які вони вже переросли, зниження успішності в навчанні. Мовні навички дітей обмеженіші, ніж у дорослих, тому вони проходять травматичний досвід, програючи теми насильства. Часто це є спробою опанувати власну безпорадність. Дитина часто програватиме небезпечні ситуації, які закінчуються порятунком або проявом впевненості. Враховуючи менш розвинені здібності до висловлення емоцій, гнів дітей може виявлятися через неслухняність, утечу, агресію, суперництво й антисоціальні нахили. Смуток може виражатися через апатію, усамітнення, міжособистісні проблеми і самоприниження. Страх може виявлятися через небажання йти до школи або розлучатися з батьками, через спання разом з батьками і відмову спати самим, через прохання не вимикати на ніч світло і через нездатність упоратись із новими стресовими подіями.

ВПЛИВ НА ДОРОСЛИХ

Який спектр емоцій може виникати після травми! Найбільш поширеними емоційними реакціями на травму є: шок, хвилювання, страх повторення травматичної події, дратівливість, розчарування, почуття приголомшеності, гнів на себе, інших і Бога, обурення, смуток, депресія, безпорадність, неповноцінність, провина і втрата почуття гумору.

Складно визначити чітко виражену модель поведінки, оскільки на людей справляє вплив їхня культура, стать, особистість та історія. В історіях, описаних на початку книги, автори згадують про: жаль, відчай, відчуття, що Бог їх залишив (Історія Енн, 3); спустошення, страхи, відчуття Божої присутності (Історія Аллана і Бетсі, 2); страхи, гнів, глибокий смуток, біль, відчуття зради, образи (Історія Крамів, 5); хвилювання, мир, провину, страх, безпорадність (Історія Карен, 1); подив, гнів, смуток, страх і розгубленість (Історія Джеррі, 4). Найчастіше люди відчувають страх, гнів і провину.

У багатьох аспектах емоційний відгук на травму схожий на процес горя (Greeson, 1990, 68). І це зрозуміло, враховуючи, що травматичні події завжди пов'язані з певною втратою. Це може бути втрата життя, дружби, ролі, відчуття безпеки, довіри або служіння.

Багато ілюстрацій процесу горя лінійні за своєю суттю, як показано в «Циклі горя/втрати» (page 54). Мешканцям Заходу комфортніше, якщо вони бачать перед собою чіткий шлях, який має початок і кінець. Мешканцям Глобального Півдня, навпаки, краще, якщо ілюстрація менш лінійна, наприклад, якщо шлях пролягає через різні міста. Ці типи ілюстрацій можуть допомогти людині побачити, що їй треба пройти крізь долину смерті, перш ніж відчути нове життя, яке приходить разом зі зціленням і відновленням. У книзі «Подорож Пілігрима» головний герой, Християнин, мав пройти через «долину смертної темряви», перед тим як потрапити до Небесного Міста. Він так описує свій досвід: «Потім я ввійшов у долину Смертної Темряви; майже півшляху по ній не було жодного світла. Я знов і знов думав, що загину тут. Однак зрештою зійшло сонце і настав день, і решту шляху я пройшов уже набагато легше і спокійніше» (Bunyan, 1968, 73). Ті, хто намагається від **початкового заперечення і шоку** одразу перейти до **святкування нового життя**, зрештою усвідомлять, що просто витрачають розумову енергію, намагаючись позбавитись або втриматись від гніву, страху чи смутку, які є необхідною складовою процесу зцілення.

Насправді посттравматичний емоційний шлях зовсім не прямий

чи лінійний. Людям часто здаватиметься, що вони знов проходять цей цикл і знов відчувають ті самі емоції. Їм здаватиметься, що немає ніякого прогресу. Оскільки травматична подія пов'язана з численними втратами різного ступеня і значення, людина може одночасно перебувати в різних місцях на кривій горя. Якщо пояснити це людині й дати їй можливість визначити, де вона перебуває в процесі горя,

ЦИКЛ ГОРЯ/ВТРАТИ

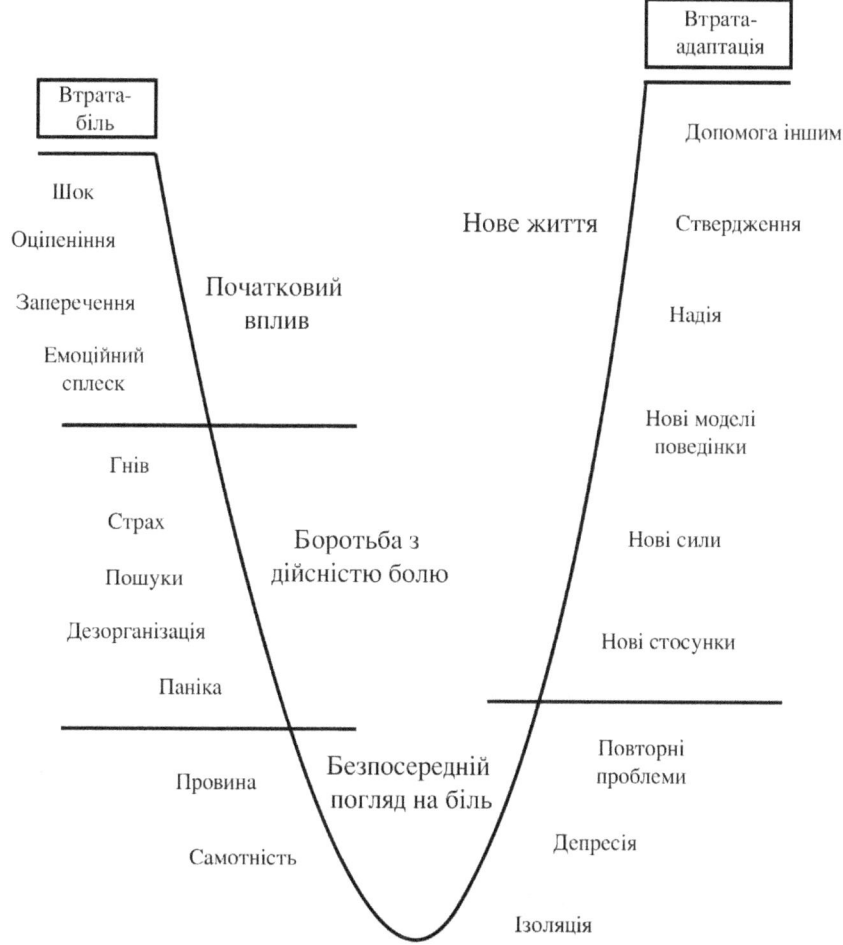

Charlotte Greeson, Mary Hollingsworth, and Michael Washburn
The Grief Adjustment Guide (Sisters, Oregon: Questar Publishers, Inc., 1990).

це може поспирияти нормалізації емоційної реакції. Це допоможе ослабити неконтрольоване відчуття приголомшеності.

ВПЛИВ НА ДІТЕЙ

Більшість емоцій дорослих відчувають і діти, хоч вони й виявляються інакше. У дітей немає багатого життєвого досвіду, щоб порівнювати травматичну подію з іншими подіями, тому для них проаналізувати і зрозуміти подію – це невідома й незвідана територія.

Якщо діти приголомшені й в оціпенінні, вони можуть діяти так, наче нічого не сталося. Отримавши жахливу новину про смерть когось із родини, діти, наприклад, можуть піти на вулицю і почати грати і сміятися зі своїми ровесниками. Це дитячий спосіб повернення до чогось знайомого, відомого і комфортного. Така поведінка може наштовхнути дорослих на хибну думку про те, що дітям байдуже. У книзі «Втрачений світ» (*A World Lost*) Венделл Беррі описує почуття своєї дитини, улюбленого дядька якої щойно вбили. Першою реакцією дитини було пограти зі своїми друзями. Далі він пише: «Після цього мені здалося, що навкруги все рухнуло. Не було жодного місця, де б не сталося того, що сталося» (Berry, 1996, 18).

Родина місіонерів їхала на машині до свого села, як раптом на дорогу вийшли двоє озброєних бандитів і спробували їх зупинити. Місіонер натиснув на педаль газу і швидко поїхав від них подалі. У цю мить його дружина побачила, як один із грабіжників поцілив у машину пістолетом і крикнув: «Я тебе вб'ю!» На задньому сидінні сиділи дві маленькі дитини, але жодна з них навіть не скрикнула і нічого не сказала ні під час інциденту, ані після нього. Коли родина дісталася безпечного місця, батьки розмовляли між собою так, аби діти не чули, про що вони говорять. Вони зітхнули з полегшенням, бо здавалося, що діти взагалі не помітили, що сталося. Через декілька днів з родиною зустрілася фахівець з питань травми. На прохання батьків вона провела деякий час з їхньою п'ятирічною дочкою, аби зрозуміти, чи вплинула на неї травматична подія. Чи знала донька взагалі про те, що сталося, оскільки після того вона жодного разу про це не згадала? Граючись із пластиліном та іграшками, дівчинка ініціювала теми небезпеки і страху, після того як сама словесно запевнила фахівця, що їй не страшно. Після 45 хвилин такої гри та відкритих запитань дівчинка промовила: «Коли ми їхали, погані дядьки поцілили в нас пістолетами; тато швидко їхав, а мама молилася». З її подальшої розповіді стало зрозуміло, що вона не лише повторила щось із того, що почула, але й описала дещо пережите. Це надало батькам можливості викласти їй факти того, що сталося, і запевнити її у своїй турботі й захисті.

Страхи і хвилювання часто виражаються через нічні кошмари, регресивну поведінку, чіпляння, скигління і небажання розлучатися з рідними. Діти можуть почати надмірно турбуватися про безпеку батьків або розвинути страхи, які пов'язані або навіть не пов'язані з травматичною подією.

Діти також схильні відчувати провину. Ці почуття провини можуть бути викликані явищем хибної атрибуції чи егоцентричним світоглядом. Інакше кажучи, діти можуть уважати, що травматична подія сталася через якісь їхні вчинки. З цієї причини варто спитати в дитини: «Як ти гадаєш, чому це сталось?», аби зрозуміти, які висновки вона зробила стосовно своєї ролі. Одна дівчинка була травмована смертю свого старшого брата. Згодом з'ясувалось, що останніми словами, які вона йому сказала в палкій суперечці з ним, були: «Я сподіваюсь, що більше ніколи тебе не побачу». Отже, вона вважала (і тривалий час приховувала це відчуття), що брат помер саме через неї.

Емоції смутку і депресії можуть виявлятися через апатію, усамітнення, ворожість або агресивність, зокрема в підлітків.

ФІЗИЧНІ РЕАКЦІЇ В ДОРОСЛИХ

У разі небезпеки мозок має реагувати таким чином, щоб максимізувати спроможність людини впоратись із кризою. Під час кризи активується головним чином кора головного мозку (свідома мисляча частина мозку) і лімбічна система (модулююча система, яка регулює відчуття страху, болю і радості), у тому числі гіпоталамус (регулює серцевий ритм, хімічні процеси в тілі, імунну і гормональну системи). Через ці системи відбувається викид у тіло шести основних хімічних речовин (адреналіну, кортизолу, норадреналіну, серотоніну, ендорфінів та АКТГ), кожна з яких має адаптивні функції. Хоч ці речовини сприяють нашій адаптації, вони також можуть нести негативні наслідки, особливо якщо ситуація затягується або не остаточно вирішена.

Адреналін (епінефрин) посилює фізичну і розумову активність. Наслідками підвищеного рівня адреналіну є: прискорене серцебиття, швидке дихання, напруга в м'язах, підвищення рівня цукру в крові, розширення зіниць, збільшення кровотоку до м'язів і мозку, погіршення травлення і посилена елімінація. Ці фізичні симптоми створюють тимчасовий дисбаланс, який дозволяє нам упоратись з критичною ситуацією. Якщо підвищений рівень адреналіну продовжується тривалий час, це може призвести до занепокоєння, розчарування, нетерпеливості, порушення сну, дратівливості, втоми і болю в тілі.

Високі рівні **кортизолу** призводять до більшого викиду цукру в кров, що збільшує енергію, однак згодом зменшує імунну реакцію і може викликати симптоми вигорання і депресії.

Норадреналін викликає стан надзвичайної настороженості й покращує навички вирішення проблем. Посилює увагу.

Серотонін заспокоює і розслабляє. Він допомагає формувати настрій. Цікаво, що багато антидепресантів призначені збільшувати або подовжувати наявність серотоніну в мозку.

Ендорфіни є природними болезаспокійливими засобами. Вони викликають короткочасний стан спокою, розслаблення і почуття благополуччя. Через це декого на початкових етапах кризи охоплює відчуття спокою і благополуччя. Коли Господь дає нам «мир… що вищий від усякого розуму», цілком можливо, що Він збільшує рівень ендорфінів у нашій системі!

Заради короткострокового виживання **АКТГ** зменшує реакцію імунної системи, збільшуючи рівні кортизолу. За тривалу дію це робить людину більш уразливою до хвороб.

Крім уже згаданих фізичних симптомів травмована людина може також відчувати: задишку, болі в грудях, нудоту, блювотні позиви, проблеми зі слухом, втрату координації, скреготіння зубами, зміну ваги, безсоння, зміни в сексуальному функціонуванні чи бажанні та відсутність менструальних циклів.

ФІЗИЧНІ РЕАКЦІЇ В ДІТЕЙ

Більшість із того, що було сказано про соматичні реакції в дорослих, стосується і дітей. Однак варто зауважити, що діти можуть більше відчувати емоційний біль у тілі, оскільки їхні мовні навички для вираження і висловлення болю менш розвинені. Діти, які скаржаться на постійні болі в животі, головні болі, невизначений біль або нездужання, можуть відчувати незрозумілі для них травматичні почуття. Іншими поширеними соматичними реакціями в дітей можуть бути: втрата апетиту, блідий вигляд, проблеми з кишечником або сечовим міхуром, скарги на зір, проблеми зі сном, свербіж або шкірні висипання.

МІЖОСОБИСТІСНІ РЕАКЦІЇ В ДОРОСЛИХ

Значним аспектом емоційних реакцій на травму в дорослих може бути почуття гніву на себе та інших. Відчуття вразливості та смутку може спонукати людей до усамітнення, що справляє багаторівневий вплив на стосунки. Існує багато негативних міжособистісних реакцій, характерних для посттравматичного стану. Вони, безумовно, випробовують силу і спроможність системи підтримки людини!

Деякими з поширених реакцій є: дратівливість, байдужість, втрата інтересу до інших, усамітнення або дистанціювання, невпевненість, уникнення близькості, підозрілість, схильність до ворожого ставлення і суперечок, критичне ставлення до інших, пошук винуватих, підвищена чутливість і мовна компульсивність. Якщо одні намагаються дистанціюватися й усамітнитися, то інші, навпаки, стають більш нав'язливими і залежними або ж бояться залишатися на самоті. Це може викликати напругу у стосунках. Отже, чим більше людина отримує емоційної підтримки до травми, тим краще вона може впоратись з напругою у стосунках, яка виникає через посттравматичні виклики.

МІЖОСОБИСТІСНІ РЕАКЦІЇ В ДІТЕЙ

Однією з поширених реакцій на травму серед дітей може бути соціальне віддалення й усамітнення. Стосунки з членами родини чи опікунами можуть бути позначені неспокоєм або ворожістю. Водночас деякі діти можуть стати нав'язливими і надмірно прив'язаними до дорослих. У розгубленості через посттравматичні реакції дитина потребує допомоги в налагодженні стосунків з вихователями і ровесниками.

Підлітки часто прагнуть проводити час із ровесниками, бо їх тягне до стосунків, у яких вони почуваються прийнятими і здатними впоратись з травматичною подією. Деякі підлітки, зазнавши сильної травми, схильні діяти більш по-дорослому і швидко приймати рішення. З цієї причини вони можуть брати на себе обов'язки, які виходять за межі їхніх вікових можливостей, або ж відчувати спонуку до статевих стосунків.

КОГНІТИВНІ РЕАКЦІЇ В ДОРОСЛИХ

Можливість висловити пов'язані з травмою думки надає важливий аспект розуміння травматичного досвіду. Те, про що людина думає під час і після травми, може вплинути на інші види реакцій (поведінкові, емоційні, фізичні, міжособистісні й духовні). Те, що, на думку людини, *могло* статися під час травми, може бути дедалі більш травматичним, ніж сталося насправді. Наприклад, у моїй історії (Історія 1) я описувала свої думки, коли натовп наближався дедалі ближче і ближче. Я уявляла, як цей натовп вривається до будівлі, в якій ми ховалися, і вбиває ліберійських біженців, що ми їх прихистили. Ці думки викликали почуття сильного страху і стали одним із найгірших переживань за увесь період кризової ситуації.

Важливо розуміти думки людини після травми. Енн (Історія 3) казала про суїцидальні думки, які в неї виникли після смерті чоловіка, і вона почувалася цілковито приголомшеною. На щастя, вона розповіла про них близькій подрузі, яка змогла сповнити її надією та підтримати в той спустошливий період.

Жертви травми часто відчувають зневіру, жах, розгубленість, у них знижена концентрація уваги, їм складно приймати рішення і визначати пріоритети, вони відчувають дезорієнтацію, у них проблеми з пам'яттю й увагою, вони зациклені на травматичних спогадах. Здається, що всі ресурси мозку спрямовані на спробу категоризувати й осмислити те, що сталося. Це пояснює, чому люди можуть не пам'ятати того, що їм сказали в перші години і дні після травми.

Ригідне і закрите мислення веде людину до висновків і припущень, які не ґрунтуються на дійсності чи істині. Мислення людей, які зазнали травматичної втрати, може стати цинічним або негативним. Вони можуть робити негативні або критичні висновки стосовно себе (наприклад: «Я такий невдаха!»).

Одним із найпоширеніших видів мислення після травми є ретроспективне мислення. Йому зазвичай характерні такі вислови: «якби тільки...», «а якби...», «чому не...», «я мав...». Воно пояснюється намаганням мозку перекреслити те, що сталося, бо травматичний досвід не сприймається світоглядом людини про те, що є правильним і прийнятним. Отже, мозок намагається визначити, що можна було б зробити, аби не допустити травми. Інколи причиною травми є людська помилка, і людина, проаналізувавши подію, може справедливо винуватити в цьому себе чи інших. У такому разі дуже складно і проблематично буде виявити милість, якщо помилка сталася випадково, і простити, якщо шкода була завдана навмисно.

Проте в багатьох випадках люди можуть зациклюватись на певному вчинку, який вони або інші зробили, однак який насправді не став причиною травматичної події. Аналізуючи ситуацію, людина може зробити висновок, що аварія б ніколи не сталась, якби вона не поїхала певною дорогою, або якби вона не обідала перед тим, як їхати, або якби вона не їхала так пізно. Однак це означає, що травма сталася не через помилку чи невірне рішення. Просто людина приписує причину або провину вчинкам або вибору, який би в іншому разі не призвів до травматичної події. Якщо людину переконувати, що їй не варто так думати і що вона ні в чому не винувата, вона зазвичай цього не сприйме. У цьому разі найбільш ефективним є принцип «визнати і переосмислити» (описано в Частині 2 Б).

КОГНІТИВНІ РЕАКЦІЇ В ДІТЕЙ

У дітей після травми також може спостерігатися зниження концентрації уваги. Вчителям і вихователям варто допомагати дітям у виконанні шкільних завдань і не ставити завищених очікувань.

Пам'ятаючи і згадуючи травматичну подію, дитина може плутати подробиці, послідовність і місця подій. Якщо травма пов'язана зі смертю, маленькі діти можуть не розуміти постійність смерті й уважати, що людина просто кудись пішла і згодом повернеться. Враховуючи це, важливо пояснювати дітям те, що сталося, зрозумілою для них мовою та відповідати на всі запитання дітей стосовно фактів і значення.

ДУХОВНИЙ ВПЛИВ НА ДОРОСЛИХ

Що нам спадає на думку стосовно страждання? Що ми думаємо відносно Божої ролі в недопущенні страждання або в захисті нас і тих, кого любимо? Що ми вважаємо стосовно світу і людських спроможностей? Що нас непокоїть відносно себе, свого призначення і майбутнього? Які в нас надії та очікування? Під час кризи будь-які з цих вірувань можуть вщент зруйнуватись.

Коли Енн (Історія 3) вийшла з коми, вона подумала: «Усе своє життя я вважала Бога своїм Небесним Отцем. Я охоче залишила комфорт і безпечне життя в Америці, аби служити Йому в Африці. Я вірила, що Він потурбується про мене і мою родину... Подумки я уявляла, як Бог з любов'ю і турботою дивиться на мене з небес. Однак тієї миті, коли ми виїхали з-за рогу прямо назустріч вантажівці, Він відвернувся від мене. Обставини мого життя кричали, що Бога там не було. Якщо Він і був, Він не турбувався».

Хоч дехто відчуватиме дивовижне втручання Господа, інші зазнаватимуть смерті, гоніння і жахливих втрат. В Євреїв 11:4-35 наведені приклади чоловіків і жінок, які «вірою... одержували обітниці, пащі левам загороджували, силу огненну гасили, утікали від вістря меча... хоробрі були на війні, обертали в розтіч полки чужоземців». Далі ми одразу чуємо про інших великих чоловіків і жінок, які, «одержавши засвідчення вірою, обітниці не прийняли». Цих святих катували, вони зазнавали наруги, їх били, кидали до в'язниць, вкаменовували, перепилювали, вбивали мечем, позбавляли засобів до існування, утискали і зневажали (Євр. 11:35-40).

Хоч розумом ми все це усвідомлюємо, з серця все одно виривається зойк: «Боже, чому Ти дозволив цьому статися?» Певні аспекти наших переконань, віри і припущень руйнуються. Процес зцілення – це процес формування нових переконань на основі пережитого страждання.

Результат цієї подорожі смерті старих переконань і народження нових містить потенціал для поглиблення і зміцнення стосунків з Господом і для здатності дозволити Богу бути Богом, а не сформованим образом нашої уяви. Енн (Історія 3) каже: «Хоч обставини мого життя кричали про відсутність Бога, Він показав мені Себе через багатьох людей. Знов і знов, тиждень за тижнем, і місяць за місяцем, після аварії люди, часто незнайомці, своєю добротою і підтримкою виявляли до мене любов Ісуса».

Після моєї евакуації (Історія 1) та роздумів про власні переконання стосовно страждання і Божої ролі я натрапила на вражаючий старозавітний уривок. У сильному і несправедливому стражданні Йов висловлює євангельську віру:

> «Та я знаю, що мій Викупитель [Захисник] живий, і останнього дня Він підійме із пороху цю шкіру мою, яка розпадається, і з тіла свого я Бога побачу, сам я побачу Його, й мої очі побачать, а не очі чужі... Тануть нирки мої в моїм нутрі» (Йов 19:25-27).

У ту мить, думаючи про несправедливість злочинців, які вбивали, ґвалтували і били невинних жертв, я розмірковувала про Бога як про Викупителя. Ісус на хресті вже здійснив відкуплення. Відкуплення присутнє й тоді, коли ми здатні побачити добро навіть у поганій ситуації. Однак Йов, як і Енн (Історія 3), схоже, казав про майбутнє відкуплення. Це відкуплення, яке означатиме кінець злу і гріху. Ісус каже:

> «І [буде]... тривога людей на землі, і збентеження від шуму моря та хвиль, коли люди будуть мертвіти від страху й чекання того, що йде на ввесь світ, бо сили небесні порушаться. І побачать тоді "Сина Людського, що йтиме на хмарах" із силою й великою славою! Коли ж стане збуватися це, то випростуйтесь, і підійміть свої голови, – бо зближається ваше визволення!.. Уважайте ж на себе, щоб

ваші серця не обтяжувалися ненажерством та п'янством, і життєвими клопотами, і щоб день той на вас не прийшов несподівано, немов сітка; бо він прийде на всіх, що живуть на поверхні всієї землі. Тож пильнуйте, і кожного часу моліться, щоб змогли ви уникнути всього того, що має відбутись, та стати перед Сином Людським» (Лк. 21:25-28, 34-36).

Джеррі (Історія 4) описує значну перебудову своїх переконань. Він каже: «Я не відвернувся від Бога і не винуватив Його після автокатастрофи. Натомість я щодо всього порушував запитання. Що надає значення нашому життю? Боже існування чи, навпаки, Його відсутність? Загальнолюдська мораль чи її відсутність? Божий контроль над усім чи випадковість життя? На мою думку, зазнавши страждання, нечесно і безвідповідально порушувати запитання лише до Бога. Варто досліджувати *всі* важливі життєві питання. З часом я повернувся до християнської віри з оновленим розумінням і впевненістю, бо вона дала найкращі відповіді на мої найглибші запитання».

У залежності від контексту, що передував травмі або формуванню переконань, людина може і не зазнати краху віри в Бога. Під час травми людина може відчувати люблячу присутність Господа і стати дедалі ближчою до Нього. Дан (Історія 5) розповів: «Декілька днів по тому Бог проговорив у моєму серці, що Він був з нами увесь цей час і все бачив. "Я бачив, як вони поранили твою руку, і Я плакав за тебе". "Я бачив, як вони погрожували твоїй дружині, і це ранило Моє серце". Усвідомлення, що Бог був поряд із моєю родиною і співчував нам, було джерелом зцілення».

Травма може руйнувати наші переконання. Процес відновлення зрештою є процесом відкуплення, знаходження мети і значення у стражданні.

ДУХОВНИЙ ВПЛИВ НА ДІТЕЙ

У дітей також є богослов'я страждання і світогляд, на який суттєво вплинула травма. Проводячи дебрифінг з восьмирічною дівчинкою, дочкою місіонера, якого вбили озброєні грабіжники, я була вражена.

Коли я спитала дівчинку, що для неї означав цей досвід, вона відповіла: «Я гадаю, що Бог дає мені можливість довіряти Йому дедалі більше». Так, вона ще дитина, однак не варто вважати, що діти не заглиблюються в роздумах над травматичними подіями.

Як уже згадувалось, важливо розуміти, яке значення діти надають події. Маленьким дітям може бути характерне «магічне мислення», наприклад, що їхні бажання або вірування стали причиною якоїсь події. Брак розуміння ситуації вони можуть перекривати своєю уявою. Діти часто слухають, що дорослі кажуть про подію, однак можуть вхопити лише окремі аспекти сказаного. Вони також можуть зробити припущення на основі власних спостережень за почуттями і реакціями дорослих.

У Частині 2 Г більше пояснюється, як допомогти дітям зрозуміти події і впоратись з духовними посттравматичними реакціями.

Г. ПРОЦЕС ВІДНОВЛЕННЯ

ЗВИЧАЙНИЙ ПРОЦЕС

Івонн Долан (Dolan, 1998, 4-7) майстерно змальовує звичайний процес переходу травмованої людини від ідентичності потерпілої до ідентичності вижилої та зрештою до здатності процвітати і жити справжнім життям. За словами Долан, багато людей уважають, що процес відновлення після травми завершується тоді, коли людина переходить від потерпілої до вижилої. Її дослідження і досвід показали, що ті, хто залишився на стадії вижилих, відчували невеликий ступінь депресії та загальний песимізм стосовно життя. Втім, можливо перейти від цього стану до відчуття справжньої радості. У таблиці «Перехід: потерпілий – вижилий – переможець» (pages 66-67) відображений звичайний процес зцілення (зліва направо). На кожному етапі є своя мета і завдання.

Етап потерпілого. Коли ви усвідомлюєте, що з вами сталося дещо жахливе, ви починаєте втілювати **мету** етапу потерпілого. Щоб розпочався процес зцілення, вам треба визнати факт, що з вами сталося дещо погане, і прийняти пов'язані з цим почуття. **Завдання**

цього етапу полягає в тому, щоб віднайти сміливість розповісти комусь іншому про те, що з вами сталось, чесно і відверто оцінити, у чому була ваша відповідальність, а в чому ні, і позбавитись сорому.

Етап вижилого. **Мета** цього етапу – зрозуміти, що ви прожили той час, коли стався травматичний досвід. **Завдання:** визнати й оцінити сильні боки і ресурси, які допомогли вам вижити і зрештою процвітати, а також простити й отримати прощення, якщо ви зробили щось неправильно.

Етап переможця. Що може відсвяткувати той, хто пройшов через страшну травму? Перехід від виживання до вдячності й радості відкриває двері до повноцінного життя. Це не означає радіти стражданню або травмі, хоч дехто й може висловити вдячність за отриманий досвід через те, що він змінив характер. **Мета** цього етапу – жити життям, якому характерна повнота, радість і справжність. **Завдання** і виклики: ризикувати й обирати життя, навіть попри дискомфорт і незнайому територію, та присвячувати час і енергію всьому, що є позитивним і здоровим.

Зверніть увагу, що процес переходу від етапу вижилого до етапу переможця нагадує процес посттравматичного зростання, описаний у Частині 6 «Духовні ресурси в подоланні травми».

Марієтта Джагер. Так звуть жінку, чию дочку викрали і вбили під час туристичного походу всієї родини. У статті для ABC за 6 січня 2006 року вона описала свій шлях від потерпілої до вижилої та зрештою до переможниці. Спочатку Марієтті здавалося, що вона може вбити чоловіка, який зробив це з її дочкою. Поступово жінка почала молитись за нього і намагатись його простити. Зрештою, коли вбивця через рік зателефонував їй, аби додати страждань, вона спитала, чим може йому допомогти. Це запитання настільки обеззброїло його, що він розкрив своє місцеперебування. Отже, його арештували. Зізнавшись у скоєнні вбивства, чоловік учинив самогубство. Однак це не принесло Марієтті ніякої радості. Його смерть її дуже засмутила, і вона відвідала матір вбивці своєї дочки, аби її втішити. Хоч то був поступовий і болісний шлях, Марієтта своїм прикладом показує, що означає слово «переможець».

ПОСТТРАВМАТИЧНІ УСКЛАДНЕННЯ: ПОСТТРАВМАТИЧНИЙ СТРЕСОВИЙ РОЗЛАД (ПТСР)

ПТСР може виникнути через декілька тижнів або місяців після того, як людина зазнала травматичної події, пов'язаної зі смертю, або із загрозою смерті, або із серйозною шкодою для себе та інших. Якщо людина під час травми відчуває сильний страх, безпорадність або жах, ризик появи ПТСР зростає. Більшість людей, які зазнали травми, відновляться без розвитку ПТСР. Відсоток тих, у кого виникає ПТСР, різниться в залежності від природи травми.

Симптомами ПТСР є повторне переживання травматичної події, уникнення і посилене фізіологічне збудження. Повторне переживання події відбувається зі жвавими спогадами, флешбеками, сильним стресом, викликаним нагадуваннями або тригерами, та фізіологічними реакціями на внутрішні або зовнішні фактори, які символізують травматичну подію. Флешбек – це дуже сильні та жваві спогади про травматичну подію, які надають людині відчуття, наче вона знов повернулася в контекст травматичної події.

Ті, хто страждає від ПТСР, можуть відчувати оціпеніння і постійно намагатися уникати думок, почуттів та розмов, які асоціюються з травмою, а також уникати заходів, місць або людей, які викликають травматичні спогади. Людям може бути складно згадати певні аспекти травми, вони можуть виявляти менше інтересу до важливих видів діяльності й почуватися відірваними від інших. Симптоми посиленої збудженості: труднощі із засипанням і сном, дратівливість або сплески гніву, проблеми з концентрацією уваги, гіпергенність, або надмірний прояв страху. Гіпергенність – це термін, який описує стан постійного очікування і пошуку небезпеки. Така людина завжди перебуває у стані підвищеної готовності реагувати. Безумовно, з часом це виснажуватиме людину і заважатиме її взаємодії з іншими.

ПТСР у своїй суті є розладом на основі страху. Страх є природною емоційною реакцією на небезпечні або загрозливі ситуації, адаптивною реакцією, яка запобігає можливій шкоді й готує нас до самозахисту (реакція «битися-тікати»). Приголомшуючий стрес або тривалі,

ПЕРЕХІД ВІД ПОТЕРПІЛОГО ДО ВИЖИВШОГО І ДО ПЕРЕМОЖЦЯ		
Поведінка потерпілого	Поведінка вижившого	Поведінка переможця
Прояв саможалості Пасивність	Початок контролю Початок «відлиги» або зцілення	Досягнення майстерності Активність
Вплив на потерпілого (емоції)	Вплив на вижившого (емоції)	Вплив на переможця (емоції)
Безпорадність Почуття безконтрольності Гнів Оціпеніння, уникання почуттів Біль при згадці про минуле Перебування під контролем депресії, хвилювання, ненависті, гіркоти Сором, низька самооцінка	Відчуття задоволення, бо людина вижила Початок зміцнення Менш напружена реакція на болісні спогади Перебування під впливом (не контролем) минулого Процес позбавлення від сорому	Рішучість рухатись уперед Планування майбутнього Повернення почуття гумору Захоплення від теперішнього і майбутнього Відчуття сили Відчуття миру, щастя, відновлення та оптимізму навіть попри шрами Свобода від сорому
Соматичні реакції у потерпілого	Соматичні реакції у вижившого	Соматичні реакції у переможця
Перебування під контролем фізичних скарг Залежності, саморуйнування	Фізичне зміцнення; скарг небагато Налаштованість на покращення фізичного здоров'я	Фізично здоровий і менш зосереджений на проблемах зі здоров'ям Звичайне життя без потреби у «сплеску адреналіну»

ПЕРЕХІД ВІД ПОТЕРПІЛОГО ДО ВИЖИВШОГО І ДО ПЕРЕМОЖЦЯ		
Міжособистісні реакції у потерпілого	Міжособистісні реакції у вижившого	Міжособистісні реакції у переможця
Надія на порятунок Вторинні вигоди спонукають залишатися у ролі потерпілого	Визнання власного потенціалу до змін та зростання Стосункам знов характерні взаємність і задоволення	Почуття впевненості в контексті здорових взаємин Відкритість до інших; прояв співчуття Відкрита взаємодія з тими, хто зазнає болю Відчуття подиву і захоплення у нових стосунках
Когнітивні реакції у потерпілого	Когнітивні реакції у вижившого	Когнітивні реакції у переможця
Su identidad es de víctima. Continúa viviendo como si estuviera en el trauma. No ha aprendido de la experiencia. Muy probablemente repita el trauma.	Triunfo y victoria sobre el trauma. Confronta el trauma. Comprometido con la sanidatd y con confiar en Dios.	Halla significado y se deleita en la vida. Ha madurado con el trauma. Comprometido con amar nuevamente. Resiliente.
Духовний вплив на потерпілого	Духовний вплив на вижившого	Духовний вплив на переможця
Ідентичність жертви Відчуття, наче людина досі перебуває в травматичній ситуації Досвід не опрацьований; людина знов і знов проживає травму	Тріумф і перемога над травмою Спротив травмі Налаштованість на зцілення і довіру Богу	Віднаходження сенсу і радості в житті Зростання із травми Готовність полюбити знову Стійкість

сильні, загальні й дезадаптивні страхи можуть призвести до інших тривожних розладів.

ПОСТТРАВМАТИЧНІ УСКЛАДНЕННЯ: ІНШІ РЕАКЦІЇ ТРИВОГИ

Цікаво, що найбільш частими повеліннями в Біблії є «Не тривожся» і «Не бійся». Ці повеління, схоже, відображають Господнє розуміння того, що багато аспектів у житті можуть викликати в нас тривогу, що ця тривога може завдати нам значної шкоди і що в Нього є шлях для нашого порятунку від тривоги. У наведеній таблиці перераховані *загальні симптоми тривоги*.

Є декілька видів *тривожних розладів*, які можуть розвинутись після приголомшуючих травматичних подій.

ЗАГАЛЬНІ СИМПТОМИ ТРИВОГИ

- Занепокоєння.
- Труднощі з концентрацією уваги.
- Відчуття напруги, нервовість.
- Очікування найгіршого.
- Дратівливість.
- Неспокій.
- Відчуття, наче в думках цілковита порожнеча.
- Пошук ознак небезпеки.
- Пітливість.
- Часте сечовиділення або діарея.
- Поривчасте дихання.
- Тремор.
- Напруга в м'язах.
- Головний біль.
- Втома.
- Безсоння.
- Прискорене серцебиття.

1. **Загальна тривога** характеризується щонайменше шістьма місяцями постійного і надмірного хвилювання і неспокою. Симптоми: неспокій, втома, проблеми з концентрацією уваги, дратівливість, напруга в м'язах і проблеми зі сном. Може виникати в дорослих і дітей.
2. **Панічні напади** характеризуються короткими періодами сильного страху або дискомфорту, під час яких людина

відчуває прискорене серцебиття, пітніє, тремтить, поривчасто дихає, відчуває задуху, біль у грудях, нудоту, запаморочення, несприйняття дійсності, страх втратити контроль або збожеволіти, страх смерті. У дітей це зустрічається нечасто.

3. **Страх розлуки.** Дитина щонайменше чотири тижні відчуває надмірну тривогу через розлуку з домом, батьками чи вихователями. Дитина постійно і надмірно хвилюється через відсутність близьких людей, не хоче або відмовляється іти до школи, ночувати в друзів або робити все, що пов'язано з розлукою; їй можуть снитись кошмари на тему розлуки; в очікуванні на розлуку або при настанні розлуки дитина може скаржитись на болі в животі, головні болі або нудоту.
4. **Фобії.** Це неослабний, надмірний або нерозумний страх, викликаний наявністю певного предмета чи ситуації або очікуванням на їх появу (наприклад, страх перед зміями, страх літати або дивитись на кров).

СИМПТОМИ КЛІНІЧНОЇ ДЕПРЕСІЇ

- Відчуття пригніченості, смутку або порожнечі.
- Втрата інтересу до будь-якої діяльності або насолоди від неї.
- Збільшення або зменшення ваги та/чи апетиту.
- Поганий або надмірний сон.
- Відчуття збудженості й неспокою або надмірної повільності.
- Втома і брак енергії.
- Відчуття нікчемності або надмірної винуватості.
- Нездатність зосередитись або прийняти рішення.
- Думки про смерть або суїцидальні думки з планом чи без нього.

ПОСТТРАВМАТИЧНІ УСКЛАДНЕННЯ: ДЕПРЕСІЯ

Депресивний стан є цілком природним аспектом травматичної реакції або процесу горя. Втім, якщо це почуття лише посилюється і

ЧАСТІ ОЗНАКИ ДЕПРЕСІЇ В ЧОЛОВІКІВ

- Дратівливість.
- Ворожість/лютість.
- Запальність.
- Примхливість.
- Сплески гніву.
- Більший поведінковий прояв почуттів, ніж їх словесне висловлення.
- Відмова розмовляти.
- Надмірна реакція на життєві стреси (наприклад, на дитячий галас).
- Віддалення від близьких людей.
- Уникнення близькості.
- Мовчазна поведінка.
- Ескапістська поведінка (перегляд ТВ, зловживання алкоголем).
- Прояв насильства до дружини.
- Статеві залежності.
- Трудоголізм.
- Часта зміна роботи.
- Дуже ризиковані вчинки (надмірно швидке водіння, наражання себе на небезпеку).
- Фізичні симптоми: головні болі, хронічні болі, проблеми з травленням.

викликає відчуття безнадійності й незначущості, воно може перерости у клінічну депресію, для подолання якої потрібна професійна допомога. Людина з багатьох причин може впасти у клінічну депресію після травми. Вона може бути вразливою до депресії через родинну історію або попередній досвід депресії. Через травму людину може охопити неослабний хронічний стрес, що веде до порушення механізмів звичайного копінгу. Людина може намагатися впоратись з непрощенням і гіркотою, що, у свою чергу, може призвести до симптомів депресії.

Депресивний стан після травми є цілком природним, однак клінічна депресія – це розлад, який характеризується пригніченим настроєм або дратівливістю більшу частину дня впродовж щонайменше двох тижнів, викликаючи проблеми в життєдіяльності. *Симптоми клінічної депресії* викладені в попередній таблиці.

Депресію в чоловіків іноді складно діагностувати, оскільки вона виявляється більше через гнів, ніж через смуток. *Часті ознаки депресії в чоловіків* підсумовані в наведеній таблиці (Hart, 2001, 29).

Депресія в дітей часто виявляється інакше, ніж у дорослих. Діти нездатні висловити свої відчуття так, як це можуть зробити дорослі. Депресія в дітей може залишатись непоміченою або її можуть приписувати поганій поведінці, якщо батьки, вчителі або наставники не обізнані з *характерними рисами й ознаками дитячої депресії* (див. таблицю).

ХАРАКТЕРНІ РИСИ Й ОЗНАКИ ДИТЯЧОЇ ДЕПРЕСІЇ

ХАРАКТЕРНІ РИСИ
- Смуток або дратівливість.
- Нудність і байдужість.
- Проблеми зі сном.
- Втома і брак енергії.
- Відчуття, що ніхто їх не любить.
- Думки про смерть або бажання померти.
- Схильність плакати і плакати надміру.
- Думки про те, що погані речі трапляються саме через них (провина).
- Розмови про нездоланні труднощі (безпорадність).

ОЗНАКИ
- Проблеми в поведінці в школі або вдома.
- Синдром дефіциту уваги.
- Хвилювання і страхи.
- Почуття самотності.
- Думка про себе: дурний або поганий.
- Проблеми з навчанням у школі.
- Проблеми у стосунках з друзями.

На щастя, депресію можна лікувати! Якщо симптоми депресії тривають понад два тижні, важливо пройти медичний огляд і психологічну оцінку. Найбільш ефективним методом лікування депресії є поєднання прийому медикаментів і застосування короткострокової психотерапії. Крім того, духовні стратегії також можуть зменшити симптоми депресії: молитва, запам'ятовування текстів Писання, хвала і поклоніння. Якщо депресія завдає значної шкоди життєдіяльності людини або пов'язана із суїцидальними думками, потрібна невідкладна професійна допомога, у тому числі проведення медичного огляду.

ПОСТТРАВМАТИЧНІ УСКЛАДНЕННЯ: ЗАЛЕЖНОСТІ

Якщо емоційний біль від травми приховується або пригнічується, це стає на заваді природному процесу зцілення. Дехто намагатиметься заглушити біль діями, які надають тимчасове полегшення і відчуття благополуччя. Коли ж тимчасове полегшення зникає і біль починає дошкуляти з новою силою, виникає дедалі більше бажання застосувати «пігулки» швидкої дії. Це породжує новий комплекс проблем, які часто призводять до погіршення стану здоров'я, спірного духовного й емоційного благополуччя та до руйнування стосунків. Травмовані люди вразливі до алкогольної або наркотичної залежності. До поняття «наркотики» ми зазвичай уважаємо належними заборонені речовини, однак наркотична залежність може виникнути і через рецептурні препарати (наприклад, заспокійливі засоби «Валіум» і «Атіван» або знеболювальні «Оксикодон» і «Перкосет»). Іншим видом залежності, яка може виникнути через травму або горе, є інтернет-порнографія. Вона поширюється серед християн, у тому числі серед місіонерів, і характеризується потаємністю і соромом. Нездатність словесно висловити свій біль може призвести до спроб самокаліцтва, в яких є аспект залежності, що складно подолати без сторонньої допомоги.

Порушення харчування, наприклад анорексія (голодування) чи булімія (переїдання і подальше блювання), також можуть бути пов'язані з невирішеними емоційними проблемами. Душеопікунам важливо розуміти, що залежності можуть розвиватись місяцями або роками після травми і на ці симптоми треба звертати увагу з проявом співчуття і твердої рішучості. Для позбавлення від залежностей недостатньо лише сили волі. Залежним потрібно багато підтримки і допомоги близьких у встановленні меж, а також безпечне середовище для подолання болю, який викликав і обумовив залежність.

ЧАСТИНА 2
Дієва підтримка громади

Карен Карр

Близькі стосунки всередині Трійці свідчать, наскільки Бог турбується про взаємини. Нам не треба долати травму насамоті. Ми відновлюємось, очищуємось і наслідуємо Божий образ завдяки стосункам з Богом та один з одним. Писання закликає віруючих любити один одного, виявляти терпіння і турботу та носити тягарі один одного. Любляча і стійка громада сприяє нашому свідоцтву, служінню і благополуччю.

Автор Євреїв описує страждання і віру християн минулого і далі застосовує це до наших життів: «Тож і ми, мавши навколо себе велику таку хмару свідків...» Наведені слова утворюють важливий зв'язок. Вони пов'язують силу громади зі стійкістю в житті, сповненому випробувань і страждань. «...Скиньмо всякий тягар та гріх, що обплутує нас, та й біжім з терпеливістю до боротьби, яка перед нами» (Євр. 12:1).

> *Сила громади – це сила Трійці, яка проникає глибоко в наші серця, спонукаючи нас продовжувати біг навіть попри неймовірний біль, травму і жертву.*

На думку спадає образ марафонця, який біжить, відчуваючи сильну спрагу, втому в м'язах і виснаження від рою думок, які спонукають здатися і припинити біг. Я пам'ятаю відео з Дереком Редмондом, олімпійським бігуном 1992 року, який під час останнього забігу зазнав серйозної травми підколінного сухожилля. Здавалося, що то був кінець усім рокам тренувань. До Дерека майже одразу побіг його літній огрядний батько. Він обійняв Дерека і сказав: «Я поряд, синку. Ми закінчимо разом». І Дерек, хоч і з болем на обличчі, продовжив наполегливо рухатись до фінішу. Зі своїм люблячим батьком разом із гучною підтримкою багатьох тисяч глядачів він досяг фінішної прямої. Чому подібні випадки так сильно нас зворушують? Чому мені на очі навертаються сльози, коли я пишу ці рядки? Бо сила громади – це сила Трійці, яка проникає глибоко в наші серця, спонукаючи нас продовжувати біг навіть попри неймовірний біль, травму і жертву. Якби в цього чоловіка не було батька і велелюдного натовпу свідків, він імовірно ліг би на землю і здавася.

A. ПІДГОТОВКА ЛІДЕРІВ І КОЛЕГ

Згідно з дослідженням, основним способом зменшити посттравматичний стрес ще навіть до самої травми є налагодження стосунків, які посилюють стрес-менеджмент і покращують якість соціальної підтримки. Рівень соціальної та організаційної підтримки впродовж і після кризи впливає на здатність людини до копінгу і на її загальну стійкість (Forbes & Roger, 1999; Keane, Scott, Cavoya, Lamparski & Fairbank, 1985). Мета будь-якої програми допомоги під час кризи або запобігання появі кризи має полягати в покращенні та ствердженні системи підтримки. Сприяння розвитку міжособистісних навичок, навичок управління конфліктом, формування команди, підготовки до кризи та стрес-менеджменту є ефективною стратегією для зменшення посттравматичного стресу і посилення здатності міжкультурних працівників упоратись з неминучими травматичними стресорами в міжнародних контекстах. Навчання організаційних лідерів наданню підтримки травмованим людям – це одна з унікальних ролей навчених душеопікунів у міжнародних місіонерських контекстах.

У контексті цього підходу колеги, лідери і фахівці з питань психічного здоров'я співпрацюють для підтримки працівників у кризових ситуаціях, надаючи їм можливість розповісти, через що вони пройшли і як це на них вплинуло. Цю турботу не нав'язують, її просто роблять доступною. Якщо люди висловлюють свої хвилювання й отримують підтримку, вони відчувають спонуку впоратись із травмою, а не вдаватись до уникнення як захисного механізму. Уникнення є суттєвим фактором ризику в розвитку ПТСР. «Мобільна команда душеопікунства» розробила для лідерів і колег навчальну програму, покликану навчити їх належній реакції на кризу і відповідним навичкам. Ці заняття сприяють посиленню стійкості місіонерських громад. У цій програмі увага приділяється ставленням, переконанням, знанням і навичкам, необхідним для прояву належної турботи в травматичних ситуаціях.

Б. ПІДТРИМКА ГРОМАДИ. СТАВЛЕННЯ І ПЕРЕКОНАННЯ

Ставлення і мотиви душеопікунів у контексті громади є надзвичайно важливими. Їхні погляди на страждання, біль і зцілення впливають на якість підтримки, яку вони надають. Перед тим як надавати допомогу, душеопікунам варто порушити собі такі запитання:

- Що мене спонукає допомогти цій людині?
- Яким є моє ставлення до болю та якими є мої переконання щодо нього?
- Чи можу я зустрітися з болем або ж мені треба його усунути?
- Чи можу я з терпінням ставитись до суперечностей і до питань без відповідей?
- Чи можу я без образи слухати обурення на Бога?

Друзі Йова, дізнавшись про його страждання, намагались його підтримати. Однак їхні погляди не дозволили надати ту підтримку, яка сприяє емоційному зціленню. Їхній відгук (після семи днів дивовижного мовчання) не приніс утіхи Йову.

Вони сказали йому те, що він і так знав, тоді як його серце прагнуло почути істину, яка принесе вирішення ситуації. «Ось усе оце бачило око моє, чуло ухо моє, – та й усе зауважило... Як знаєте ви – знаю й я, я не нижчий від вас» (Йов 13:1-2). Страдникам корисно нагадувати істини, про які вони забули або які заглушив біль. Прояв розуміння, поваги і смирення, яке визнає досвід людини, є кращим, ніж опис очевидного.

Друзям Йова також здавалось, що їм треба захистити Бога, і вони звинуватили Йова в небажанні розкаятись. Сповідуй гріх і розкайся! Наче це одразу принесе зцілення! Йов відповідає: «Та неправду куєте тут ви, лікарі непутящі ви всі! О, коли б ви насправді мовчали, то вам це за мудрість було б!.. Чи будете ви говорити неправду про Бога, чи будете ви говорити оману про Нього? Чи будете ви уважати на Нього? Чи за Бога на прю постаєте?» (Йов 13:4-8).

Волтер Вангерін красномовно пише про слова, які промовляють вуста тих, хто відчуває сильний біль. Він викладає свої роздуми про благочестиву утіху. Коли страдники порушують відчайдушні запитання, пам'ятайте, що останні походять не з «допитливого розуму, а з розчарованої душі». Запитання, висловлені у гніві, часто не мають відповідей, бо «вони є не запитаннями, а обвинуваченнями». Якщо страдник спрямовує свою лють у невірному напрямі, лагідно спонукайте його висловити свій гнів Господу (Wangerin, 1992, 216-221).

Одного разу я розмовляла з пастором, для якого благодать була чимось недосяжним. Він уважав, що депресія є проявом саможалю і що основна роль пастора полягає в тому, щоб дати людині «доброго стусана». Бог підтверджує слова Йова про те, що його друзі невірно казали про Бога, змальовуючи Його жорстоким, осудним і караючим божеством. Бог каже Еліфазу: «Запалився Мій гнів на тебе та на двох твоїх приятелів, бо ви не говорили слушного про Мене, як раб Мій Йов... Мій раб Йов помолиться за вас, бо тільки з ним Я буду рахуватися, щоб не вчинити вам злої речі» (Йов 42:7-8). Цікавий поворот подій. Той, хто зазнав сильного болю, вірніше казав про Бога, ніж його «утішителі», і зрештою возніс заступницьку молитву за них.

> *Пам'ятайте, що ці запитання походять не з допитливого розуму, а з розчарованої душі.*

У Книзі Йова не йдеться про мотиви його друзів у тому, що вони казали. Однак над цим можна поміркувати, враховуючи, що їхній приклад слабкої утіхи наслідувало багато людей. Безпорадність іншої людини та її жахливі страждання можуть викликати в нас страх, безсилля і бажання втекти. Осуд, обвинувачення і нетерпіння можуть віддалити від нас людину, і нам тоді вже не треба брати до серця її біль. Намагання надати шаблони і готові рішення виникають від хибного уявлення, що логіка й аргументи сприятимуть скороченню тривалого шляху горя. У книзі «Від скорботи до танців» (*From Mourning into Dancing*, Wangerin, 1992) згадані додаткові принципи, які розкривають ставлення щирих і ефективних помічників.

- Від вас очікують не вирішення проблеми, а перебування поряд.
- Не очікуйте вдячності, слухняності, раціональних учинків або подяки від травмованих людей; нічого не очікуйте для себе.
- Пізнавайте процес горя, а того, хто страждає, пізнавайте дедалі більше.
- Пам'ятайте про власну смертність і про смерть узагалі.
- Ваша присутність важливіша за будь-які рішення, які ви можете запропонувати; просто перебувайте поряд із людьми.
- Якщо люди повторюються або знов розповідають одну й ту саму історію, пам'ятайте, що ці розповіді містять аспект зцілення і їхня мета не в тому, щоб вам про щось дізнатись, про що ви не знали раніше.

Ми можемо надавати підтримку здоровим громадам, які сприяють зціленню тих, хто зазнав травми. Джін Ваньєр пише про силу по-справжньому християнської громади (Vanier, 1989). У наведеній таблиці викладені *риси здорових християнських громад*. Громади, які розвивають і плекають ці риси, служитимуть безпечним місцем для відновлення і зцілення травмованих людей.

З метою зміцнення церковних і місіонерських громад «Мобільна команда душеопікунства» вважає корисним пропонувати місіонерам обирати три основні речі, які добре зроблені всередині громади. Це надає можливість стверджувати, що дійсно зроблено добре, та визначати сфери, які потребують зростання і вдосконалення. Відзначення сильних аспектів громади посилює її здатність витримувати неминучі бурі.

В. ПІДТРИМКА ГРОМАДИ. ЗНАННЯ І НАВИЧКИ

Кризовий тренінг має охоплювати отримання знання, формування навичок, логістичну допомогу, першу психологічну допомогу, оцінку кризи, кризовий дебрифінг і допомогу дітям.

ЛОГІСТИЧНА ПІДТРИМКА

Перше, про що родина Крам (Історія 5) згадала, оповідаючи, що їм дуже допомогло після жорстокого пограбування, була наявність будинку в Найробі. Енн (Історія 3) у свою чергу писала: «Церква надала мені практичну допомогу, яку я потребувала, зокрема медичну після аварії та фінансову, оскільки я починала процес відбудови мого життя».

Практична і логістична допомога (фінанси, медична допомога, житло, їжа, турбота про дітей, варіанти майбутнього працевлаштування, продовження роботи, допомога з документацією та інші завдання, пов'язані з безпекою, життєдіяльністю і нормалізації життя) посприяє процесу зцілення і буде проявом справжньої турботи. Ці аспекти мають вирішуватись ще до того, як у людини з'явиться психологічна й емоційна енергія глибинно проаналізувати травму.

У подальші дні й тижні після травми часто спостерігається порушення сну. Може бути складно забезпечити належний і спокійний сон. Травмовані люди можуть почуватися фізично виснаженими і водночас бути настільки неспокійними і занепокоєними, що їм важко заснути. Гарною практичною допомогою є дотримання належної «гігієни сну». Лікар може порадити приймати ліки, які покращують сон. Хоч у країнах, що розвиваються, доступно багато рецептурних ліків, людям не варто вдаватися до самолікування з метою приглушення емоцій. Добре, якщо біля ліжка є аркуш папера і ручка, бо тоді людина може занотувати думки, які не дають їй заснути. Психологічному заспокоєнню і зниженню рівня напруги сприяє глибоке діафрагмальне дихання і поступове розслаблення м'язів. Регулярні фізичні тренування вранці або за декілька годин до сну ослаблюють напругу і покращують сон. Теплі ванночки на шиї або на інших напружених зонах зменшать загальну м'язову напругу.

> ## РИСИ ЗДОРОВИХ ХРИСТИЯНСЬКИХ ГРОМАД
>
> 1. **Приналежність** – місце прийняття і цінування, а не самотності чи нехтування.
> 2. **Відкритість** – здатність бути чесними, щирими, щедрими і гостинними до нових людей.
> 3. **Турботливість** – доброта, дбайливість, лагідність, уважність до тих, хто має потреби.
> 4. **Співробітництво** – об'єднання навичок і ресурсів для досягнення спільної мети; командна праця.
> 5. **Зцілення і зростання** – надання утіхи засмученим або скорботним членам; зміцнення страждаючих; розвиток сильних боків і здібностей один одного.
> 6. **Стосунки з друзями і ворогами** – готовність до дружніх стосунків з іншими; прагнення до примирення з кривдниками.
> 7. **Прощення** – просити прощення і прощати.
> 8. **Терпіння** – витривалість і наполегливість у разі труднощів або невдачі; відмова від скарг і недобрих розмов про інших чи про обставини.
> 9. **Взаємодовіра** – покладатися один на одного; покладатися на інших так, як вони можуть покладатися на вас; усвідомлення, що кожен може образити іншого; прояв милосердя, якщо це трапляється.
> 10. **Застосування своїх дарів** – використання дарів і талантів на благо громади; заохочення інших використовувати свої дари.

ПЕРША ПСИХОЛОГІЧНА ДОПОМОГА

Перша психологічна допомога (ППД) описує перелік заходів, яких варто вживати душеопікунам стосовно тих, хто зазнає травми (The National Child Traumatic Stress Network and National Center for PTSD, 2006). Принципами першої психологічної допомоги варто керуватись кожному, хто надає допомогу під час кризи. Основними завданнями ППД є:

- встановити контакт з людиною ненав'язливим способом і з проявом співчуття;
- посилити безпосередню і подальшу безпеку, надати фізичну й емоційну підтримку;
- заспокоїти і зорієнтувати емоційно приголомшених і розгублених людей;
- допомогти травмованим людям розповісти про їхні нагальні потреби і хвилювання та за потреби зібрати додаткову інформацію;
- надати людям практичну допомогу й інформацію для забезпечення їхніх безпосередніх потреб;
- якнайшвидше забезпечити зв'язок травмованих людей із соціальною мережею підтримки, у тому числі з членами родини, друзями, сусідами і громадою;
- посприяти адаптивному копінгу, визначити зусилля і сильні аспекти копінгу та зміцнити їх; заохотити дорослих, дітей і родини брати активну участь у їх відновленні;
- надати інформацію, яка допоможе людям ефективно впоратись із психологічним впливом лиха;
- чітко окреслити межі вашої доступності та (за потреби) зв'язати травмовану людину з іншим членом команди підтримки або з місцевими системами відновлення, зі службами з питань психічного здоров'я, службами громадського сектора та з організаціями.

ОЦІНКА КРИЗИ

Навички оцінювання (спостереження і визначення поведінкових, емоційних, соматичних, міжособистісних, когнітивних і духовних) реакцій травмованої людини допоможуть душеопікуну з'ясувати стан травмованої людини і подальшу підтримку, яку вона потребує. Оцінка ризику появи ускладнень після травми є важливим аспектом допомоги під час кризи. Для більш детального опису цього методу оцінювання дивіться Частину 1 Г.

АНАЛІЗ КРИТИЧНИХ СТРЕСОВИХ СИТУАЦІЙ

Аналіз критичних стресових ситуацій (АКСС) – це структурований спосіб надання допомоги травмованим людям. Цей метод роками застосовувався в роботі з пожежниками, поліцейськими, рятувальниками і місіонерами, які постійно наражають себе на небезпеку; це метод допомоги людям в аналізі впливу травматичної події та надання додаткової соціальної підтримки. АКСС часто пов'язують з моделлю Мітчелла (Mitchell, 1983), яка є структурованим процесом, що здійснюється під керівництвом навчених фахівців (не лише фахівців з питань психічного здоров'я) невдовзі після психологічно травматичної події. Процес АКСС охоплює розповідь травматичної історії, дослідження думок, відчуттів та емоційних реакцій, навчання звичним реакціям після травми і допомогу у формуванні навичок копінгу. Мета АКСС – «завадити непотрібним ускладненням, а також посприяти належному відновленню, груповій згуртованості, нормалізації реакцій, вентиляції емоцій та розумінню ситуації» (Dyregrov, 1997). Проте це не заміщення терапії. Це один із методів кризової підтримки, що є частиною більш об'ємної програми стрес-менеджменту в кризових ситуаціях. Навчені фахівці можуть надати безпосередню допомогу та в разі ознак патології направити на огляд до фахівців з питань психічного здоров'я.

Метод АКСС став доволі спірним після проведення досліджень, які виявили, що цей процес не допомагає та, навпаки, навіть може зашкодити. Хоч багато з цих досліджень методологічно недосконалі, вони показали, що цей метод треба застосовувати мудро й обережно. Ґрунтуючись на отриманому досвіді, ми визначили п'ять аспектів, за наявності яких цей метод може зашкодити (брак вибору, брак часу, повторна травматизація, опосередкована травматизація і поверховість). Під час дебрифінгу в міжкультурних контекстах варто оминати ці потенційні підводні камені. У разі виконання таких рекомендацій метод АКСС принесе користь травмованим людям завдяки соціальній підтримці, можливості для емоційного висловлення, оцінки і надання відповідних ресурсів.

1. Вдоскональте процес навчання людей (лідерів і жертв) методу

АКСС і надавайте травмованим людям численні можливості для отримання дебрифінгу.

2. Перед застосуванням АКСС фахівці мусять оцінити рівень стомлюваності людини, потреби в практичній підтримці, ступінь приголомшеності й рівень занепокоєності; це потрібно для визначення належного часу проведення АКСС. Проконсультуйтесь з фахівцями з питань психічного здоров'я, якщо виникли запитання стосовно рівня занепокоєності.

3. Якщо учасники дебрифінгу висловлювали дуже сильні емоції, допоможіть їм відчути безпеку і заспокоїтись, перед тим як залишити сесію. Не треба спонукати людину до прояву сильних емоцій, як і не треба забороняти їх висловлювати, казати, що таке вираження є неправильним або шкідливим. У разі групового дебрифінгу подумайте над варіантом розділити учасників на менші групи в залежності від ступеня їх травмованості. Люди, які не були безпосередніми учасниками травматичних подій, не мусять чути всіх подробиць того, що сталося. Діти також не мусять чути всіх подробиць думок і страхів дорослих.

4. АКСС – це лише один з аспектів широкого спектра видів утручання під час кризи. Оцініть, чи потребує людина додаткових сесій дебрифінгу. Не применшуйте цінності практичної допомоги і постійної підтримки.

5. Якщо лідери усвідомлюють свою важливу роль у забезпеченні підтримки, вони здатні поспряти наданню духовної, практичної та емоційної допомоги, яка може справити значно більший вплив, ніж дебрифінг.

6. Тим, хто проводить дебрифінги в міжкультурних контекстах, варто додатково дослідити обґрунтованість і цінність АКСС для травмованих людей.

Стосовно більш докладного обговорення АКСС і наукових досліджень прочитайте статтю «Аналіз критичних стресових ситуацій для міжкультурних працівників: корисно чи шкідливо»

(«Critical Incident Stress Debriefing for Cross Cultural Workers: Helpful or Harmful») за посиланням: http://www.mmct.org/#/resources/crisis-response.

ВИЗНАТИ І ПЕРЕОСМИСЛИТИ

У кризових ситуаціях люди часто висловлюють негативні, безнадійні або зневажливі твердження. Підтримка викривленого самокритичного погляду може заважати процесу зцілення. Корисною навичкою є дотримання принципу *«визнати і переосмислити»*. Застосовуючи цю навичку, душеопікун спочатку слухає самокритичні коментарі людини, а потім надає інший погляд, або, інакше кажучи, «переосмислює» ірраціональне мислення. Завдяки цьому він запобігає появі потенційно шкідливих підходів або поведінкових моделей, сформованих на підставі хибних суджень. Люди, які зазнали травми, можуть:

- бути надміру самокритичними;
- робити з травматичної події катастрофу;
- говорити лише про негативні аспекти;
- мислити за принципом «якби тільки...»;
- втрачати впевненість у собі.

Іноді слова «ви нічого не могли з цим зробити» – це все, що потрібно людині, аби допомогти їй полишити колишній самокритицизм і повернути впевненість. Водночас іноді подібні твердження не спрацьовують. Уникайте розмов про те, що людині треба позбавитись певних почуттів, бо тоді їй здаватиметься, що її не почули. З іншого боку, якщо називати почуття людини нормальними, це може здаватись патронізацією. Враховуючи унікальність кожної особистості, реагування на викривлене мислення може бути дуже складним. Іноді усе, що ми кажемо, людина зовсім не сприймає, і тоді потрібні більш стратегічні дії.

Дотримуючись принципу *«визнати і переосмислити»*, слухайте людину без жодного засудження, приймайте її почуття і запропонуйте дещо змінений, більш збалансований і раціональний погляд на ситуацію. Цей підхід підтверджує почуття людини і водночас змінює їх значення. Кроки для визнання і переосмислення:

1. визначте висловлені почуття або переконання;
2. уявіть обставини, в яких людина пережила ці почуття;
3. словесно визнайте нормальність і зрозумілість почуттів людини. Запропонуйте додатковий погляд, який дає змогу людині інакше подивитись на пережиту ситуацію;
4. після цього дозвольте людині сформувати свій погляд. Його необов'язково висловлювати словесно. Мовчання імовірно означатиме, що людина розмірковує над вашими словами. Можливо, ви змінили її точку зору. Якщо людина тривалий час мовчить, можна спитати: «Що відбулося далі?» Або: «Розкажіть, що ще сталося з вами?»

Наприклад, той, кого пограбували, може сказати: «Якби я тільки знав, що вони бандити, я б не зупиняв машини. Я мав би здогадатись, побачивши, у що вони одягнені». Реакцією за принципом «визнати і переосмислити» може бути: «Коли трапляються подібні речі, ми схильні засуджувати себе. Водночас доволі складно визначити, чи дійсно є військовими ті, хто одягнений у військову форму та стоїть на блокпості. Тому складно прийняти рішення, зупинятися в таких випадках або ні».

Додаткові приклади:

- «Болісно, коли все робиш так, як потрібно робити, а воно все одно не вдається».
- «То важкі моменти. Коли плани не збуваються, з цим справді складно впоратись».
- «Непросто приймати швидкі рішення в період хаосу і розгубленості».

ПОЯСНЕННЯ ТРИГЕРІВ І ОБҐРУНТУВАННЯ

Розуміння, як тіло і розум реагують на травму, допомагає тим, хто стикається з речами, які лякають і водночас лишаються незрозумілими. Душеопікуни, які добре розуміють поширені реакції на травму, можуть заспокоїти травмовану людину і пояснити їй ці реакції.

Тригери – це досвід, який пов'язаний з певним аспектом травми і може викликати посттравматичну реакцію (нав'язливі спогади або тривога). Тригери можна пояснити таким чином: «Під час травматичних подій мозок запам'ятовує пов'язані з ними місця, звуки, запахи тощо. Якщо ми згодом відчуваємо дещо схоже на пережите, частина нашого мозку одразу хоче підготуватись до найгіршого. Ми не завжди знаємо, якими можуть бути ці тригери, однак їх усвідомлення допомагає їх очікувати» (Schiraldi, 2000; Snelgrove, 1999). Приклади *тригерів* перелічені в такій.

Обґрунтування – це метод, який допомагає людям повертатись до теперішньої дійсності, якщо *тригер* викликає повторне проживання травми або фізіологічне збудження. Навчайте людей заспокоювати себе через свідоме зосередження на їхньому безпосередньому контексті (що вони бачать, чують і відчувають). Усе побачене, почуте і відчуте варто докладно описувати. Наприклад: «Я бачу коричневий кахель стелі, блакитні фіранки на вікні і різнокольоровий кахель на підлозі. Я чую звук вентилятора в кімнаті й пташиний спів за вікном. Сидячи, я відчуваю м'яку тканину стільця, а також порив легкого вітрецю на обличчі». Все це повертає людину до теперішньої дійсності, більш безпечної та спокійної (як припускається), ніж травматичні спогади. Докладніше про цей метод описано в Частині 5 Б.

Г. ПІДТРИМКА ГРОМАДИ. ДІТИ

Діти часто лишаються невидимими жертвами травми, оскільки вони вертаються до своїх звичних занять і можуть не говорити про те, що сталося. Дорослі іноді хибно припускають, що травма не справила на дітей значного впливу. Батьки і вихователі відіграють важливу роль у допомозі дітям успішно впоратись з їхніми реакціями. Далі наведений перелік дій, які в цьому допоможуть (або ні). Докладніше про це написано в книзі «Супутники: родина в русі. Книга ресурсів» (*Sojourners: The Family on the Move, A Book of Resources,* by Ruth J. Rowen & Samuel F. Rowen (Farmington, Michigan: Associates of Urbanus, 1990, 165-176).

ТРИГЕРИ

- **Зорові:** Споглядання, як до автівки наближається людина, сховавши при цьому руки, може нагадати про одного з грабіжників під час крадіжки цієї автівки.
- **Звук:** Звуки феєрверків можуть нагадати про стрілянину.
- **Запах:** Подих із запахом алкоголю може нагадати жінці про її насильника.
- **Смак:** Споживання китайської їжі може нагадувати чоловікові про те, що він робив, коли дізнався про смерть дружини.
- **Фізичні, тіло:** Якщо хтось обійме вас зі спини, це може викликати спогади про напад.
- **Важливі дати або періоди:** Річниця смерті; дати, які до травми мали особливе значення; певні періоди можуть викликати спогади і відчуття, які нагадують людині про травму.
- **Стресові події або збудження:** Зростання політичної напруги може викликати спогади про пережиті заворушення чи евакуацію.
- **Сильні емоції:** Мати хвилюється через те, що дитина ще не повернулась додому, і це може нагадати про викрадення її чоловіка.
- **Думки:** Неналежна оцінка ситуації може викликати думку про те, що «я невдаха», думку, яка виникла під час аварії, коли «я» не зміг допомогти.
- **Дії:** Сідаючи в автівку, людина може згадати про перебування в авто під час аварії.
- **Раптовість:** Якщо людина втомлена або перебуває у стресі, нав'язлива думка може виникнути раптово і без будь-якого провокування її появи.
- **Комбінації:** Тригери можуть виникнути через сукупність обставин: поява чоловіка у військовій формі зі зброєю в руках у поєднанні з певним періодом дня, керуванням автівкою та його голосом може викликати спогади про громадянські заворушення.

ВИКОНАННЯ ЦИХ ДІЙ ДОПОМОЖЕ

1. Уважно слухайте, коли діти випадково згадують про страхи і хочуть про них поговорити.
2. Спостерігайте за емоційними, когнітивними і фізичними ознаками травматичних реакцій. Наприклад: зниження активності, усамітнення, дратівливість і нічні кошмари.
3. Усвідомте справжність їхніх страхів, навіть уявних. Приймайте ці почуття. Увагу треба звертати як на справжні, так і на уявні страхи. Варто розмежовувати між почуттям страху і наявністю справжнього ризику і небезпеки.
4. Поясніть дітям ситуацію. Їм може бракувати повноти інформації. Інформуйте їх про ситуацію, якщо вона пов'язана з тим, що безпосередньо турбує дітей, наприклад навчання в школі, друзі, їжа або дикі звірі. Невідомість викликає страх. Використовуйте книжки, малюнки або відео, щоб допомогти дітям краще зрозуміти ситуацію.
5. Утішайте дітей і надавайте їм підтримку, якої вони потребують, поки вони відчувають страхи. Багато страхів можна подолати за декілька тижнів або місяців; однак упродовж цього періоду будьте особливо чутливими до їхніх почуттів і надавайте їм додаткову підтримку.
6. Навчайте дітей, що Бог обіцяє бути поряд із нами. В Ісаї 43:5 сказано: «Не бійся, бо Я ж із тобою!» Обітниця полягає в тому, що Бог буде з нами завжди, навіть у складних обставинах.
7. Моліться з дітьми стосовно їхніх страхів.
8. Виявляйте до дітей більше любові й піклуйтесь про їхню безпеку. Добре, якщо ви більше часу проводите з родиною.
9. Шукайте позитивний досвід, пов'язаний зі страхом. Якщо страх пов'язаний із собаками, проводьте час із собакою друга, який є лагідним і дружнім. Дозвольте дитині почати самостійно гратися із собакою.
10. Будьте певні, що батьки мають спільний погляд на те, як упоратись із ситуацією.
11. Спілкуйтесь з іншими батьками, чиї діти відчували подібні

страхи, і поцікавтесь, як вони впорались із ситуацією.
12. Проконсультуйтесь із сімейним лікарем, якщо ви вважаєте, що він здатен допомогти у визначенні найкращого способу подолання страхів, які викликають порушення сну і харчування. Часто сечовиділення і нічні кошмари є наслідком глибинних страхів дітей.
13. Пам'ятайте, що зі зростанням дітей розвиваються і їхні страхи, і те, чи переростуть вони в серйозну проблему або ні, великою мірою залежить від дій батьків.
14. Коли криза минула, поговоріть із дітьми, аби вони виклали своє бачення ситуації і ви могли визначити наявність хибних припущень, страхів або самообвинувачень. Батьки та інші дорослі можуть допомогти дітям по-новому подивитись на кризову ситуацію.
15. Допоможіть дітям власними вчинками розвивати відчуття безпеки. Наприклад, дитина, яка боїться темряви, може отримати користь від користування ліхтариком, аби освітлювати темряву.

ВИКОНАННЯ ЦИХ ДІЙ НЕ ДОПОМОЖЕ

1. Сміятись і казати дитині, що її почуття безглузді.
2. Ігнорувати травматичні реакції дітей і сподіватись, що вони просто зникнуть.
3. Зчиняти галас з приводу страху і надміру зосереджувати на ньому увагу.
4. Порівнювати дитину з братами і сестрами, в яких немає цього страху.
5. Навівати дитині страхи, розповідаючи їй про всі трагедії, які щодня трапляються у світі.
6. Допускати, аби діти бачили, як ви не можете впоратись із власними страхами. Страхи передаються.
7. Висловлювати сильне занепокоєння, яке тільки підтверджує їхні страхи.

ІНШІ ПОРАДИ ЩОДО ВЗАЄМОДІЇ З ТРАВМОВАНИМИ ДІТЬМИ

1. Дошкільнята нездатні словесно висловити свої травматичні реакції. Тут більш ефективним є непрямий підхід. Для відтворення того, що сталося, можна малювати разом з дітьми, гратися з ними іграшками або маріонетками. Інша ідея полягає в тому, щоб попросити дітей намалювати, як вони себе почувають, або вирізати з журналу відповідні малюнки.

2. Дозволити дитині розповідати все так, як вона може, а не ставити їй безліч прямих запитань.

3. Навіть якщо дитина здається цілком байдужою до травматичної події, це не означає, що вона не зазнала травматичного впливу.

4. Те, наскільки діти здатні впоратись з кризовою ситуацією, великою мірою залежить від того, що вони бачать і відчувають у діях своїх батьків. Отже, важливо, аби батьки допомагали дітям і докладали зусиль для їх емоційного відновлення і стабільності.

5. На запитання без відповідей діти можуть вигадати власні відповіді. Якщо батьки засмучені, однак ніхто не пояснить дітям чому, вони можуть подумати, що зробили щось неправильне, і від цього їм має бути соромно. Якщо дитині сказати, що сталось дещо погане, однак не уточнити, що саме сталось, вона може уявити подію, набагато гіршу за ту, яка відбулась насправді.

6. Надайте зрозумілі, прості та правдиві пояснення тому, що відбулось. Якщо хтось помер, ви, можливо, вважатимете за краще поступово розкривати правду. Використання таких евфемізмів, як «він заснув», «він пішов» або «Ісусу він потрібен більше, ніж нам», може скоріше зашкодити, ніж принести користь. Дитина, яка порівнює смерть зі сном, може сильно хвилюватись, коли лягає спати або засинає. Через відстрочене горювання діти можуть вірити, що померлий повернеться. Якщо дитині сказати, що Ісусу людина потрібна більше, ніж нам, це може викликати в неї обурення на Бога.

7. Захистіть дітей від повторного переживання травми, яке

виникає, коли вони чують, як дорослі знов і знов обговорюють травматичну подію, або коли дивляться по ТБ сцени насилля.
8. Запитайте в дитини, що, на її думку, відбулось і чому; це допоможе визначити, чи є в дитини хибні зв'язки або висновки.
9. Будьте уважними до ознак того, що діти винуватять себе за те, що сталось.
10. Намагайтесь якомога швидше відновити розпорядок, структуру, відчуття безпеки і довіру. Дитина може повернутись до навчання в школі, однак з розумінням, що перед нею не ставлять завищених вимог. Має бути відновлений розпорядок у родині (час для споживання їжі, читання історії і молитва перед сном, дисциплінарні принципи і спільні завдання).
11. Тимчасова розлука з батьками під час кризових подій може згодом призвести до посилення страху розлуки з батьками і до тривоги, що з ними може статись щось погане.
12. Допомагайте дітям розвивати навички копінгу і заохочуйте їх долучатися до процесу аналізу ідей, як зменшувати рівень хвилювання і краще долати страх (запам'ятовування біблійних віршів, слухання музики, молитва).
13. Якщо ви працюєте з дітьми в групах, поділіть їх за віком або рівнем розвитку (дошкільнята, навчальна школа, підлітки).

Г. ОРГАНІЗАЦІЙНА ПІДТРИМКА

РОЛЬ ЛІДЕРІВ

Лідери відіграють ключову роль у превентивній турботі. Дж. Фосетт стверджує, що єдність команди і довіра компетентному керівництву (фактори, наявність яких має бути ще до кризи) є важливими аспектами здорової післякризової адаптації. Говорячи про необхідність докризової підготовки лідерів, Фосетт згадує єдність команди, моральність і консультативний стиль керівництва. Все це збільшує соціальну підтримку і зменшує стрес. Проведення семінару, присвяченого допомозі його учасникам у формуванні довіри, керуванні стресом, належному слуханні й вирішенні міжособистісних конфліктів, суттєво вплине на якість командної праці та стосунків між лідерами і співробітниками. Семінар на тему кризи, призначений для лідерів, може посприяти розвитку навичок у розумінні звичайних реакцій на кризу, у наданні допомоги під час кризи, у побудові та зміцненні довіри й у зменшенні стресу. Організація «World Vision» виявила, що рівень організаційної підтримки набагато важливіший, ніж проведення дебрифінгів з потерпілими (J. Fawcett, 2002). Зокрема, за свідченням співробітників, присутність старшого менеджера під час і після кризової події сприймалась за прояв організаційної підтримки і турботи та була важливим фактором, який допоміг усім впоратись із ситуацією. Лідери можуть справляти суттєвий вплив через телефонні дзвінки, листи й особисті візити, сповіщаючи про підтримку, хвилювання, турботу і готовність допомогти. Враховуючи напругу і відповідальність, яку відчувають лідери, будь-яка превентивна програма має враховувати їхні емоційні потреби до, під час і після кризи. Рон Браун пише:

> «Якщо керівництво місіонерської організації не усвідомлює травми, якої зазнав працівник, тоді виникає непорозуміння, бо така травма може справити на нього величезний вплив. Однак керівники місії можуть дуже побіжно проглянути електронний лист з описом травми і не заглибитися в її суть. Але це відповідальність лідера – знати про те, що відбулося, та активно допомагати працівникові відновитися після травми. Після дуже травматичної події родина місіонерів на короткий час повернулася на батьківщину. Вони із захопленням розповідали про свого лідера, який прибув до них разом із дружиною. «Він не обмежився електронним листом. Він прибув із дружиною». Цей учинок красномовно свідчив про небайдужість лідера до їхнього болю. Це дуже відрізняється від ситуації іншої родини, яка після жахливого пограбування не дочекалася реакції від свого керівництва. «Складалося враження, що їм (лідерам) узагалі байдуже». Родина зазнала багато

болю, який доповнила ще й відсутність будь-якої реакції з боку керівництва» (Brown, 2007, 316).

Лідери наділені унікальною роллю організовувати людям відпочинок, розробляти бюджет для поповнення фінансових ресурсів, писати листи спонсорам, забезпечувати їжею. Під час евакуації з Кот-д'Івуару члени «Мобільної команди душеопікунства» мали залишити там усі наші меблі, офісне спорядження й особисте майно. Оселившись у новому будинку та орендувавши офіс у Гані, ми стикнулися з фінансовими і логістичними труднощами. Наші лідери підтримували нас різними способами, серед яких мені особливо запам'яталися два практичних прояви турботи. Один з лідерів домігся додаткового фінансування (нам оплатили оренду на три місці вперед, що надало суттєву фінансову підтримку). Інший лідер і колеги поїхали до Абіджана, спакували наше майно і переправили його в Гану. Всі ці дії свідчили про щиру турботу про нас і, безумовно, посприяли нашому відновленню.

ОРГАНІЗАЦІЙНІ ПЛАНИ

«Мудрий бачить лихе – і ховається, а безумні йдуть і караються» (Пр. 22:3).

Нещодавно кризовий менеджер з Камеруну поскаржилась мені, як складно їй було отримати від свого лідера фінансування для допомоги співробітникам у кризові періоди. У відповідь на її прохання лідер сказав: «Ти хочеш, аби ми також потрапили в кризу?» Однак після того, як усі співробітники місії мусили евакуюватися із зони бойових дій і були вичерпані запаси для допомоги, лідер пожалкував, що був настільки недалекоглядний.

Активна організація готується до можливої кризи: розробляє план дій на випадок непередбачуваних обставин, працює над зміцненням довіри, займається стрес-менеджментом, планує бюджет для душеопікунства та відпочинку співробітників, визначає сфери, пов'язані з великим ризиком для праці, та навчає всіх співробітників, як діяти в разі кризи. Лідери і менеджери можуть використовувати анкету «Оцінка рівня стресу міжкультурного працівника» (див.: Додаток 2. Г) або «Headington Institute Self Care Inventory» (https://www.headington-institute.org/wp-content/uploads/2020/08/R16-self-care-lifestyle-inventory-for-emergency-responders_24051.pdf) для оцінки рівня стресу у співробітників під час кризи або в перехідний період. План дій на випадок непередбачуваних обставин і навчання безпеці – гарні організаційні інструменти для готовності до кризи. Організація «Crisis Consulting International» (www.cricon.org) надає постійні консультації, веде переговори зі звільнення заручників та проводить для місіонерських агенцій тренінги з підготовки до кризи.

Не варто очікувати, що в організаціях для кожної надзвичайної ситуації будуть у наявності всі необхідні співробітники, знання і навички. Тому дуже рекомендована співпраця між організаціями в цих питаннях. Прикладом такої співпраці є «Мобільна команда душеопікунства»; співробітники, члени консультативної ради, лідери, джерела фінансування – усі походять з різних організацій. Те саме стосується шкіл для дітей місіонерів та зусиль по душеопікунству. Організація «Child Safety Network» навчає помічників і надає допомогу в разі дитячого насильства.

Стосовно додаткових організацій, які надають кваліфіковану допомогу, дивіться Додаток В.

Д. ПРОФЕСІЙНА ДОПОМОГА

ТРЕНІНГ

Александр Поуп в «Есе про критику» (1709) написав: «Трохи навчання – небезпечно; пийте глибоко або взагалі не куштуйте Пієрське джерело; поверхневість отруює мозок, а глибоке пиття протверезує нас знову». Душеопікуни отримують священну довіру. Бог наділив нас дарами і силою, а Святий Дух спрямує нас у допомозі тим, хто зазнав кризи. У певних міжкультурних контекстах можливості для тренінгу можуть бути обмежені. Однак лідери і душеопікуни мусять прагнути до якісного навчання навичкам душеопікунства. Цими навчальними можливостями можуть бути: тренінг «Реакція на кризу», який

«Мобільна команда душеопікунства» проводить у Західній і Східній Африці; курси з клінічного і пасторського консультування; онлайн-тренінги; рекомендована література або семінари досвідчених психологів.

КОНСУЛЬТУВАННЯ

Якщо душеопікун спостерігає симптоми, які не є характерними реакціями на стрес чи травму, тоді професійний консультант за допомогою електронної пошти, телефоном, через відеоконференції або на особистих зустрічах може визначити найкращий план дій. Консультанти можуть допомогти душеопікунам зібрати необхідну інформацію, підготувати плани на випадок надзвичайної ситуації, направити до відповідних фахівців. Налагодження зв'язку з консультантом ще до самої кризи допомагає потім швидко отримати контактну і всю важливу інформацію.

ОЦІНКА І КОНСУЛЬТУВАННЯ

Багато організацій користуються послугами професійних консультантів, аби оцінити кандидата на служіння і визначити його психологічну готовність. Оцінка може проводитись і в інші періоди служіння, щоб визначити, наскільки людина здатна впоратись зі стресом і чи є довготривалі посттравматичні ефекти. Ці дії можуть не допустити серйозних ускладнень, які потребуватимуть тривалого часу для відновлення.

Деяким міжкультурним працівникам дуже легко знайти консультантів, бо вони живуть у країнах, де таких фахівців багато; для інших це справжній виклик, особливо стосовно пошуку християнських консультантів. У певних регіонах світу є центри консультування міжкультурних працівників, однак їх небагато (див.: Додаток В). «Мобільна команда душеопікунства» надає короткострокове консультування в Африці. Водночас дуже складно найняти духовно зрілих християнських професійних консультантів, готових залишити свою роботу, займатися пошуком фінансової підтримки і жити за кордоном. Дехто може приїхати з короткостроковим візитом. Якщо можливо налагодити часті (щорічні) візити фахівців, тоді можна казати і про побудову довірливих стосунків. Працівники можуть отримати користь від цих консультаційних «оглядів» та допомогу у вирішенні серйозних питань.

ПОТРЕБА У ПРОФЕСІЙНІЙ ДОПОМОЗІ

Певні травматичні ситуації несуть високий ризик для розвитку посттравматичного стресового розладу, вказуючи на потребу в наданні професійної допомоги (згвалтування або інший вид статевого насилля, вбивство, самогубство, напад із загрозою для життя, вплив травми на дитину). Симптоми, які свідчать про необхідність професійної консультації: суїцидальні думки або вчинки, саморуйнівна поведінка; інші симптоми важких психологічних станів (сильна депресія, біполярний розлад, ПТСР, психоз; алкогольна чи наркотична залежність; насильство над дитиною або нехтування нею; будь-яка поведінка, яка суттєво шкодить життєдіяльності людини або її стосункам). У разі відсутності професійного консультанта аномальну поведінку людини та її несприйнятливість до надання допомоги здатен помітити і душеопікун, який володіє належними навичками. Консультація може прояснити значимість цих спостережень.

ЧАСТИНА 3
Особиста стійкість

Карен Карр

Стійкість – це наявність сили виконати Боже покликання для нас, навіть попри біль і труднощі. Стійкість – це зосередженість на вищій меті, вмотивована любов'ю до Бога, до ближніх і світу; для її збереження важлива також підтримка друзів. Навіть якщо нас хтось знеохочує, нас усіх несе Той, Хто нас покликав. Що ж надає нам цю силу? На основі мого досвіду служіння в Західній Африці в мене виникло декілька тем для вивчення. Вони пов'язані із запобіганням травмі (зростаючи і розвиваючись, ми здатні краще опиратися травмі) та відновленням після неї (основа для ґрунтовного процесу зцілення).

A. ПІЗНАЮЧИ НАШЕ ПОКЛИКАННЯ

В одному з досліджень виявили, що «сильне особисте переконання в Божому проводі» було ключовим фактором у відданості місіонерському служінню. Браун описує це таким чином:

> «Місіонерські організації досі мають визначати, яким є поняття "покликання" в сучасному контексті. Бажаючи стати місіонерами прагнуть нести служіння, бо хочуть зробити щось добре у світі чи тому що відчувають потреби інших або несправедливість? Як ця спонука перетворюється на тверде переконання, непохитне навіть під час труднощів і випробувань? Як розвивається це покликання? Як воно розвивається в нових місіонерах? Можливо, глибшим питанням є те, як Бог сьогодні промовляє до людей і закликає їх слідувати за Ним у місіонерській праці. У будь-якому разі місіонерські організації мають почуватися

задоволеними і впевненими, якщо нові кандидати дійсно покликані до служіння в ризикованих місцях. Ще на початку переконавшись у твердому покликанні людини до служіння і пересвідчившись у цьому покликанні під час самого служіння, ми, безумовно, посприяємо розвитку стійкості в цій людині після травми» (Brown, 2007, 318).

Генрі Ноувен пише: «Розуміння того, що місце, де ви живете, і праця, яку ви виконуєте, є не просто вашим вибором, а частиною місії, змінює все. Якщо виникають труднощі, усвідомлення того, що я був посланий, допомагає не тікати, а залишатись вірним. Якщо виникає втома, погіршуються умови життя і порушуються стосунки, я можу сказати: "Ці труднощі не є причиною покидати служіння, вони є засобом очищення мого серця"» (Nouwen, 1990, 109).

«Ми всі покликані робити не надзвичайні речі, а дуже звичайні речі, однак із проявом надзвичайної любові, що йде від Божого серця» (Vanier, 1989, 298). Після евакуації з Кот-д'Івуару наша команда перемістилась до Гани і розпочала нове служіння в новій країні. У ті дні роздумів я усвідомила, що сталося те, чого я боялась (зазнати сильного стресу), однак я й досі була вмотивована любов'ю, як і раніше. Я зрозуміла, що Боже покликання для мого життя, незважаючи на зовнішні обставини, залишилось непохитним. Хоч внутрішні збентеження і розгубленість іноді ставили під сумнів це покликання, травма лише зміцнила мою рішучість залишитись тут. Люди, які вирішили перебувати в небезпечних місцях через власну жагу до пригод, прагнення адреналіну, почуття провини або бажання веселощів, швидко розчаруються. Подібні спонуки зазвичай не додають сили чи стійкості перед лицем страждання.

Б. ХВАЛА, ВДЯЧНІСТЬ І РАДІСТЬ

У 2 Хронік 20 йдеться про те, що на війну проти юдейського царя Йосафата пішло величезне військо. Ця новина налякала царя. Однак його дії в мить кризи варті уваги. Йосафат благає Бога надати провід і наказує всім у громаді поститися. У своїй публічній молитві він стверджує Божу силу і суверенність, говорить про Божу вірність протягом історії та визнає власне відчуття безсилля і безпорадності. Запевнивши Йосафата і народ у Своїй присутності, підтримці й перемозі, Бог наказує їм вийти на поле битви. У відповідь на це Йосафат і народ починають славити Бога не лише у відносній безпеці власних домівок, але й на шляху до битви. Перед військом ішли співаки, які співали: «Дякуйте Господу, бо навіки Його милосердя!» У мить, коли вони почали співати і славити, Господь збудив ворожі війська Аммону, Моаву і мешканців гори Сеїр, які почати воювати один з одним.

Визнаю, що, розмірковуючи над розповіддю про реакцію Йосафата на загрозу знищення, я могла ототожнити себе з ним лише в ту мить, коли він злякався. Проте коли в кризовий період починала славити Бога, я завжди відчувала переломний момент у битві. Автор пісень Курт Карр (не є моїм родичем) у своїй пісні «Я ніколи не втрачу надію» (*I never lost my hope*) висловив утіху, яку він віднайшов у хвалі Богу (www.lyricsmania.com, останній доступ 09/09/2012).

На життєвому шляху я втратив хороших друзів
А деякі близькі вже відійшли на небеса
Але, дякувати Богу, я не втратив усе
Я втратив віру в людей, які казали, що піклуються про мене
А під час кризи їх ніколи не було поруч
Та в розчаруванні і серед болю
Одне ніколи не похитнулося, одне ніколи не змінилося

Приспів:
Я ніколи не втрачав надії
Я ніколи не втрачав радості
Я ніколи не втрачав віри
А найголовніше
Я ніколи не переставав хвалити Бога
Я дозволив деяким благословенням вислизнути

І я втратив увагу і збився зі шляху

*Але, дякувати Богу, я не втратив усе
Я втратив речі, які були мені так дорогі
І я програв кілька битв і був в страху
Та в розпал боротьби і серед болю
Одне ніколи не похитнулося, одне ніколи не змінилося*

В. БЛАГОДАТЬ VS ДІЛА

Як Ісус уникав вигорання? Чому ми можемо в Нього навчитись, аби нам мати змогу наставляти інших? Ісус надає приклад для наслідування, відображений у «Циклі благодаті» (Lake, 1966, 133).

ЦИКЛ БЛАГОДАТІ

Цикл благодаті ілюструє джерело нашого відчуття призначення і значення. Він починається зі ствердження Божої любові до нас і **прийняття** того, ким ми є. Ми отримуємо **підтримку**, яка сприяє нашому благополуччю і розвитку духовного життя. Це веде до усвідомлення **значимості**, завдяки якій ми отримуємо напрям і силу і здатні **досягати** тих речей, які приводять до зцілення і підтримки інших.

Ісус знав, що був прийнятий Отцем, Який казав, що Він Улюблений і вподобаний Ним (Лк. 3:21-22). Ми також прийняті та є улюбленим, обраним і цінним народом, якому Бог радіє (Еф. 1:4-8; Соф. 3:17; Мт. 6:25-27).

Ісус відчував підтримку Отця, виконуючи Його повеління і перебуваючи в Божій любові (Ів. 14:10; 15:10). Ми у свою чергу отримуємо підтримку від Ісуса, хліба і води життя. Приходячи до Нього, ми ніколи не будемо відчувати голод або спрагу. Він також обіцяє забезпечити всі наші потреби і сповнити душу й серце миром (Ів. 6:35; Об. 22:17; Фил. 4:18-19; Ів. 14:27).

Значимість і досягнення Ісуса у служінні походили безпосередньо від Його стосунків з Отцем. Те саме стосується і наших досягнень, у тому числі наших реакцій на травму і механізмів копінгу.

Ісус знав про Свою значимість як Сина Божого і сміливо проголошував, що Він – шлях, істина і життя і що тільки через

Ньoгo людина може прийти до Отця (Ів. 14:6). Ми запевнені у власній значимості як спадкоємці, діти і друзі Божі, котрі мають привілей поділяти Його славу і страждання (Рим. 8:15-17; Ів. 15:15).

Досягнення Ісуса у вченні, чудесах та інших великих ділах пов'язані з Його стосунками з Отцем (Ів. 5:19, 30, 36). Ісус казав, що Його учні (ми) будуть учиняти дедалі більші діла, ніж Він учиняв, і що ми принесемо багато плода, якщо перебуватимемо в Ньому (Ів. 7:38; 14:12; 15:5).

Як цикл благодаті пов'язаний з допомогою травмованим людям? Більшість християн-служителів дотримуються високої робочої етики і прагнуть принести для Господа якомога більше плода. Церкви й організації іноді посилюють цей внутрішній тиск, зосереджуючись більше на результатах (кількість навернених або організованих церков), ніж на духовному житті своїх працівників. Це спонукає людей зосереджуватись на досягненнях, часто нехтуючи іншими аспектами циклу благодаті.

Багато людей починають із досягнення, рухаються до значимості (від досягнень), потім переходять до надання підтримки (часто доводячи себе до виснаження) і зрештою до прийняття (почуваються невдахами і негідними Божого схвалення). Якщо циклом благодаті рухатись у зворотному напрямі, він стає циклом розчарування, циклом антиблагодаті. Наприклад, чоловік на ім'я Томас, стаючи місіонером, сильно відчуває Боже прийняття. Він обирає важке місце для служіння, де дуже мало християн. Після багатьох років служіння Томас починає усвідомлювати, що майже зовсім не бачить результатів. Жодного наверненого! До того ж відчувається тиск з боку церков, які його фінансово підтримують і які хочуть бачити зростання кількості навернених. Йому здається, що він зазнав невдачі, і він забуває, що Бог любить його незалежно від того, приносять його зусилля плід чи ні. Оскільки Томас шукає значимості та підтримки на основі своїх діл, а не любові Отця до нього, він стає виснаженим і вразливим та вдається до нічного перегляду порнографії в Інтернеті, коли дружина вже лягає спати. Це приносить йому тимчасове полегшення і водночас наповнює соромом і страхом бути розкритим. Опинившись у власно створеній пастці, обманутий чоловік уважає, що йому треба довести Богу, Який помер за нього, свою цінність і гідність.

Якщо людина жила за циклом розчарування, а не за циклом благодаті, у разі травми вона зазнає невдачі. Уявіть, як діє цикл розчарування в разі евакуації, проблем у стосунках, смерті, хронічного стресу або вигорання. Ворог може наповнювати наш розум брехнею стосовно того, хто ми є і чому ми тут.

Будучи лідерами і душеопікунами, ми можемо допомагати людям переходити від циклу розчарування до циклу благодаті. Ми можемо закликати їх повернутись до істини Божого Слова: прийняття і підтримка походять від Господа, і з цього джерела з'являються значимість і досягнення. Добре лідерство і душеопікунство підтверджують цю істину.

Г. ПРОЩЕННЯ

Місіонерка, яка працювала з жінками, котрі врятувались від насильницької проституції, спитала мене, як їй далі виконувати цю роль без ненависті до чоловіків-насильників. У моєму місіонерському служінні був період, коли мене сповнював праведний гнів, бо я бачила і чула дуже багато травматичних історій про несправедливість і насильство. Чоловіка збили з ніг, викрали і застрелили під час спроби втекти. Жінку викрали, змусили віддати гроші місії і потім вдарили по голові. Дівчину згвалтували грабіжники. Історія за історією сповнювали моє серце гіркотою до незнайомців, яких я не знала і ніколи не зустріну, однак які завдали шкоди місіонерам, котрих я любила. Я не полишала свій гнів на кривдників, і мені здавалось, що я маю цілковите право на них гніватись.

Після двох років накопичення токсичних емоцій у мене діагностували рак шлунка. Після операції та хіміотерапії я отримала зцілення з медичної точки зору. Однак у духовному сенсі я досі була хворою й одного дня в церкві відчула лагідний поклик Святого Духа: «Прости людей, які завдали стільки шкоди». Я опиралася і твердила, що не знаю цих людей і що біль був завданий не мені, чому ж я маю їх прощати. У відповідь я почула: «У тебе рак, і ти будеш хворіти, допоки не простиш». У покорі та сльозах я промовила слова прощення, звільняючи тих людей з в'язниці, яку я збудувала для них і для себе. І я одразу відчула печію в животі, де була пухлина.

Відтоді я регулярно, якщо не щодня, практикую прощення, продовжуючи і далі слухати жахливі історії. «[Господь] не завжди на нас ворогує, і не навіки заховує гнів. Не за нашими прогріхами Він поводиться з нами, і відплачує нам не за провинами нашими» (Пс. 102:9-10). Оскільки отримали благодать, на яку не заслуговували, ми також можемо давати людям те, чого вони не заслуговують. Людині це неможливо зробити, однак завдяки Божій благодаті ми можемо прощати людей, які не просили в нас прощення і які заподіяли зло тим, кого ми любимо. Мені було складніше це зробити, ніж простити тих, хто образив особисто мене.

Якою ж була моя відповідь на запитання місіонерки про те, як продовжувати працювати з жертвами насильницької проституції? Щоденно прощати.

Ґ. АКТИВНО БУДУЮЧИ ГРОМАДУ

Заголовок цієї частини, «Особиста стійкість», може бути невірно сприйнятий. Звучить індивідуалістично, наче поза громадою. Однак стійкість можлива лише в контексті наших взаємин з Богом і з іншими людьми. Вона можлива лише в процесі страждання, коли ми підкоряємось очисному вогню Господнього розп'яття.

Місіонери, які активно будують громаду, відчують зростання не лише особистої стійкості, але і стійкості громади, що зрештою веде до біблійного душеопікунства в часи травми.

«Мобільна команда душеопікунства» прагне до побудови громади. Ми розробили принципи, які, на нашу думку, є важливими. Деякі з цих принципів можна застосувати до команди, проте більшість із них стосуються взаємин між друзями або подружжям.

СТАВЛЕННЯ:

- надання переваги: поступатися власними бажаннями заради потреб інших;
- прояв турботи про родини один одного: знати імена всіх членів родини, молитися за них, зустрічатися з ними;
- щедрість;
- всеохопленість;
- виголошення істини з благодаттю.

ПРАКТИКИ:

- молитва;
- спонтанна молитва;
- час для молитви та роздумів. Недільними вечорами кожен із нас відповідає на чотири запитання: що було добре? що не було добре (попереднього тижня)? чого я хочу? чого я потребую (наступного тижня)? Потім ми молимось за потреби один одного;

- щоквартальні молитовні ретрити;
- п'ятнична молитва за Африку, місіонерів, яким ми служимо, і за потреби служіння;
- веселощі: сміємось і граємо разом;
- турбота один про одного, якщо ми хворіємо;
- дотики: часті обійми, рукостискання, підбадьорливі дотики до плеча;
- служіння: надавати практичну допомогу один одному, навіть якщо це означає відмовитись від чогось, що хоче наше «я»;
- спільне читання біблійних текстів перед денною трапезою;
- прояви доброти: зробити комусь каву зранку, приготувати їжу, запропонувати допомогу, завдяки якій в іншого з'явиться вільний час;
- прощання і вітання: заспівати пісні благословення, коли хтось від'їжджає або повертається;
- спільні відпустки (іноді);
- спільні тренування: прогулянки, їзда на велосипеді, плавання;
- практика прощення;
- запрошення на спільні вечері з іншими родинами і друзями;
- спільний дебрифінг після повернення з подорожей;
- статут команди. Регулярно читаємо його разом. Він містить принципи ухвалення рішень, спілкування, вірності й відданості, вирішення конфліктів та побудови довіри.

Д. СПОКІЙ І ПРИСВЯТА

У книзі «Євангелія від Йова» (*The Gospel According to Job*) Майк Мейсон пише про страждання і присвяту:

> «Озираючись назад, я розумію, що значна частина моїх страждань коренилася у факті, що насправді я нічого не міг зробити, аби проконтролювати те, що зі мною відбувалось. Я почувався цілковито безпорадним, і саме такою є страдна душа, яка відчуває жахливе безсилля. Нам, християнам, не до вподоби думка про те, що ми цілковито

безпорадні в Божих руках. Нам і досі хочеться хоча б якось контролювати свої життя. З приходом труднощів ми схильні думати, що є певні кроки, які нам треба зробити, або певні підходи, які нам варто застосувати, щоб позбавитись болю і стати щасливими. Однак у питанні страждання немає легких відповідей. І варто пам'ятати про ключову роль хреста в християнському житті» (Mason, 1994, x-xi).

Більшу частину свого життя я відчувала прояви алергій і астми. Будучи місіонеркою в Африці, я перебувала далеко від пилку й алергенів Вірджинії, і симптоми зникли. Однак після шести років життя в Гані моя стійкість до вологого тропічного клімату почала зменшуватись. Симптоми алергії повернулись; згодом виникла помірна астма, прояви якої легко припинялись за допомогою антигістамінних препаратів та періодичним застосуванням «Вентоліну».

На початку 2010 року моя дихальна система дала збій. Запалення легень ускладнило дихання. Напружене служіння і важкі подорожі ослабили мою імунну систему. Вперше за десять років перебування в Африці я захворіла на малярію. Медперсонал місцевої клініки лікував мене від нападу астми, малярії та ураження верхніх легеневих шляхів і потім відправив додому. Наступного дня мені стало дедалі важче дихати, і я відчула дещо зовсім нове для себе – паніку. У мене почалася гіпервентиляція, і я не розуміла, що відбувалось. Роблячи вдих, я не відчувала поповнення киснем. Мої пальці й руки почали тремтіти і німіти. Друзі доправили мене до лікарні. Я думала, що вже помираю. Мене підключили до апарату штучного дихання, робили уколи, ставили крапельницю. Я бачила навколо себе стурбовані й турботливі обличчя.

Того дня, коли мене везли до лікарні, у моєму розумі та з моїми емоціями відбувалось дещо цікаве. Я бачила схвильовані й занепокоєні погляди людей, і моєю основною думкою було: «Що з тобою трапилось? Не будь такою слабкою». Моя слабкість і брак контролю пригнічували мене. Водночас я подумки сміялась, що навіть у таку кризову мить я була настільки самокритичною. Хіба я сама не закликаю людей бути більш поблажливими до себе? У моїй душі точилася інша запекла битва. Місяцями пізніше я це краще усвідомила.

Після стабілізації мого стану було прийнято рішення розмістити мене у стаціонарі. Лікарі й медсестри були добрими до мене, однак я відчувала, що дехто боявся доторкнутися до мене або надто близько підходити. Разом зі мною в палаті перебували члени команди, які щоночі по черзі чергували біля мене. Якщо мені було важко дихати, один із них одразу кликав медсестру. Найтяжчою була перша ніч. Я взагалі не спала, і мені здавалось, що кожен мій подих вимагав значних зусиль. Я навіть не знала, чи витримаю цю ніч. Наступного ранку я знову відчула напад паніки, і гіпервентиляція знову додала ускладнень моєму диханню. Мені здавалось, що тіло мене зраджувало, оскільки, дихаючи, я не відчувала, що отримувала достатньо кисню. Згодом я дізналась про такі терміни, як *кисневий голод* і *повітряна пастка*; це допомогло мені зрозуміти, що відбувалось у моїх легенях.

Після того як мене виписали з лікарні, мені й надалі було складно дихати. Я консультувалась з пульмонологами в Гані та США. Аналіз крові показав, що я підхопила ще одну інфекцію, імовірно через антисанітарні умови в лікарні. Я тижнями приймала великі дози преднізону й антибіотиків. Здавалося, що моїй хворобі немає кінця, також я бачила, що моя хвороба вплинула на членів команди, і це сповнювало мене почуттям провини і розчарування. Я у відчаї ридала через речі, з якими раніше могла легко впоратись, почувалася неспокійною і постійно прагнула чогось досягти. Тіло й емоції перебували поза моїм контролем. Частково це обумовлювалось побічною дією медикаментів, але негативне самозасудження також впливало на наявність симптомів.

Поки все це відбувалось, Садівник завзято полов ґрунт мого серця, готуючи його до засівання насінням глибшої близькості з Ним. У тиші та спокої, необхідних через мою хворобу, я читала, молилась і розмірковувала. Мене зацікавили численні посилання в Біблії на подих і дихання.

Одного дня, коли мені знов було важко дихати, я згадала історію Єлисея, записану в 2 Царів 4:32-37. Дитина вдови померла, і Єлисей ліг на дитину, притулившись своїми вустами до її вуст, своїми очами до її очей і своїми руками до її рук. І дитина повернулася до життя. У молитві я відчувала, що Господь чинив так само, даючи мені дихання і життя.

Книга Вілла Коллієра про писання Фенелона під назвою «Дозвольте Богу» (*Let God*) підтвердила істини, яким мене навчав Господь. Ми всі дихаємо (що є суттю життя), сприймаючи це за належне і мало замислюючись над цим. Коли Бог створив людину з пороху земного, Він вдихнув життя в ніздрі людини, і вона стала живою (Бут. 2:7). Глибоке і задовільне дихання, як і сон, потребує розслаблення. Фенелон писав:

> «Цілковито віддайте себе Богу. Відчайдушно віддайте себе Богу, поки ви дихаєте на цій землі. Розслабтесь. Ви в надійних руках. Покиньте себе, бо Бог ніколи вас не покине… Дайте дорогу Богу. Здайтесь. Дозвольте Йому зруйнувати ваш чудовий образ, над формуванням якого ви тривалий час працювали. Дозвольте Богу заглибитись у найпотаємніші місця вашого серця, де причаївся егоїзм… Відчуйте живу насолоду від того, що вам більше не треба чіплятись за свою так звану красу, що ви можете цілковито покладатися на красу Ісуса» (Collier, 2007, 5).

Частина мого образу, яка мала померти, була пов'язана з думкою про те, що я сильна, відважна і позбавлена будь-яких хвилювань. Тільки-но я усвідомила і визнала наявність хвилювань, як побачила, наскільки це самосприйняття виявлялось в інших сферах мого життя і руйнувало мої стосунки з Господом та іншими. Іноді моя висока продуктивність, зосередженість на досягненнях і потреба в самотності були викликані тривогою. Усвідомлення цього, сповільнення дихання і свідоме входження в місце спокою та тиші принесли зцілення і свободу. Фенелон написав другові:

> «Навіть якщо ти сприйнятливий і маєш чудовий розум, Бог дозволить хаосу настільки тебе поглинути, що тобі не допоможе жодна з твоїх природних здібностей… Це не час для ухвалення рішень або вчинення якихось дій. Бог

не вимагає від тебе щось робити. Просто очікуй. Нічого нині не роби. Згодом, коли все заспокоїться і ти також перебуватимеш у більшому спокої, ти зможеш тихо і спокійно проаналізувати обставини й оцінити ситуацію. Тоді ти зможеш зрозуміти, що для тебе краще. То будуть прості речі. Поступово повернись до простого способу життя, простого слухання, простих молитов і простого смирення. Не квапся. Дай собі час. Уважно слухай Бога і відкидай егоїзм» (Collier, 2007, 56-58).

Венделл Беррі (*Whitefoot*) розповів про мишу, яка потрапила в повінь. Вона швидко пливла за течією, сидячи на дерев'яній колоді, незахищена від хижаків. Беррі пише: «Побачивши її, ви б імовірно подумали, що вона досить терпляча. Можливо, так і є, проте все, що вона зараз може зробити – не робити нічого» (Berry, 2009, 30).

У процесі мого зцілення я записала в щоденнику: «Що Бог каже, якщо ми занепокоєні, збуджені та схвильовані? "Заспокойтесь і пізнайте, що Я – Бог. Покойтесь біля тихих вод. Пийте в Моїй присутності. Вірте, що Я можу зростити плід навіть тоді, коли ви нічого не робите. Спитайте в Мене, що Я хочу, аби ви зробили, і не робіть нічого більше або менше від цього. Якщо у вашому серці мир і радість, це свідчить, що ви виконуєте Мою волю. Це ваш лакмусовий папірець. Якщо вами керує неспокій, то це не від Мене"».

Після декількох місяців перебування у США я відновилась достатньою мірою, щоб повернутись до Африки і знову узятись за служіння. Я живу з розумінням того, що моя дихальна система порушена. Я мушу уважно ставитись до перших ознак прояву астми, приймати відповідні медикаменти й уникати певних алергенів. Однак я не мушу жити у страху. Отже, присвятивши себе Богу і довіряючи Йому, я приймаю ризики і живу на повну. Я дихаю.

ЧАСТИНА 4
Здоровий стрес-менеджмент
Фрауке Шейфер

Том і Ненсі (не їхні справжні імена), готуючись до своєї першої місіонерської подорожі, з нетерпінням чекали, коли зможуть служити вихователями для дітей, яких вони любитимуть і про яких турбуватимуться в країні, де багато бідних і неосвічених людей. Вони очікували на культурну адаптацію та бідні умови проживання, однак їм не спадало на думку, що після напруженого року адаптації в тій місцевості може трапитися руйнівний землетрус. Вони також не могли уявити, що керівник проєкту не зможе далі виконувати свою роль і що Том буде змушений взяти керівництво на себе. Він би ніколи добровільно не погодився на цю роль, хоч урешті-решт чудово з нею впорався. Подружжя стикалось із нескінченними потребами для проєкту і зазвичай працювало більшість свого часу. Не дивно, що Том і Ненсі невдовзі вийшли за здорові межі своїх можливостей, вигоріли і вимагали дієвого стрес-менеджменту, якщо вони хотіли продовжувати служіння, яке любили.

Національні й міжнародні служіння рясніють історіями, як у Тома і Ненсі. Присвячені й часто героїчні люди прагнуть відгукнутися на кожну людську потребу, незважаючи на обмежені засоби й обмежену кількість співробітників. Ці вмотивовані люди продовжують допомагати, відстоювати справедливість і просувати Боже Царство у складних обставинах. Проте тривалі періоди високих вимог або сильної травми справляють негативний вплив на ці земні посудини небесного призначення. Наслідком цього може стати вигорання, депресія і посттравматичний стрес. На щастя, є практичні способи зменшити стрес від служіння.

А. ЗДОРОВІ ЗВИЧКИ СТІЙКИХ ЛЮДЕЙ

Фізично здорові люди в більшості обставин можуть практикувати стратегії стрес-менеджменту. Їх застосування може допомогти людям бути у «кращій формі» попри звичайні й надзвичайні життєві труднощі. Регулярне практикування цих стратегій створює емоційний буфер для особливо тяжких періодів у житті. Нехай надмірний стрес і вигорання вже виникли, але ці практики зазвичай зменшують їхній ступінь, якщо ще лишилось достатньо енергії та мотивації їх застосувати. Якщо ж енергії та мотивації бракує і людина занадто пригнічена, приголомшена або має суїцидальні нахили, тоді єдиним реалістичним варіантом, який може суттєво покращити ситуацію, є професійна допомога, у тому числі медичне втручання.

Багато пасторів і місіонерів прагнуть дізнатися більше інформації про стратегії стрес-менеджменту. Ці прості практики можна інтегрувати в повсякденне життя. Стрес-менеджмент може суттєво змінити ситуацію, чого б він не стосувався – покращення самопочуття, подолання загального стресу, травматичного стресу, тривоги або депресії. Стрес-менеджмент є належною альтернативою, якщо людина несхильна «просто приймати пігулки для кращого самопочуття». Якщо після декількох тижнів застосування стратегій стрес-менеджменту не відчувається достатнього полегшення, людям варто звернутися за консультацією до лікаря. На цьому етапі вони можуть розглянути варіант прийому медичних препаратів, не засуджуючи себе за це. Вони знають, що вже спробували все що могли. У деяких ситуаціях одного лише стрес-менеджменту недостатньо і треба негайно залучати професійного консультанта чи лікаря.

Б. СТІЙКІСТЬ – ЩО ВОНА ОЗНАЧАЄ?

Останніми роками частіше почав уживатись термін *стійкість*. Що він означає? Вжита спочатку у сфері фізики, стійкість – це:

> «Властивість матеріалу повертатися до своєї початкової форми... після деформації, яка не перевищує своєї еластичної межі» (wordnetweb.princeton.edu/perl/webwn).

БЕЗПЕЧНЕ ЗАСТОСУВАННЯ СТРАТЕГІЙ СТРЕС-МЕНЕДЖМЕНТУ

БЕЗПЕЧНО

- посилити стійкість;
- зменшити рівень занепокоєння в людях, які належно функціонують;
- допомогти людям з достатньою енергією та мотивацією в застосуванні стратегій;
- покращити сон для тих, хто страждає від безсоння;
- покращити емоційний стан і відчуття енергії;
- покращити контроль за такими почуттями, як хвилювання, роздратування або гнів.

НЕБЕЗПЕЧНО*

- якщо людина втомилася від життя і розмірковує, як собі зашкодити;
- якщо людина думає над тим, як завдати шкоди іншій людині;
- якщо люди бачать або чують речі, яких насправді немає, і їм ірраціонально здається, що їх хтось переслідує або намагається схопити, або ж вони відчувають інші сильні й нереалістичні страхи;
- якщо людина зловживає алкоголем або медикаментами (у тому числі заспокійливими, снодійними або знеболювальними).

* Ці люди потребують негайної консультації з лікарем!

Згідно з цим визначенням, якщо до матеріалу застосована зовнішня сила, він має здатність невдовзі після цього повертатися до своєї попередньої форми. Термін «стійкість» уживається також стосовно людей. Згідно з визначенням Центру стійкості, це:

> «Здатність відновлюватись… від деструктивної зміни… без відчуття приголомшеності або дисфункціональних чи шкідливих дій» (https://resiliencycenter.com/resiliency-definitions/).

«МОДЕЛЬ СТІЙКОСТІ» РІЧАРДСОНА

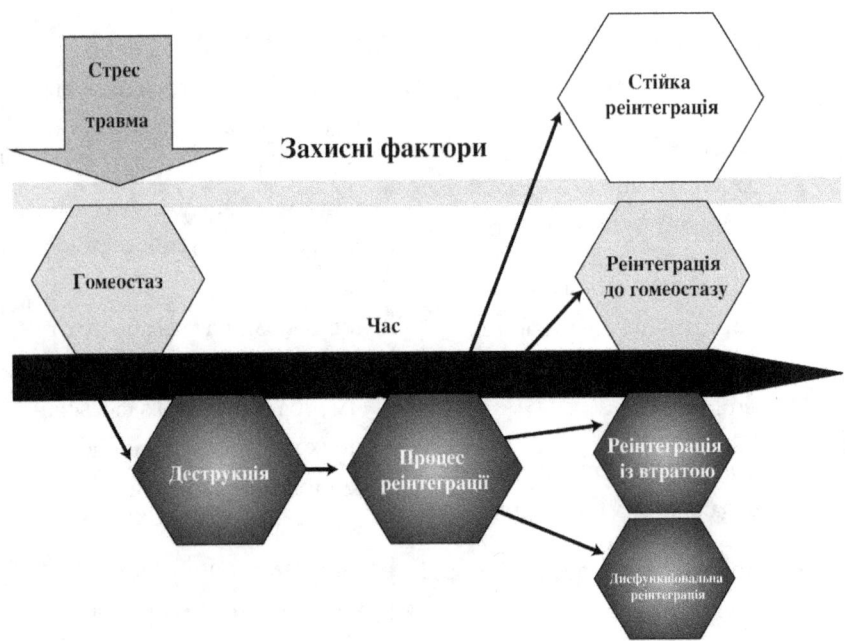

Після деструктивної зміни стійка людина певний час відчуватиме її вплив, однак потім рухатиметься до відновлення і повернеться до звичної діяльності. Сучасна модель стійкості, що її розробив Річардсон (Richardson, 2002), показує, як людина, котра зазнала травми, може повернутися до попереднього, нижчого або навіть вищого рівня функціонування. Травма впливає на психологічний гомеостаз людини. Цей вплив приводить до певного рівня деструкції, яка буферизується захисними факторами: підтримка громади, добре психічне здоров'я, стрес-менеджмент, богослов'я страждання. Реінтеграційні процеси ведуть до різних функціональних наслідків у залежності від психологічних і духовних факторів, а також від якості підтримки. Дослідники виявили, що, крім початкового ослаблення і подальшого відновлення до попереднього стану, людина, намагаючись упоратись із труднощами, може також стати дедалі сильнішою, що веде до реінтеграції на *більш* стійкому рівні, ніж було раніше. Біблія таким чином описує цю можливість: «А Бог усякої благодаті, що покликав вас до вічної слави Своєї в Христі, нехай Сам удосконалить вас, хто трохи потерпів, хай упевнить, зміцнить, угрунтує» (1 Петр. 5:10). Хоч відновлення – це зрештою Божа дія, є біологічні фактори, які допоможуть нам відновитися і стати сильними. (Будь ласка, дивіться «Модель стійкості» Річардсона на наступній сторінці.)

В. ЗДОРОВА І НЕЗДОРОВА РЕАКЦІЯ НА СТРЕС

Природні й дієві механізми реагування на стрес допомагають людському тілу адаптуватися до стресу. Якщо відчувається загроза, наприклад фізичного нападу, гормональні сигнали з мозку йдуть до гіпофізу, який у свою чергу продукує сигнали до надниркових залоз. У мить активується автономна нервова система й одразу виділяються гормони стресу (кортизол, адреналін і норадреналін). Реакція на фізичний стрес мобілізує енергію, надає зосередженість і збільшує пильність. Тіло готове битися або тікати в залежності від того, що потрібно.

Зі зменшенням загрози (небезпека зникла, людина втекла від нападника чи застосувала стратегії самозахисту) має припинитись реакція гормонів стресу й усе мусить повернутись до звичного стану. Ефективне відновлення робить тіло стійким і більш адаптованим. Однак якщо реакція на стрес триває і далі, це зберігає високий рівень прояву гормонів стресу. Науковці називають накопичення фізичного стресу «аллостатичним навантаженням». Якщо аллостатичне навантаження зростає, людські тіла піддаються хронічно підвищеному рівню стресу. У разі подальших труднощів реакція на стрес буде слабшою і менш ефективною, оскільки вона вже частково активована. При накопиченні хронічного стресу система менш здатна до адаптації. Вона не може продукувати достатню кількість додаткових гормонів стресу. Нездатність адаптуватися до стресу робить тіло і розум менш стійкими. Належний стрес-менеджмент допомагає зупиняти процес реагування на стрес, що, у свою чергу, зменшує хронічно підвищений рівень стресу або аллостатичне навантаження і, як наслідок, покращує здатність адаптуватися до нових стресорів. Ця адаптивність посилює стійкість в обставинах з високим рівнем стресу.

Якщо відбувається постійне перевантаження в реакції на стрес, тіло і мозок починають надавати ознаки хронічно високого стресу. Імунітет слабшатиме, ускладнюючи спроможність організму боротися з інфекціями, нежиттю, діареєю чи малярією. Кров'яний тиск і серцевий ритм залишатимуться високими, може також зростати рівень холестерину. Виникатимуть порушення сну і проблеми зі здатністю ясно розмірковувати над складними питаннями, зосереджувати увагу і приймати належні рішення. Погіршуватиметься пам'ять; відчуватиметься напруга в м'язах; людина може пітніти, відчувати жар, запаморочення, головний біль або мати проблеми зі шлунком; також відчувати себе «на межі» й бути роздратованою; емоційний стан часто змінюється і стає складніше контролювати емоції; людина може раптом почати плакати або роздратовано скрикнути. Ці ознаки хронічно високого стресу посилюють ризик вигорання.

Під кінець мого неспокійного першого строку служіння в Непалі я опинилася у стані хронічного стресу. Спочатку я відчувала лише напругу в м'язах шиї та плечей і постійний емоційний стрес. Потім у мене виникли проблеми зі сном, а також з концентрацією уваги, однак я все одно могла з цим упоратись і продовжувала працювати. Одного дня, працюючи в клініці, я раптом розплакалась. Медичний огляд показав, що в мене був підвищений серцевий ритм і кров'яний тиск. Накопичений стрес і брак належного відновлення призвів до певного ступеня вигорання, на який варто було звернути увагу.

З викликами національного або зарубіжного служіння найкраще можна впоратись завдяки належній реакції на стрес. Після травми і кризи реакція на стрес може бути зменшена завдяки належній турботі про себе, наданню можливості мозку і тілу фізично й емоційно відновитись, а душі духовно зрости.

Г. ЗМІЦНЮЮЧИ БІОЛОГІЧНУ СТІЙКІСТЬ

Будь-яка діяльність, яка зменшує базові рівні стресу, посилюватиме біологічну адаптивність і стійкість. Найбільш ефективними стратегіями стрес-менеджменту є: регулярні аеробні тренування, достатній сон, споживання їжі, яка посилює стійкість, і дотримання збалансованого способу життя з регулярним відпочинком.

РЕГУЛЯРНІ АЕРОБНІ ТРЕНУВАННЯ

Чи помічали ви, яке розслаблення відчувається в тілі після швидкої ходьби, пробіжки, їзди на велосипеді або плавання? Аеробні тренування надають фізичне й емоційне розслаблення. Аеробні вправи – це вид вправ, які на тривалий період часу прискорюють серцевий ритм і дихання, водночас дозволяючи комфортно дихати. Наприклад, здійснюючи пробіжку або їдучи на велосипеді, можна одночасно спілкуватись з другом. Дослідження стосовно впливу фізичних вправ на хвилювання, депресію та чутливість до стресу показує, що регулярні аеробні тренування приносять користь для психічного здоров'я (Salmon, 2001). Водночас перевантаження і перенапруження викликає анаеробні ефекти і дійсно може погіршити психологічний стан. Фізично здорові люди набагато швидше відновлюються після стресу, що ясно свідчить про посилену стійкість. Цікаво, що лабораторні миші продовжують бігти в колесі навіть *після* того, як фіксується зменшення реакції на стрес (Mills and Ward, 1986; Starzec, Berger and Hesse, 1983). Цей результат імовірно можна застосувати і до людей. Регулярні фізичні тренування посилюють захисні фактори в протистоянні руйнівному впливу стресу на клітини мозку. Люди, які припиняють тренуватись, упродовж двох тижнів утрачають отриману від тренувань користь (Salmon, 2001).

Простими аеробними вправами є швидка ходьба, біг, їзда на велосипеді, плавання, стрибки зі скакалкою (добре виконувати і в приміщенні) й теніс. Є також аеробні види спорту, наприклад волейбол, баскетбол, бадмінтон і футбол; усі вони пов'язані з чималим бігом. Приблизно тридцять хвилин аеробних тренувань щодня цілком достатньо для того, щоб уважати, що «справу зроблено»; цього також достатньо для посилення стійкості та зменшення хвилювання і депресії. Люди, незвиклі до фізичних тренувань, можуть починати з того, що їм комфортно робити, поступово збільшуючи час і зусилля для виконання вправ. У контексті стрес-менеджменту більш важливим є продовження аеробних тренувань, аніж швидкість прогресу в самих тренуваннях. Сила м'язів і аеробний поріг поступово збільшаться, головне – продовжувати тренування. Після відпочинку і регідратації ви маєте почуватися сповненими енергії, а не виснаженими; це і є добра ознака успішного аеробного тренування.

Людині, яка перебуває в депресії, через брак енергії буде складно тренуватися. Тому вона може починати з коротких і помірних тренувань, наприклад з десятихвилинної ходьби, час якої можна поступово збільшити до тридцяти хвилин. Щоб допомогти людям у стресі або депресії не полишати тренування, наприклад ходьбу, душеопікунам варто ходити на коротку прогулянку разом з ними. Якщо люди одразу зосереджуються на дискомфорті від вправ, можна допомогти зосередити їхню увагу на користі, яку вони отримають (або отримували в минулому) від цих вправ. Це посилить мотивацію. Крім того, посилити мотивацію може поєднання вправ з приємною діяльністю, наприклад прослуховуванням музики, спілкуванням з другом або спогляданням чудових краєвидів.

ДОСТАТНІЙ СОН

Обов'язки у служінні можуть спокушати нас «заощаджувати час», припиняючи сон. Іноді справді треба вчиняти таким чином, але робити це протягом тижня або навіть кількох днів ризиковано. Фізичні та психологічні наслідки можуть виникати вже навіть після декількох недоспаних ночей.

Є багато причин, які викликають порушення сну. У людей, які займаються служінням, зазвичай дуже щільний графік. На додачу до цього до них можуть звертатись за вирішенням нагальних питань у години дозвілля. Персонал медичних місій у віддалених регіонах менш розвинутих країн часто є єдиним, до кого можна звернутися в разі крайньої потреби. І медпрацівники мають реагувати незалежно від того, як це впливає на їхнє власне здоров'я. Порушення сну можуть виникати також через спеку, шум, комарів, потреби маленьких дітей або припливи під час менопаузи. Обструктивне апное сну – це стан, характерний для тих, хто хропить або має надмірну вагу. Відпочинок порушується через проблему з диханням або брак кисню. Визначити причину(и) безсоння може допомогти консультація з лікарем або вивчення теми сну.

Дорослим загалом потрібно спати вночі від семи до дев'яти годин. Вони зазвичай засинають протягом тридцяти хвилин, просинаються один чи два рази вночі та знов засинають менш ніж за тридцять хвилин. Більшість людей знають, скільки годин сну вони потребують для належної діяльності та стрес-менеджменту. Тож на практиці це буде приблизно такий час для сну, який потрібен, щоб прокинутись відновленими після декількох днів відпустки.

Дослідники порівняли рівні гормонів стресу і час для відновлення після стресу в людях, які достатньо спали, і в людях, які спали на декілька годин менше. Рівні гормонів стресу були суттєво нижчі в тих, хто спав достатню кількість годин. Водночас у тих, кому бракувало сну, гормони стресу довше повертались до звичного рівня. Довший час для відновлення чітко свідчить, що недостатність сну послаблює стійкість (Leproult et al., 1997).

Неспокійний сон характерний для людей, які перебувають у стресі, після травми або у стані вигорання. Безсоння часто є першою ознакою того, що стрес уже позначається на тілі й розумі. Нам, як душеопікунам людей, які перебувають у стресових обставинах, варто завжди цікавитись їхнім станом сну. Сон був засобом відновлення, який Бог застосував до Іллі, виснаженого після тривалої духовної битви. Бог дав йому можливість поспати, поїсти, попити і знову поспати, поки до нього не повернулись сили (1 Цар. 19:5-8).

Є багато доступних ресурсів для покращення сну за допомогою простих практичних стратегій, що називається «гігієною сну». Ознайомитись з онлайн-ресурсами стосовно стратегій покращення сну ви можете в Додатку В «Книги, онлайн-ресурси, консультаційні центри, конференції і тренінги».

СПОЖИВАННЯ ЇЖІ, ЯКА ПОСИЛЮЄ СТІЙКІСТЬ

Чи може їжа посилювати стійкість? До певної міри, хоч і менше в порівнянні з аеробними вправами і достатнім сном. Коли Даниїл та його друзі перебували у вавилонському полоні, в ідолопоклонницькому середовищі, вони звернулись із проханням дозволити їм їсти лише овочі й пити воду, аби не опоганюватись м'ясом і вином Навуходоносора. Попри хвилювання їхнього наглядача вони стали сильнішими за інших (Дан. 1:8-16). Наукові дослідження показують, що люди, які дотримуються «середземноморської дієти», менш схильні до депресії, ніж інші. Середземноморська кухня включає в себе фрукти й овочі, каші, хліб, горіхи, бобові, рибу, продукти з низьким вмістом насичених жирів, наприклад оливкову олію, а також дуже обмежену кількість м'яса і жирних молочних продуктів (Sanchez-Villegas et al., 2009). Дослідження вказує на користь фолієвої кислоти для психічного здоров'я (приблизно 400 мкг на добу; Coppen and Bailey, 2000; Coppen and Bolander-Gouaille, 2005). Також рекомендовано вживати жирні кислоти Омега-3 (дві порції жирної риби на тиждень; риб'ячий жир, волоські горіхи і насіння льону) і вітамін D (від 400 до 1000 IU) у поєднанні зі щоденним перебуванням на сонці протягом 30 хвилин і більше.

Продукти з високим вмістом цукру (цукерки, торти, пончики, морозиво, білий хліб і картопля) підвищують рівні гормонів стресу. Чому так відбувається? Стрімке зростання рівня цукру в крові викликає стрибок інсуліну. Зрештою це призводить до падіння цукру в крові (гіпоглікемія або низький рівень цукру в крові), що, у свою чергу, активує гормони, дія яких дуже нагадує реакцію на стрес. Ось чому приблизно через годину після споживання їжі з високим вмістом цукру і вуглеводної їжі людина може почуватися стурбованою або роздратованою і водночас голодною, бажаючою знову з'їсти цю їжу. Їжа з низьким вмістом цукру, вуглеводами і високим вмістом клітковини, у поєднанні зі здоровими жирами, викликає більш поступове зростання рівня цукру в крові та інсуліну, а також не допускає падіння цукру в крові. Щоб зменшити базові рівні гормонів стресу, людям потрібно споживати переважно складні вуглеводи, багаті на клітковину, наприклад фрукти, овочі та цільнозернові продукти. Ця їжа не завжди є в наявності у віддалених регіонах. Тому багато місіонерів самостійно вирощували овочі, отримуючи від цього велику користь. Їхній врожай часто надихав місцевих жителів і собі насаджувати овочеві сади і харчуватися більш здоровою їжею.

Люди, які перебувають у стані стресу, почуваються виснаженими і швидко стомлюються. Для тих, хто налаштований працювати і далі, найбільш швидким вирішенням здається кофеїновий напій. Кофеїн за лічені хвилини покращує увагу і посилює відчуття відновленої енергії. Водночас це має свою ціну. Кофеїн зменшує ефективність ферменту *аденозину*, який порушує роботу гормонів стресу в тілі. Порушення дії аденозину викликає в людях, які зазнають сильного стресу, «кофеїнове відчуття» невгамовності й нервозності. Ця збудженість обумовлена накопиченням гормонів стресу, які не можуть повернутися до звичного стану. Чим вищий базовий рівень стресу, тим більше відчуватиметься цей «побічний ефект» кофеїну. Дія кофеїну в тілі триває до дванадцяти годин, і, як наслідок, підтримуються високі рівні гормонів стресу. Споживання кофеїнових напоїв пополудні або ввечері може впливати на сон. Якщо зменшити або взагалі припинити споживання кофеїну, це допоможе мінімізувати і так уже високі рівні стресу, особливо після травми. Від звичної пополудньої втоми можна позбавитись, здійснивши невелику прогулянку, попивши або з'ївши невелику кількість шоколаду.

ДОТРИМАННЯ ЗБАЛАНСОВАНОГО СПОСОБУ ЖИТТЯ

Наприкінці дня, коли люди сповільнюються, насолоджуються спілкуванням, грають або просто веселяться, зменшується стресова напруга. Гарне проводження часу сприяє відновленню стресової системи. Віруючі почали надавати більшої уваги дотриманню суботнього спокою в невпинному русі цього світу, для якого важливим найперше є досягнення. Для служителів неділя часто є найбільш завантаженим днем тижня. Упродовж тижня пастори і місіонери виконують професійні обов'язки, а на вихідні – церковні. І складається враження, що робота ніколи не припиняється. Це, безумовно, суперечить меті нашого створення і життєвим принципам Творця,

Який протягом тижня наполегливо і творчо працював, а на сьомий день припинив Свою працю, аби відпочити і насолодитись Своїм творінням. Творець перебував у єднанні із Самим Собою як Отцем, Сином і Святим Духом та зі Своїм творінням. Він відчував глибоку насолоду і єднання. Все це відображає Божий дозвіл на дотримання ритмів праці, відпочинку і насолоди!

Щотижневий відпочинок і відчуття насолоди є корисними і часто життєво необхідними. Це дозволяє тілу відновитись і стати більш адаптивним і стійким. Щорічні відпустки відновлюють ще на більш глибинному рівні. Вони є важливими і необхідними, особливо якщо люди не можуть «дозволити» собі регулярний відпочинок. Якщо ж люди позбавляють себе Богом призначеного часу для відпочинку, необхідного для відновлення після стресу, їхня адаптивність і стійкість з часом підривається. Належна турбота про людей, які займаються служінням, часто починається із заклику до відпочинку. Цей заклик у свою чергу може починатися з надання ресурсів, необхідних для регулярних періодів відновлення. І тоді люди вже не можуть «дозволити» собі цього не робити.

ВІДПОЧИНОК

Після травми тіло переповнене гормонами стресу. Нагадування про травматичну подію може бути подібне до підземних поштовхів після землетрусу, які повною силою повертають колишній жах. Захава Соломон, єврейський психолог, на прикладі ізраїльських солдатів вивчав вплив прифронтових методів лікування на боротьбу зі стресом. Тих, хто зазнав стресових реакцій, лікували *поблизу* місця їхньої служби, *одразу* після пережитого стресу і в *очікуванні* на відновлення. Навіть через двадцять років після гострої реакції на стрес солдати поводились так, наче пережили менший стрес, і діяли краще за тих, хто не пройшов лікування (Solomon et al., 2005).

Отже, якщо служителям, які зазнали посттравматичного стресу, дозволяти відпочивати, це принесе довгострокову користь для їхнього здоров'я і діяльності. Як вищеперераховані принципи «близькості, невідкладності та очікування» можна застосувати до місіонерів у контексті їхніх стресових реакцій? Деякі організації вже забезпечують відпочинок для співробітників, які зазнали травм і спустошливих періодів у служінні. Результатом такого підходу є працівники, які здатні ефективно виконувати свої обов'язки; це дозволяє уникати високого ступеня виснаження і вигорання. Деяких місіонерів у Південному Судані кожні декілька місяців вивозять з цього дуже стресового середовища, аби вони могли відпочити і відновитись у сусідній більш безпечній країні. Місця для такого відпочинку мають бути достатньо безпечними і спокійними, і найкраще, аби вони перебували у близькості до місця їхнього служіння. Відправляти місіонерів на відпочинок додому може лише додати нових стресорів, оскільки вони мають відповідати очікуванням своїх спонсорів; це також позбавить їх підтримки безпосередньо на місіонерському полі та зменшить очікування, що вони невдовзі повернуться до місця свого служіння.

Ґ. ОКРЕМІ МЕТОДИ СТРЕС-МЕНЕДЖМЕНТУ

Накопичений стрес часто утворює напругу в м'язах, бо людині складно розслабитись або сповільнитись. Далі перераховані прості й ефективні техніки розслаблення.

ПОСТУПОВЕ РОЗСЛАБЛЕННЯ М'ЯЗІВ

Поступове розслаблення м'язів зменшує м'язову напругу, викликану стресом; вона зменшується завдяки усвідомленню цієї напруги та розвитку навичок, як її знімати. Групи м'язів на короткий час напружують (поступово переходячи від однієї групи до іншої), а потім розслабляють, і після розслаблення людина спостерігає за відчуттями в кожній групі (Jacobson, 1938; Rimm and Masters, 1979). Звертати увагу на напругу в м'язах – це перший крок до свідомого розслаблення. Перебуваючи у стресі, люди часто напружують плечі, шию або нижні м'язи спини. Фізичне розслаблення в тілі спонукає розум також розслабитись.

Письмові інструкції можна знайти в Інтернеті на сайті: https://www.amsa.org/healing-the-healer-breathing/.

Особливо корисними є аудіоінструкції. Приклади можна знайти на: https://cmhc.utexas.edu/mindbodylab.html або www.youtube.com/watch?v=HFwCKKa--18.

ПОВІЛЬНА МУЗИКА І СПІВ

Було проведене наукове дослідження, у контексті якого в пацієнтів, які готувались до операції на серці, визначали рівні стресу. У тих пацієнтів, які слухали заспокійливу музику, рівень кортизолу (гормону стресу) був значно нижчим, ніж у тих, хто просто відпочивав (Nilsson, 2009). Коли пацієнти, яким мали робити операцію для видалення грижі, слухали заспокійливу музику, рівень стресу зменшувався, і вони казали, що менше відчували післяопераційний біль (Nilsson, 2005). Спокійна повільна музика будь-якого стилю зменшує реакцію на стрес. Така музика наповнює слухачів внутрішнім спокоєм. Зосереджуючи увагу на приємних звуках, ритмах і мелодіях, люди заспокоюють збуджене тіло і приємно відволікають розум. Ті, кому подобається слухати музику, мають частіше слухати улюблену повільну музику, особливо перебуваючи у стресі. Якщо травматичні спогади викликають стресові відчуття, повільна музика є однією зі стратегій, як емоційно вийти з цих спогадів і розслабитись.

Спів, подібно до дихальних вправ, сповільнює дихання і підтримує більш діафрагмальний розслаблений стиль дихання. Спів – це мистецький спосіб голосового видиху. Якщо людина зазнала горя, спів може стати чудовим способом висловити плач. Оскільки музика торкається наших душ, повільний голосовий видих справляє вплив на наші тіла. Американський експерт по травмах Бессел ван дер Колк на семінарі, який я нещодавно відвідала, висловив гіпотезу, що спів (у церковному хорі) може бути гарним способом посилення стійкості в контексті травми. Тому варто розглянути використання пісень, піснеспівів або наспівувань мелодій у контексті відновлення травмованих людей. Християнська громада має велику традицію гімнів і сучасних пісень, які можуть утішати і заспокоювати у стресові моменти, якщо їх належно використовувати.

УЯВА

Уява – це спосіб емоційно ввійти в досвід розслаблення й утіхи. Належним контекстом для цієї практики є безпечне і спокійне місце відпустки, сад, місце духовної значимості або біблійний образ (наприклад, зелені пасовища з Псалма 22). Треба яскраво уявляти конкретні місця, звуки, запахи та фізичні відчуття. Із посиленням цих відчуттів в уяві людини вона відчуватиме розслаблення і заспокоєння.

Д. МЕДИКАМЕНТИ І СТІЙКІСТЬ

Християн часто непокоїть думка про те, що застосування психотропних препаратів може призвести до залежності від цих «милиць». Джонатан Девідсон, дослідник з Університету Дюка, проаналізував, як заспокійливий засіб і антидепресант сертралін (золофт), один із селективних інгібіторів зворотного захоплення серотоніну (СІЗЗС), впливає на стійкість. Цей лікарський засіб дійсно покращив окремі аспекти стійкості. Люди почувалися більш впевнено. Вони також мали краще відчуття контролю, могли краще опанувати себе та свої почуття і краще адаптуватися до змін. Оскільки люди почувалися менш приголомшеними, вони відчували, що, впоравшись зі стресом, стануть сильнішими. Девідсон також виявив аспекти стійкості, які залишались без змін, незалежно від прийняття чи неприйняття медикаменту.

Не дивно, що цими незмінними аспектами були: віра в Бога, відчуття значимості, здатність приймати рішення і рішучість (Davidson et al., 2005).

Зазвичай потреба в лікарських засобах виникає, якщо людям бракує енергії або емоційного контролю, аби впоратись із ситуацією. Наприклад, людина (попри будь-які спроби покращити свій стан) тривалий час почувається приголомшеною або втрачає контроль над емоціями. Застосування лікарських засобів буде корисним для людей, у яких виникають гнівні сплески, які періодично плачуть або «зриваються». У разі суїцидальних думок необхідно завернутись до відповідного фахівця. Медикаменти можуть допомогти ослабити сильні емоції, з якими людина нездатна конструктивно впоратись, і надати відчуття контролю та покращити життєдіяльність. Людина і далі може відчувати сильні емоції, однак вони її не приголомшують.

Люди, приймаючи медикаменти, все одно мусять працювати над своїм емоційним станом, водночас вони будуть менш схильні уникати цієї праці чи опиратися їй. Якщо лікар визначив потребу в заспокійливих препаратах чи антидепресантах, людина має приймати їх щонайменше від шести до дванадцяти місяців. Це дозволить їй пройти крізь стресові моменти і посилить довгострокову *психологічну* стійкість. Це також надасть час для мозку відновитись після наслідків хронічного стресу, посилюючи довгострокову *біологічну* стійкість. Якщо лікар пропонує поступово скорочувати прийом медпрепарату, це означає, що пацієнту вже краще і що він може це зробити. Часто це саме той час, коли можливо позбавитись від «милиць», бо людина отримала нову психологічну і біологічну стійкість. Оскільки прийом медпрепаратів майже не впливає на духовну стійкість, нам варто «глибше заглибитись» для зміцнення чи відновлення цього аспекту сили і життєздатності. Докладніше про це описано в розділі «Духовні ресурси».

ЧАСТИНА 5
Управляючи сильним травматичним стресом

Фрауке Шейфер

А. РЕАКЦІЯ МОЗКУ НА ТРАВМУ

Реакція тіла на травму виходить за межі лише біологічної реакції на стрес. Останніми десятиліттями нейробіологи уважно дослідили те, як людський мозок реагує на сильну травму. Ці дослідження безцінні для розуміння, як управляти сильним травматичним стресом.

У ситуаціях, пов'язаних з виживанням, центральну роль відіграють глибокі мозкові структури, мигдалина і гіпокамп. Будучи частиною лімбічної системи, вони скеровують емоції та дії до безпеки і виживання. Ця частина мозку працює на інстинктивному і несвідомому рівні й реагує скоріше на відчуття, аніж на мову чи свідомі думки. Мигдалина оцінює важливість чуттєвого сприйняття з боку тіла і за допомогою емоцій показує значимість цих відчуттів. Наприклад, вона попереджає тіло про небезпеку і за потреби активує реакцію «битися-тікати». У небезпечних ситуаціях мигдалина функціонує як сигналізація. Вона також зберігає досвід, особливо небезпечний, пов'язуючи із сильними емоціями певні образи. Ці образи в поєднанні із сильними емоціями допомагають тілу негайно та ефективно реагувати на загрози.

Гіпокамп зберігає спогади і фактологічні подробиці (коли і де щось сталося), далі категоризує і зберігає їх у короткостроковій пам'яті. Крім того, гіпокамп робить ці спогади доступними вищим корковим структурам мозку для проведення свідомої оцінки. Пізнання на основі досвіду потребує щонайменше функціонування короткострокової пам'яті. На жаль, висока стимуляція мигдалини заважає функціонуванню гіпокампа. Людина з високою стимуляцією мигдалини виявляє сильні емоційні та фізичні прояви стресу (збудження, соматичні прояви) і нездатна далі аналізувати подію (van der Kolk, *Psychobiology*, 2007). Якщо збудження перебуває під контролем, гіпокамп може категоризувати, зберігати і поєднувати інформацію з корою головного мозку для когнітивного і вербального аналізу. Це необхідно для розуміння, інтеграції та усвідомлення значення. Декілька сучасних стратегій терапевтичного і лікувального молитовного втручання сприяють релаксації шляхом формування фізичного й емоційного досвіду безпеки і пов'язаності (обґрунтування, образи), що зменшує збудження мигдалини і дає можливість ефективно проаналізувати емоційно заряджені травматичні спогади.

Психологічна травма – наче емоційний шрам, який провокує мозкову систему оцінювання надмірно реагувати на подразники, викликаючи фізичний стрес, спогади (стресові образи) або фізичні відчуття, наче травма щойно сталася. Людина може не знати про дію цих процесів, однак помічати реакцію в мозку й тілі. Насправді люди, чиї травматичні спогади не збереглися у вищих структурах мозку, можуть навіть не усвідомлювати, що збудження в тілі викликане відчуттями, пов'язаними з травмою. Відсутність свідомих травматичних спогадів може спричинити пробіли в пам'яті. Водночас зростання здатності управляти збудженням і травматичним стресом може прокласти шлях до відновлення тих прогалин.

Дослідники вивчали мозкову діяльність у людях з активними травматичними спогадами. У процесі дослідження людям читали їхні травматичні історії. У правій півкулі мозку, в якій оцінюється емоційна значимість, спостерігалась досить велика активність. Натомість у лівій півкулі, у тому числі в частинах, відповідальних за мову, активність була незначною (van der Kolk, *Psychobiology*, 2007). У разі травматичних спогадів у мозку може відбуватись настільки надмірна стимуляція, що він буквально втрачає здатність мислити на рівні, необхідному для аналізу й інтеграції отриманого досвіду. Враховуючи це, необхідно надавати інструменти для управління надмірною стимуляцією, збудженням і травматичними спогадами в підготовці до вербальної оцінки травматичної події. Спілкування з травмованою людиною з проявом лагідності, поваги, спокою і за потреби з проявом настійливості є першим кроком до зменшення її стану збудження.

Б. МЕТОДИ ЕМОЦІЙНОГО КОНТРОЛЮ

Оскільки ефективний аналіз травми можливий лише в разі здатності людини належно управляти надмірним збудженням і травматичними спогадами, важливим є знання методів емоційного контролю. Такі методи успішно застосовувались для подолання сильних емоцій, викликаних травматичним стресом.

ГЛИБОКЕ ДИХАННЯ

Реакція «битися-тікати», викликана травматичними чинниками, призводить до викиду в тіло гормонів стресу. Хвилювання робить дихання поверховим і швидким; грудні м'язи здіймаються і розширюються. Поверхове і швидке дихання може призвести до гіпервентиляції або до запаморочення. Натомість глибоке і повільне діафрагмальне дихання є швидким, безпечним і ефективним способом зменшити стресову реакцію. Це наче натиснути на гальма після набрання надмірної швидкості. Часто лише декілька повільних діафрагмальних вдихів і видихів заспокоюють сильне збудження. Глибоке дихання треба практикувати ще до стресової ситуації. Ось один із способів:

1. зручно сядьте на стілець, стопи непорушно тримайте на підлозі, а руку(и) покладіть на живіт (також можна практикувати глибоке дихання стоячи або лежачи);
2. зробіть вдих, уявляючи, як повітря входить до нижньої частини живота. Затримайте дихання на коротку мить;
3. повільно видихніть через рот; можете порахувати до восьми для контролю над повільним видиханням. На мить затримайте дихання до наступного вдиху;
4. після декількох глибоких вдихів і видихів зверніть увагу на зміни у вашому тілі. Техніку глибокого дихання можна

практикувати в будь-яких обставинах і в будь-якій позі;
5. додатково ви можете уявляти, що вдихаєте нову (Божу) силу і видихаєте всю напругу.

Якщо вам хтось допомагає в подоланні стресу, можна разом практикувати техніку глибокого дихання. Криза – не час для докладних інструкцій, але приклад іншої людини може суттєво допомогти.

МЕТОД ОБҐРУНТУВАННЯ

Метод обґрунтування корисний для протидії травматичним чинникам і спогадам. Опинившись під впливом травматичних спогадів, сильних емоцій і тривожних сигналів від мигдалини, людина може повернутись до теперішньої миті (тут і зараз), помістивши свої відчуття в безпосередній безпечний контекст. Обґрунтування може виглядати таким чином:

- зверніть увагу, як ваші стопи торкаються підлоги. Зверніть увагу, як ваше тіло сидить на стільці. Зверніть увагу на будь-які нейтральні чи комфортні фізичні відчуття;
- зверніть увагу на те, що ви бачите тут і зараз. (Зверніть увагу на подробиці. Які предмети навколо вас зеленого, блакитного чи жовтого кольору?) Зверніть увагу на те, що ви чуєте (подробиці). Зверніть увагу на те, якими на дотик є стілець, стіл або одяг (подробиці). Зверніть увагу на запахи, які ви відчуваєте. Це (день тижня, дата) в (місце). Це безпечне місце;
- крім того, подумайте, які улюблені запахи можуть повернути вас до теперішньої миті (наприклад, запах кориці, лаванди, парфумів, одеколону чи кави). Дехто носить із собою в сумочці або в кишені маленькі зразки відповідних запахів і за потреби нюхає їх. Оскільки нюхова система (відчуття запаху) є частиною лімбічної системи, запахи, які викликають позитивні асоціації, можуть зменшити дію травматичних спогадів. З іншого боку, ці спогади можуть бути викликані запахами, які асоціюються з травмою. Наприклад, дим, олія, багаття або запах одеколону, який може асоціюватися зі згвалтуванням.

Важливо допомогти людині обрати запах, який асоціюється лише з чимось приємним і заспокійливим.

МЕТОД УЯВИ

Метод уяви застосовується для свідомого зосередження уваги на відчуттях розслаблення, безпеки і насолоди. Коли відчуття, пов'язані з травмою, викликають біль, перенаправлення розуму на приємні відчуття допомагає розслабитись і зменшити стресову реакцію. Зазвичай ті, хто зазнав травми, відчували полегшення, коли усвідомлювали, що їм не треба знов страждати через травматичні спогади, бо в них є засоби контролю, зменшення і припинення цих спогадів.

Застосування таких технік уяви привело до гарних результатів.

1. Уявлення безпечного місця

Уявлення безпечного місця особливо корисно для подолання травматичного стресу. Воно наповнює розум приємними і заспокійливими відчуттями, буквально витісняючи неприємні відчуття, пов'язані з травмою. Воно може зменшити або взагалі припинити травматичні спогади. Далі наведена інструкція щодо уявлення безпечного місця.

- Згадайте місце, де ви відчували себе в цілковитій безпеці, де ваше тіло було спокійне і розслаблене, де ви були справжніми і де відчувалася Божа присутність поряд із вами. Можливо, знадобиться певний час, щоб згадати це місце. Будьте певні, що в цьому місці ви почувалися безпечно і спокійно.
- Згадавши безпечне і спокійне місце, уявіть, що ви туди входите. Помічайте все, що ви *бачите*. Звертайте увагу на подробиці. Також зверніть увагу на те, що ви *чуєте*. Якими є ці звуки? Або ж ви «чуєте» тишу?
- Зверніть увагу на *відчуття вашої шкіри*. Вам тепло або холодно чи відчувається якийсь вітерець? Чи можете ви *доторкнутися* до речей, які навколо вас? Якими вони є на дотик? Чи відчуваєте ви приємний *запах*? Яким він є?

- Побудьте певний час у вашому безпечному місці; насолоджуйтесь приємним відчуттям спокою. Нехай ваш розум наповнюється цими відчуттями доти, доки ви не відчуєте ці відчуття і розслаблення в тілі.
- Коли ви вже готові залишити безпечне місце, зробіть глибокий вдих, відкрийте очі й поверніться туди, де ви зараз перебуваєте.

Техніку уявлення безпечного місця варто спочатку практикувати за відсутності будь-яких травматичних спогадів або чинників. Навчившись застосовувати цей метод, людина за його допомогою може зупиняти дію травматичних спогадів і чинників.

2. Метод зупинки уяви

Ця навичка застосовується для контролю над травматичними спогадами, які тривають довше, ніж короткий момент. Ці спогади можуть бути сталими або змінними образами. Зміна приголомшуючого, жахливого і невідворотного образу на те, що можна розумово оцінити з дещо стороннім поглядом, формує більше відчуття контролю. Це також приводить до зменшення емоційного впливу.

- Згадуючи травматичний образ, уявіть, що ви без будь-яких травматичних асоціацій просто дивитесь на нього у фотоальбомі, по телебаченню або на екрані комп'ютера.
- Поступово переведіть погляд із середини образу до його краю. Уявіть фоторамку, телеекран або краї комп'ютера навколо картинки чи відео, що ви бачите на екрані.
- Уявіть образ зі спогадів як фотографію з альбому. Подумки закрийте фотоальбом і впишіть на його передній обкладинці дату і рік, аби вам віднайти той образ, коли ви будете до цього готові.
- Якщо це стрічка спогадів, уявіть користування пультом дистанційного керування або застосування комп'ютерної клавіатури для зміни образів: перемотати вперед, перемотати назад, вимкнути звук, змінити колір або редагувати за допомогою фотошопу.

3. Повторення образів

З тими, хто страждав від нічних кошмарів, провели дослідження стосовно застосування методу повторення образів. Уже після декількох практичних сесій цей метод підтвердив свою ефективність. Результати виявились настільки вражаючими, що їх опублікували в «Journal of American Medical Association» (Krakow, 2001). Метод повторення образів передбачає, що свідоме уявлення образів у період неспання може впливати на вид і частоту нічних кошмарів. Основні елементи методу повторення образів:

- письмово опишіть нічні кошмари (почніть з менш тривожного);
- змініть нічний кошмар на будь-який позитивний сон і запишіть змінений сон;
- повторюйте змінений сон упродовж десяти-п'ятнадцяти хвилин;
- розкажіть про старий і новий сон іншій людині (надійному душеопікуну, психологу або фахівцю з питань психічного здоров'я);
- повторюйте новий сон упродовж п'яти-двадцяти хвилин щодня, проте ніколи не працюйте над більш ніж двома окремими снами щотижня. Почніть з менш тривожного сну і поступово переходьте до більш тривожних снів;
- якщо метод повторення образів несподівано почав посилювати емоційний неспокій, припиніть застосування методу і зверніться за консультацією до фахівця з питань психічного здоров'я.

У менш складних випадках заохочуйте людей, які страждають від нічних кошмарів, змінити поганий сон на будь-який інший і записати нову версію. Далі їм треба щодня повторювати змінений сон, допоки нічні кошмари не перестануть докучати.

СТРАТЕГІЧНЕ ВІДВОЛІКАННЯ

Просте відволікання допомагає, якщо людина відчуває сильний біль, образу чи хвилювання і їй складно з цим ефективно впоратись.

Відволікання не має стати звичкою, водночас його можна застосовувати як метод подолання стресу. Особливо добре виконувати безпечні дії стосовно фізичних відчуттів: загорнутися в ковдру, випити гарячий або холодний напій, почитати щось для насолоди, прийняти теплий душ або ванну, подивитися на щось приємне чи красиве, послухати заспокійливі звуки (водоспаду, струмка, спокійної музики).

Якщо людина охоплена гнівом або хвилюванням, фізична активність допоможе зняти напругу і повернути до звичного стану фізичні відчуття. Прикладами такої активності можуть бути: праця на подвір'ї, косіння газону, рубання дров, садівництво, прибирання в будинку, випічка і приготування їжі. Гарним способом відволіктись можуть бути ігри, які не потребують значного зосередження уваги. Перегляд фільмів також є прийнятним варіантом, однак тут варто бути обережними, бо фільми можуть містити сцени насильства й образи, пов'язані з травмою. Якщо чинником, що провокує травму, є соціальний контекст, спілкування з «безпечною» людиною може поспряти відновленню після внутрішнього потрясіння.

УПРАВЛІННЯ ГНІВОМ

Гнів є поширеною проблемою після травми. Якщо людина за лічені секунди «переходить від 0 до 100», це суттєво ускладнює її здатність контролювати гнів. На щастя, більшість людей здатні визначити фізичні відчуття, які вказують на посилення гніву, наприклад напруга у м'язах, відчуття жару або прискорене серцебиття. Усвідомивши ознаки гніву, люди можуть вийти із ситуації, яка провокує гнів, і заспокоїтися перед тим, як діяти далі. Можна зробити паузу і залишити кімнату, допоки гнів не вщухне до контрольованого рівня. Невелика прогулянка або декілька глибоких вдихів і видихів можуть зменшити внутрішню напругу. Регулярні фізичні тренування часто допомагають зменшувати сильні гнівні реакції.

ВИЗНАЧЕННЯ ТРАВМАТИЧНИХ ЧИННИКІВ

Травматичні чинники – це відчуття, які викликають реакцію «битися-тікати». Це будь-які відчуття, що асоціюються з колишньою травмою, наприклад: одяг, який нагадує про грабіжника; звуки або запахи, що асоціюються з автокатастрофою; види дотику або інших відчуттів, пов'язаних зі згвалтуванням. Треба докласти зусиль, аби зрозуміти травматичну реакцію людини на звичайну ситуацію. Проте ефективне виявлення цих чинників є частиною подолання їх впливу.

Чим більше людей усвідомлюють травматичні чинники, на які вони реагують, тим легше подбати про їхню реакцію «битися-тікати» за допомогою навичок обґрунтування, технік глибокого дихання і стратегічного відволікання. Необхідно приділити увагу обізнаності людей стосовно травматичних чинників і реакції на них, що допомагає визначати ці чинники, правильно тлумачити фізичне і психологічне збудження та реагувати ефективним застосуванням навичок. Люди почуватимуться більш впевнено, якщо володітимуть відповідними знаннями, інструментами і стратегіями.

В. УНИКАЮЧИ УНИКНЕННЯ

У разі появи серйозної загрози мигдалина готує тіло й розум до можливої битви або втечі. Ці реакції інстинктивні й фізичні, а не свідомо продумані. З припиненням реакції «битися-тікати» активуються інші мозкові функції, наприклад короткострокова пам'ять (гіпокамп) і комплексний аналіз (фронтальна кора головного мозку), що сприяє глибшому розумінню, узгодженості та прийняттю рішення. Коли людина перебуває в режимі «битися-тікати», неможливо глибинно осмислювати ситуацію. Це стан неприємного фізичного збудження та сильне відчуття страху і небезпеки. Це важко зазнавати. Виникає інстинктивне бажання діяти, аби подолати загрозу чи уникнути її.

Якщо під час безпосередньої небезпеки спонука до дій чи уникання цієї небезпеки є корисним, то в разі травматичних спогадів ця спонука є «хибною тривогою». Чим більш некомфортною є реакція на пов'язані з травмою місця, звуки, запахи та інші відчуття, тим більше людина схильна уникати цих подразників. Дехто після автокатастрофи може певний час узагалі не водити автівку або не їздити тією дорогою, де сталася аварія. Якщо аварія пов'язана з вантажівкою, тоді вантажівки можуть стати тригером, а їх обгін настільки нестерпним, що людина взагалі відмовляється від керування автівкою. Лише здобувши впевненість у подоланні стресу, люди поступово позбавлятимуться від схильності уникати взаємодії з тригером.

Враховуючи біль від реакцій на тригери, добре уникати певних місць, звуків, фізичних відчуттів або розмов про травматичну подію, поки людина дуже травмована і легко стає пригніченою. Спонукання людини до розмов і дій, які викликають травматичні спогади, без необхідних інструментів контролю призведе останню до повторної травматизації. Втім, якщо людина почувається впевненою і спроможною впоратись із тригерами, вона виявляє відкритість до розмов про травму і не намагається їх уникати. Зрештою людині доведеться поглянути на свою травму, аби відбулося її зцілення. Згідно з мудрістю Еклезіястова 3, є час, коли треба уникати травматичних спогадів (відволікатись від них або заспокоювати їх), і є час, коли треба на них чесно поглянути. Якщо травмована людина почувається приголомшеною, варто уникати травматичних спогадів. Якщо людина здатна впоратись зі спогадами і тригерами, володіючи необхідними для цього навичками, тоді це час, коли треба відверто поглянути на зазнану травму. У книзі «Прихована благодать» (*A Grace Disguised*) Джеррі Сіттсер яскраво засвідчує необхідність поглянути на травматичну втрату:

> «Щоб якнайшвидше дістатись до сонця і денного світла, не треба бігти на захід, намагаючись наздогнати захід сонця, треба рухатись на схід, поринаючи в темряву, допоки не настане світанок» (Sittser, 2004, 42).

Якщо людина постійно уникає темряви (емоційного болю), її шлях до сонця (зцілення і благополуччя) буде робитися дедалі довшим і довшим. Декому треба прийняти свідоме рішення розвернутись у зворотному напрямі – припинити спроби уникати болю, аби негайно від нього позбавитись, і відверто поглянути на неприємне, аби отримати довгострокове полегшення і відновлення. Зробити цей крок людині допоможуть навички управління травматичним стресом. Сіттсер описує своє рішення:

> «У ту мить я зрозумів, що можу обрати подальший напрям мого життя, хоч я і мав обирати лише між двома варіантами: або бігти від втрати, або намагатись впоратись із нею, наскільки мені вистачить сил. Знаючи, що темрява неминуча і невідворотна, я вирішив увійти в неї, замість того щоб тікати, дозволити втраті привести мене туди, куди вона приведе, і дозволити стражданню змінити мене, замість того щоб намагатись його уникати. Я вирішив піти назустріч болю, хоч і з тремтінням, змиритись із втратою, хоч і не розумів, як це зробити» (Sittser, 2004, 42).

Розуміючи, наскільки людині важливо поглянути на свій емоційний біль, душеопікуни можуть квапитись і заохочувати людину до розмови про її травму чи втрату ще до того, як вона до цього готова. Важливо дочекатись, коли людина виявить готовність поспілкуватись на цю тему. А до того краще використати час для підтримки, стабілізації, втіхи та навчання методам копінгу. Коли людина готова поговорити про травму, скажіть, що за потреби вона може зробити паузу, зупинитися або просто відпочити. Впевненість, отримана внаслідок спогадів про травму без почуття пригніченості, є більш важливою для процесу зцілення, ніж для повноти розповіді.

Для деяких людей корисним є ведення щоденника. Дуже добрий інструмент! Тим, хто прагне уникнути травматичних спогадів, можна рекомендувати записувати все в щоденник. Дехто, навпаки, хоче спочатку поділитись з кимось своїми життєвими труднощами. Інші надмірно занурюються в аналіз своєї травми, не приділяючи достатньо часу для заспокоєння, відпочинку, підтримки і повсякденних справ. Остання група ризикує виснажити свої обмежені емоційні ресурси. Їх треба спонукати сповільнитися, не квапитись, зайнятися повсякденними справами і вже потім продовжувати свій аналіз. Повернення до травматичних спогадів є фізично затратним і має компенсуватись відновлювальними заходами. Як фізичне тіло має перебувати в ритмі праці й відпочинку, так само і душа. Вона мусить перебувати у змінному ритмі болю і відновлення.

Є багато способів оминати біль. Один із них полягає в роздумах про те, як можна було завадити ситуації. Ці думки починаються зі слів «якби тільки» і можуть вести до самозвинувачень і почуття провини, не лишаючи місця для аналізу свого болю. Ще одним способом уникання болю є надмірне відволікання (ТВ, ігри, переїдання, алкоголь, наркотики, безладні стосунки або заняття сексом), аби витіснити чи заглушити біль. Для декого гніватися легше, ніж бути вразливим, до того ж гнів відволікає від болю. Можливо, людині потрібно на деякий час віддалитись від усіх близьких друзів і членів родини, проте тривале відсторонення подовжує страждання.

На щастя, відновлення після травми більш поширено, ніж тривалий посттравматичний стрес (Bonnano, 2004). Хоч більшість американців (50-60 %) зазнають однієї або декількох серйозних травм за життя, лише в 5-10 % виникає посттравматичний стресовий розлад (Ozer, 2003). 85-90 % місіонерів у Західній Африці зазнали однієї або декілька сильних травм, але лише в 5 % із них розвинувся посттравматичний стресовий розлад (у 20 % був ПТСР або спостерігались симптоми посттравматичного стресу; Schaefer, 2007). Статистика свідчить, що місіонери в Західній Африці були більш стійкими, ніж американське населення загалом. При деяких травмах можливі вищі ступені ПТСР (фізичний напад, згвалтування, травма війни). Додатковим фактором є середовища з високим ступенем ризику. У місіонерів, які перебувають у менш стабільних контекстах (високий рівень бідності, злочинність і громадянські заворушення), ПТСР виникає частіше. Високий рівень постійного стресу може зрештою виснажити ресурси навіть тих, хто володіє чудовими навичками копінгу. Велика кількість травмованих людей поступово оговтується від травми впродовж трьох-шести місяців. Попри тривалі симптоми і труднощі, викликані травмою, можна очікувати, що стан травмованої людини дедалі більше покращиться протягом першого року після травматичної події. Для багатьох людей перша або друга річниця після кризи є поворотним моментом у напрямі до відновлення і повернення до нового «нормального» способу життя. Кожна ситуація, як і кожна людина, унікальна, тому не можна засуджувати людей, які довше відновлюються. Лише невеликий відсоток травмованих зазнаватиме тривалого стресу. За належної підтримки цей відсоток дедалі зменшиться. Якщо здається, що процес відновлення людини відбувається добре, варто поспостерігати за нею ще декілька місяців, аби запевнитись, що відновлення дійсно триває. Інакше потрібна додаткова підтримка кваліфікованого психолога чи фахівця.

Г. ДИСОЦІАЦІЯ – ОНІМІННЯ Й АМНЕЗІЯ

Дисоціація – це спосіб, яким мозок захищає розум від нестерпного болю, відмежовуючись від певних аспектів травми. Під час дисоціації в таламусі, частині середнього мозку, спостерігається зниження активності. Зазвичай таламус отримує сенсорні сигнали від тіла і зовнішнього світу. Далі він поєднує отриману інформацію з корою головного мозку, що активує свідомий аналіз. Ця взаємодія між таламусом і корою головного мозку допомагає людині інтегрувати сенсорну (тілесну), емоційну і когнітивну інформацію, ефективно її аналізувати і відчувати себе цілісною особистістю. Дисоціація захищає розум, але через розлад сприйняття, порушення пам'яті й самосвідомості (Frewen, 2006; Van der Kolk, *Dissociation*, 2007). Під час дисоціації порушується самосприйняття. Хоч дисоціація дозволяє дистанціюватися від травми, вона веде до розумових розладів. Якщо дисоціація продовжується і далі, вже тривалий час після травматичної події, вона починає блокувати ефективне відновлення. Травматичні спогади вважаються дисоційованим сприйняттям. Також поширеними проявами дисоціації є амнезія й оніміння.

Якщо виникає дисоціація, частина отриманого досвіду стає недоступною. Людина не може згадати певні аспекти травматичної події, як би сильно вона не намагалася. Це амнезія, яка може викликати тривогу і бентежити. Тим, хто допомагає травмованим людям, варто пам'ятати, що ця втрата пам'яті виникла з певної причини. Це частина історії травми, з якою людина в той час не змогла впоратись. Під час отримання засобів контролю над стресом і відновлення стабільності мозок людини може згадати забуті спогади і розпочати процес їх аналізу. Якщо втрата пам'яті триває і викликає занепокоєння, варто звернутись за професійною консультацією.

Емоційне оніміння виникає в разі іншого виду посттравматичної дисоціації. Мозок інакше опрацьовує цей вид дисоціації. Це стан сильної настороженості й посиленої терпимості до болю (Frewen, 2006; van der Kolk, *Dissociation*, 2007). Люди, які зазнають емоційного оніміння, відчувають себе відірваними від дійсності, наче вони «залишили своє тіло» і перебувають десь осторонь. Вони почуваються «холодними» й емоційно «закритими». Цей дисоціативний процес, названий «деперсоналізацією», діє як знеболюючий засіб. Деперсоналізація не дає людям відчувати біль, у той час як інші його відчувають. Здається, що такі люди взагалі не виявляють жодної реакції на те, що відбувається навкруги (або обговорюється). Вони поводяться так, наче взагалі відсутні. Людина, яка без жодних емоцій розповідає про жахливу подію, найпевніше має прояви дисоціації, ніж «копінгу». У такому стані звичайний копінг або аналіз неможливі. Ця «закритість» уникає емоційного перевантаження, проте не сприяє відновленню. Хоч дисоціація знімає напруження в період гострої кризи, вона унеможливлює конструктивний аналіз травматичних подій.

Г. ДОПОМОГА ЛЮДЯМ ПІД ЧАС ПАНІКИ: ЗНЯТТЯ НАПРУГИ

Немає нічого дивного в тому, що після раптової смерті близької людини, нападу, статевого насильства, смертельної катастрофи та інших подібних сильних травм болючі емоції можуть досягати такої інтенсивності, що їх неможливо контролювати. Дехто може безконтрольно ридати або відчувати панічну атаку. Перелякані люди збуджені, не можуть всидіти на місці, плачуть, голосять, кричать або посилено дихають. Їхнє серце калатає, м'язи напружені, тіло пітніє. Декого нудить до такої міри, що вони починають блювати.

Допомога людям у паніці починається з того, що ті, хто надає допомогу, мусять самі зберігати спокій. Ми можемо контролювати власний емоційний стан, зробивши декілька глибоких діафрагмальних вдихів і видихів (див.: «Глибоке дихання», розділ 5, Б), коротко помолившись і подумки зосередившись на Божій присутності, допомозі й силі. Ми можемо тихо помолитись, попросивши Бога дарувати утіху і безпеку. Якщо ми зберігаємо спокій, наша підтримка і провід може заспокоїти людину в паніці. Емоції того, хто надає допомогу, безпосередньо впливають краще чи гірше на емоції того, кому надають допомогу.

Тим, хто в паніці, можна допомогти, закликавши їх зробити декілька глибоких вдихів і видихів. Найкраще, якщо ви це зробите разом. Якщо людина продовжує швидко і поверхово дихати (гіпервентиляція), можна дати їй паперовий пакет і запропонувати дихати в нього. Це допомагає заспокоїти неприємні фізичні відчуття, пов'язані з гіпервентиляцією. Після того як дихання людини сповільнилось, можна спитати: «В якій частині тіла вам стало краще?» Це запитання перенаправляє увагу людини з фізичного дискомфорту на позитивні відчуття і сприяє подальшому заспокоєнню.

Такі *методи зняття напруги* можуть допомогти у складних ситуаціях:

- намагайтесь робити спокійний і впевнений вигляд, навіть якщо ви так не почуваєтесь. Свідомо знижуйте тон голосу, говоріть твердо і дещо повільніше;
- завжди виявляйте повагу, навіть коли ви змінюєте і встановлюєте обмеження. Схвильована людина дуже чутлива до сорому і неповаги;
- не посміхайтесь, бо це може бути невірно сприйнято за глузування чи хвилювання;
- будьте обережні стосовно дотиків (спочатку спитайте дозволу) або взагалі не торкайтесь, оскільки ваші дотики можуть бути неприємними чи нав'язливими для схвильованої людини;
- дайте людині можливість рухатись і водночас робіть усе можливе, аби не допустити завдання фізичної шкоди;

- не підвищуйте голос на людину, яка кричить. Дочекайтесь, коли людина видихне, і тоді вже говоріть. Говоріть спокійно із середнім рівнем гучності;
- промовляйте авторитетно, твердо, але завжди з повагою;
- ніколи не сперечайтесь і не намагайтесь переконати, оскільки схвильована людина нездатна діяти тверезо;
- спробуйте прості дії, наприклад запропонувати воду (в ємності, яка не б'ється) чи ковдру або лагідно спрямувати увагу на практичний крок;
- якщо можливо, приведіть людину в безпечне місце без подразників.

Д. КОЛИ РОЗГЛЯДАТИ ПИТАННЯ ПРИЙОМУ ЛІКІВ

Емоційний контроль і здатність знімати напругу мають велике значення, однак іноді виникає потреба в прийомі лікарських засобів.

ПАНІКА

Якщо паніка не вщухає або знов повторюється, лікар може призначити заспокійливі засоби (наприклад, алпразолам, лоразепам, клоназепам або діазепам). Ці ліки треба приймати лише короткий час, бо вони можуть викликати залежність.

БЕЗСОННЯ

Через хвилювання внаслідок кризи тіло і розум можуть залишатись у збудженому стані протягом ночі. Якщо безсоння триває впродовж декількох днів, воно веде до втоми і зменшує здатність до копінгу. Для покращення сну важливо обмежити споживання кофеїну й алкоголю, а також розслаблятись і відволікатись перед сном. Якщо цього недостатньо, наступним кроком є прийом безрецептурних ліків (бенадріл, мелатонін і корінь валеріани) і пиття трав'яних чаїв для покращення сну. Якщо прийом цих засобів не подовжує сон до шести-семи годин на добу, варто звернутись за консультацією до лікаря. Загалом ці препарати не розраховані на тривалий прийом.

Треба усувати причину порушення сну і розвивати здорові звички («гігієну сну»).

ДЕПРЕСІЯ, ХВИЛЮВАННЯ І ПОСТТРАВМАТИЧНИЙ СТРЕС

Якщо сильна депресія, хвилювання або посттравматичний стрес суттєво ускладнюють діяльність людини вдома чи на роботі, варто обговорити з лікарем варіант прийому антидепресантів або заспокійливих препаратів. У більшості випадків будуть призначені селективні інгібітори зворотного захоплення серотоніну і норадреналіну (СІЗЗСіН). Можуть також призначатися сертралін (золофт), циталопрам (селекса), есциталопрам (лексапро), флуоксетин (прозак), пароксетин (паксил), венлафаксин (еффексор), десвенлафаксин (еліфор) або міртазапін (ремерон). Після двох-чотирьох тижнів регулярного прийому вони полегшують симптоми депресії, хвилювання і посттравматичного стресу. Цей період необхідний для збільшення рівня серотоніну і норадреналіну в мозку. Обираючи найкращі медпрепарати, лікар ураховуватиме загальний стан психічного і фізичного здоров'я людини, а також можливу побічну дію.

Е. КОНТРОЛЬ НАД СУЇЦИДАЛЬНИМИ ІМПУЛЬСАМИ

Після жахливої автомобільної аварії в Танзанії, внаслідок якої загинув чоловік Енн Хеймел, а вона та її син отримали серйозні ушкодження, Енн згадує:

> «Я почувалася приголомшеною від дійсності, яка сталася. Усе своє життя я вважала Бога моїм Небесним Отцем. Я з готовністю залишила комфортне і безпечне життя в Америці заради служіння Йому в Африці. Я вірила, що Він потурбується про мене і про мою родину. Усвідомлюючи те, що сталося, мені було шкода, що ми не всі загинули в цій автокатастрофі. Смерть здавалася кращою за життя, яке було переді мною. Мій біль був настільки сильний, що

я думала лише про те, як його позбавитись. Я дивилась на крапельницю і просила лікаря додати щось туди, аби моє життя скінчилось. Я не хотіла жити без чоловіка і без Бога» (Історія 3).

Після того як Енн усвідомила, що сталося, вона почувалася настільки приголомшеною від болю, втрати і духовної битви, що смерть здавалася їй кращою за життя. Вона не тільки бажала бути мертвою, але й обмірковувала практичні кроки, як цього досягти.

Після спустошливих криз думки про самогубство можуть охоплювати навіть найсильніших і найдуховніших із нас. Праведний Йов оплакував спустошливий біль свого життя. Після череди нещасть він відчував таку огиду до життя, що прагнув смерті. Він бажав узагалі не народитись і прокляв день і обставини свого народження (Йов 3).

Варто розуміти, що в людини можуть виникати думки про самогубство і бажання це зробити, якщо вона приголомшена від болю, втрати, депресії чи хвилювання. Важливо бути пильними до ознак суїцидального мислення. Треба прямо запитувати в людей, чи «втомилися вони від життя» або чи не «бажають вони бути мертвими». Такі запитання не породять небезпечних ідей у розумі людини. Насправді вони надають можливість поговорити про думки й імпульси, про які людина боялась або соромилась поговорити.

Люди із суїцидальними думками почуваються в пастці й безпорадними через наявні обставини або важкий емоційний стан. Якщо людина висловлює думки про самогубство, негайно вживайте заходів безпеки! Варто звернутись за професійною допомогою, аби визначити ступінь ризику. У США треба звертатись до фахівця з питань психічного здоров'я. Якщо є загроза, що людина може завдати собі шкоди, приведіть її в місцеве відділення швидкої допомоги або подзвоніть за номером 911.

У разі відсутності (чи затримки) фахівця з нею ввесь час мусить перебувати довірена і зріла людина (або команда). Вже сама присутність небайдужих людей часто зменшує страхи і бажання завдати собі шкоди. Команда підтримки має бути впевнена, що у травмованої людини відсутні будь-які засоби завдати собі шкоду. Це означає прибрати потенційно небезпечні медикаменти, ножі, вогнепальну зброю, мотузки та інші речі, за допомогою яких можна завдати собі шкоди. Крім того, треба стежити за доступом до алкоголю, який може порушити самоконтроль. Зазвичай люди, зазнавши горя, одночасно хочуть і померти, аби позбавитись болю, і жити далі. Поява думок про самогубство часто лякає людину. Водночас душеопікуни всіляко підтримують бажання людини жити і стають її союзниками в битві за життя.

Є. ЗАКІНЧЕННЯ

Підтримка тих, хто зазнав сильного травматичного стресу, може бути непростим завданням. У країнах з розвиненою системою охорони здоров'я таку підтримку часто надають відповідні фахівці. У країнах з обмеженою професійною допомогою «першу психологічну допомогу» можуть надавати друзі, опікунські служби, місіонери або колеги. Всім їм, а також пасторам і членам церков, зацікавлених у наданні посттравматичної підтримки, важливо розуміти принципи управління травматичним стресом, бо це допоможе спрямувати людей на шлях до відновлення, часто разом із професійною підтримкою.

Багато міжкультурних працівників у менш розвинених країнах світу для надання першої медичної допомоги користуються книгою Девіда Вернера «Там, де немає лікаря» (Werner, *Where There Is No Doctor*, 1992). Ця книга надає інформацію стосовно основ охорони здоров'я на елементарному рівні в легкому для розуміння форматі. З подібною концепцією 2003 року вийшла друком книга Вікрама Патела «Там, де немає психіатра» (*Where There Is No Psychiatrist*). Будь-яка інша подібна книга з інформацією про надання допомоги в кризових ситуаціях буде чудовим і важливим доповненням.

ЧАСТИНА 6
Духовні ресурси в подоланні травми
Фрауке і Чарлі Шейфер

Коли нетверезий водій спустошив життя Джеррі Сіттсера, вбивши трьох членів його родини і завдавши тілесної шкоди іншим, Джеррі перебував у збентеженні й розгубленості від сплутаних думок і виру сильних емоцій (Історія 4). Він часто почувався приголомшеним від болю, горя, скорботи, гніву, страху і нерозуміння. Його повільному відновленню сприяла підтримка, яку він отримував під час цієї кризи. Джеррі мав сильну віру. Він також покладався на міцні й близькі дружні стосунки з іншими людьми та на тісний зв'язок з християнською громадою. Друзі слухали про його почуття без намагання їх змінити. Псалми плачу нагадували Джеррі про прийнятність висловлення сильних і щирих емоцій перед Богом. Джеррі необхідно було осмислити травматичну подію та її вплив на його загальне уявлення про життя і Бога. Він намагався віднайти відповіді на серйозні запитання: чи існує Бог? чи Він справді все контролює? чи існують всесвітні принципи моралі? Він увійшов у процес переоцінки світу, який для нього суттєво змінився.

Тепер через багато років після тієї катастрофи Джеррі говорить про завданий травмою шрам на його житті як про ознаку благодаті. Він зауважив, що його емоційне життя поглибилось, що в нього з'явилось нове розуміння того, що насправді є важливим, а також велике бажання присвятити себе цим найважливішим речам. Після багатьох сумнівів і страждань Джеррі віднайшов нову впевненість у своїй вірі. Він по-новому і глибше пізнав Бога та Його благодать.

Важка травма, як і в житті Джеррі, раптово позбавляє людей емоційної та психологічної стабільності. Келхун і Тедеші (Calhoun and Tedeschi, *Facilitating Posttraumatic Growth*, 1999, 2) символічно називають важку травму подією із «сейсмічним» впливом на світогляд людини та її емоційний стан. Травма, подібно до землетрусу, сильно розхитує і часто руйнує розуміння світу людиною.

У цьому розділі *травма* означає досвід, через який людина проходить або свідком якого вона стає та який пов'язаний із серйозною шкодою, смертю або загрозою смерті. Вплив травми поширюється на саму людину або на її родину чи близьких друзів. Реакціями на важку травму зазвичай є страх, безпорадність або жах. Прикладами таких травматичних подій є аварії з тілесними ушкодженнями або смертю; природні катастрофи, що призводять до ушкоджень або смерті; діагнози хвороб, які становлять загрозу життю; викидень або народження мертвої дитини; насильство, наприклад грабунок, викрадення автомобіля, зґвалтування, соціальні заворушення або війна. Є й інші травматичні ситуації, наприклад безробіття, втрата майна, відсутність житла, розлучення і постійний високий рівень стресу. Хоч ці ситуації не є фокусом наших роздумів, багато з того, що ми обговорюємо, можна застосувати і до цих болісних питань.

Травма розхитує найглибші переконання людини стосовно мети і значення життя та викликає сумніви в поглядах на Бога. Особливо великі виклики можуть поставати перед християнами, які несуть служіння і чиї стосунки з Богом служать основою для їхнього життя. Можуть виникати такі запитання: чому Бог допускає страждання? чи Бог справді добрий, якщо Він, як здається, допускає зло? чи узгоджується віра в люблячого і всемогутнього Бога зі стражданням у світі? Намагаючись пояснити з богословської точки зору світові трагедії, зокрема масове вбивство у Віргінському політехнічному інституті 2007 року, Філіп Янсі питає: «Що доброго в Бозі?» (Yancey, *What Good Is God?*, 2010). Трагедії викликають сумніви в уявленнях про Бога, Якого ми знали і на Якого покладались. Чи турбується Бог? Чи відгукнеться Він на наші потреби і на потреби тих, про кого ми турбуємось? Чи можемо ми принести до Бога наше збентеження, розгубленість і розчарування? Чи не прогнівається на нас Бог, чи не залишить нас і чи не покарає в найтяжчу для нас мить? Чи хоче Бог, аби ми довіряли лише Йому і покладались лише на Нього? Чи можемо ми звернутися до Нього щиро і з гідністю? Травма може змінити наше бачення і мету в служінні. Після втрати, образи або зради перед людьми зазвичай виникають запитання: чи варте воно того? чи варті *вони* (люди, яким служили) того? чи є сенс у великій жертовності? чи матиме служіння хоч якийсь значимий вплив? як мені продовжувати служіння, якщо я слабкий і недосконалий?

Якщо травма викликає в нас емоційне потрясіння, збентеження і розгубленість стосовно найважливіших життєвих питань, якщо вона руйнує підвалини нашого життя, ми стаємо вразливими. Попередні вірування зазнають удару. Коли ми проходимо через нерозуміння, складові нашої системи вірувань зрештою змінюються. Криза створює можливість для побудови нових принципів і формування більш міцних підвалин. Уявіть, що відбувається, коли після природного лиха починають відновлювати будинки. Деякі частини старих будинків можна використати при спорудженні нових, а деякі частини, навпаки, більше не можна застосувати в будівництві. Відновлення потребують і деякі фундаменти. Внаслідок відбудування утворюється споруда, яка може бути менш міцною, такою самою міцною чи навіть міцнішою, ніж попередня. Так само і після процесу особистого і духовного відновлення, що настає після кризи, люди можуть стати більш вразливими, сильними, як раніше, або дедалі сильнішими і більш стійкими. Під час роздумів над процесом руйнування, боротьби і відновлення в нас виникають такі запитання: які риси посилюють стійкість до емоційних і духовних викликів, спричинених травмою? чи є способи краще до них підготуватись? які фактори визначають те, яким чином ми пройдемо через цю емоційну і духовну вразливість?

Стійкість відображає здатність людини до відновлення після травми. Це припускає «втрату форми», яка згодом буде відновлена. Стійкі люди відновлюються до стану, що передував травмі. Стійкість визначається багатьма факторами: біологічними, психологічними, соціальними і духовними. У цьому розділі увага зосереджена на духовних факторах, які підсилюють стійкість.

Християнська віра за своєю суттю пов'язана зі стосунками; це особисті й завітні взаємини між нами і Богом, Який нас створив і любить. В Ісусі Христі Бог постраждав і помер на хресті за наші гріхи, аби ми могли отримати нове духовне життя. Бог живе в нас і змінює нас через Святого Духа. Ми прагнемо любити і шанувати Бога, якщо прагнемо в силі Святого Духа досягати цілі Його Царства. Зрештою, ми очікуємо на вічний зв'язок із Ним у любові й поклонінні. Мета і значення наших життів побудовані на цих стосунках з Богом; науковою мовою це можна назвати «внутрішньою релігійністю». Втім, травма може порушити ці важливі взаємини. Для християн це порушення взагалі може «вибити ґрунт з-під ніг». Духовна стійкість визначається вірогідністю того, що після травми взаємини людини з Богом будуть відновлені й навіть дедалі більш зміцнені.

Більш стійкими нас роблять певні *духовні риси*. Набуття належного богослов'я страждання надає добру основу для проходження через неминучі труднощі після травми. Практична здатність прощати посприяє звільненню від гніву, болю, гіркоти й образи, викликаних сильними кризами. Розуміння, як приймати і висловлювати сильні почуття у стосунках з Богом та іншими людьми, допоможе швидше повернути надію після зазнаних труднощів. Безпека і відкритість у стосунках, зокрема з іншими віруючими, надасть важливу підтримку у вразливий період життя.

Людині, яка перебуває під «сейсмічним впливом» посттравматичного стресу, у процесі відновлення допомагають відповідні *духовні ресурси*, які часто формують глибші основи для подальшого життя. Відчуття Божої присутності в «долині смертної темряви» є важливим для запевнення християнських віруючих у міцності стосунків з Тим, Хто створив і підтримує їхні життя. Висловлення сильних почуттів у скорботних молитвах до Бога допомагає відновити зв'язок з Ним. Знаходження шляху від гніву і гіркоти до справжнього прощення звільняє людину від пастки постійного і згубного зв'язку з болісним минулим. Відчуття Божої благодаті допомагає людині позбавитись самозасудження, яке може виникнути через травму.

Ті, хто добре проходить через процес відновлення, зростатимуть під час цього процесу. *Посттравматичне зростання* характеризується позитивними змінами після травми, змінами в нашому погляді на самих себе і стосунки в нашому розумінні Бога, світу, мети і значення в житті. Посттравматичне зростання посилює стійкість.

У цьому розділі ми спочатку розглянемо *духовні риси*, які посилюють стійкість християн *ще до того*, як вони потрапили в ризиковану ситуацію. Ми поговоримо, як ці риси можна зміцнити в підготовці до викликів. Далі ми розглянемо *духовні ресурси*, які допоможуть *під час* духовних страждань після травми. Для тих, хто готує інших до служіння, «Чек-лист духовної стійкості» (pp. 146-147) може виявитись корисним засобом у підготовчих програмах або в оцінці духовної стійкості в кандидатів для служіння. У другій частині цього розділу ті, хто опікується людьми *після* травми, знайдуть особливо значимі ресурси. Немає чіткої межі між духовними рисами і духовними ресурсами. Вони впливають одне на одне. Духовні риси справляють вплив на ресурсність людей у період труднощів, а розуміння духовних ресурсів, наприклад плачу і процесу прощення, посилить духовну стійкість.

1. ДУХОВНІ РИСИ СТІЙКИХ ЛЮДЕЙ
А. НАЛЕЖНЕ БОГОСЛОВ'Я СТРАЖДАННЯ

Зазнавши неочікуваного страждання, люди не лише опиняються перед необхідністю впоратись з безпосередніми труднощами і практичними проблемами, їм також потрібно якимось чином «віднайти сенс» у всьому, що відбувається. Проте в тому, що сталося, може не бути «жодного сенсу» в контексті вірувань і очікувань людини. Основні припущення загалом допомагають надати значення подіям у більш ширшому розумінні. Припущення, як частина світогляду, надають відчуття порядку, безпеки, орієнтації та контролю. Вони допомагають тлумачити новий і незвичний досвід, що, у свою чергу, сприяє адаптації. Релігійна віра служить основою, у межах якої віруючий має зрозуміти світ і віднайти сенс. Віра надає окуляри для розуміння мети подій і життя в цілому. І це розуміння сприяє мотивації та енергії для цілеспрямованого життя.

Якщо подія не містить «жодного сенсу» в контексті наявних поглядів людини, це призведе до збентеження, розгубленості, дезорієнтації, відчуття несправедливості, непередбачуваності й уразливості. Колись чітка мета в житті може перетворитися на невизначеність. Енергія та цілеспрямованість, отримані від попередньої чіткої мети, можуть ослабнути або зникнути. Людина може почуватися наче парусник, що без компасу дрейфує величезним океаном.

ДОСЛІДНИЦЬКА МОДЕЛЬ РЕЛІГІЙНОГО КОПІНГУ ПІСЛЯ ТРАВМИ

Згідно з дослідницькими моделями копінгу після травми, невідповідність між попередніми припущеннями та розумінням нової ситуації викликає стрес. Зі зростанням невідповідності між припущеннями і розумінням зростає і рівень стресу. Це може означати гостре відчуття дезорієнтації, втрату контролю, передбачуваності або зрозумілості світу. Крістал Пак, дослідник релігійного копінгу, виявив, що зменшення невідповідності збільшує імовірність відновлення. Зменшення невідповідності можливе завдяки зміні погляду на саму подію та зміні загальних вірувань і цілей (Park, 2005). Суттєві невідповідності спонукають людей переглядати і змінювати багато зі своїх попередніх припущень. Переосмислення сприяє впровадженню змін і допомагає інтегрувати конкретний негативний досвід у загальні уявлення людини. Краще інтегрування приведе до менших рівнів депресії та до вищих рівнів суб'єктивного благополуччя і посттравматичного зростання.

БОГОСЛОВ'Я СТРАЖДАННЯ І НЕВІДПОВІДНОСТІ

Належне богослов'я страждання допоможе зменшити ступінь невідповідності завдяки біблійно-реалістичним очікуванням від Бога. Воно також допоможе повернути відчуття цілковитої безпеки і контролю. Для християн це відчуття безпеки часто формується через прийняття істини, що все перебуває під Божим цілковитим контролем. Богослов'я страждання надає запевнення в тому, що Бог і далі залишається «добрим» і «все скеровує до блага». Служитель, місіонер або учень-християнин перебуватиме в меншому збентеженні в часи кризи, якщо він уже особисто засвоїв богослов'я страждання. Добре вчити цьому розумінню кандидатів на місіонерське і священицьке служіння, однак найміцнішою основою для розвитку їх стійкості є особисте дослідження вірувань стосовно страждання. Це дослідження охоплює особисте вивчення важливих текстів, участь у групових дискусіях та порушення складних і спірних питань. Інакше це богослов'я так і залишиться поверховим знанням і не принесе необхідної емоційної та духовної підтримки. На підтримку цього процесу Скотт Шом підготував «Робочий лист: Назустріч богослов'ю ризику і страждання» (Додаток А).

Навіть зрозумівши найкраще богослов'я страждання, служителі все одно зазнають душевних страждань після серйозної травми. Під час цих страждань зазвичай поглиблюється їх саморозуміння й усвідомлення мети в житті. Хоч ці страждання містять справжній ризик віддалення від Бога, для більшості людей вони, на щастя, нададуть можливість по-новому і глибше пізнати Його.

Б. ВНУТРІШНЯ РЕЛІГІЙНА МОТИВАЦІЯ

Травма кидає виклик вірі й способу нашого пізнання Бога. Її наслідок визначається тим, наскільки віра посідає центральне місце в житті людини. Віра християнина, зміцнюючись, стає окулярами, крізь які формується погляд на травму. У часи потреби віра служить глибоким резервуаром духовного живлення. Для християнина важливим для стійкості є рівень любові до Бога і те, наскільки особиста мета і значення визначаються у стосунках із Ним.

Релігійна мотивація є найважливішою духовною рисою, що визначає, як християни зазнають травми. Мотивація відрізняється від вірувань і звичаїв, які формують загальну віру, хоч вони і є взаємопов'язаними. Мотивація описує рушійну силу віри християнина в Бога. Християни прагнуть віри з багатьох причин.

Є два види релігійної мотивації – погляд на релігію як на самоціль або як на засіб досягнення іншої мети. *Внутрішня релігійна мотивація* розглядає стосунки з Богом та відповідне розуміння мети і значення як самоціль. Християни з такою мотивацією люблять Бога, бо Він Бог, бо Він любить їх, бо Він помер заради них. Ці думки формують їхній вибір.

Інша мотивація для християн у прагненні до віри полягає в тому, що це є засобом для втілення інших особистих бажань. Вони сприймають участь у релігії лише як одну зі сфер життя і цінують блага, пов'язані з нею. Наприклад, практикування релігії може надати відчуття безпеки, громади, щастя, комфорту, здоров'я і процвітання.

Ці два види мотивації не є протилежними кінцями одного спектра, як і не є взаємовиключними. Християни можуть одночасно мати обидва види мотивації, один з яких сильніший за інший. Внутрішня релігійність сильніше виявляється в тих, хто має міцні вірування і відданість вірі; водночас намагання втілити інші бажання через практику віри не пов'язані із силою вірувань і відданості людини (Donahue, 1986).

Відповідь Шадраха, Мешаха й Авед-Неґо цареві Навуходоносору є чудовим прикладом того, як релігійні мотивації впливають на рішення (Дан. 3). Завдяки тому, що Бог допоміг Даниїлу розтлумачити сон царя, цим трьом молодим чоловікам було доручено займатися державними справами Вавилона. Вони знали, що свою владу і багатство отримали завдяки стосункам з Богом та іншими віруючими і що Бог був здатен втрутитись у ситуацію та забезпечити всім необхідним. Навуходоносор погрожував кинути їх до палаючої печі, якщо вони не служитимуть його богам і не вклонятимуться золотому ідолу, якого він створив. Однак Шадрах, Мешах і Авед-Неґо показали, що вони прагнули поклонятися Богу не заради статусу чи безпеки, то була їхня найбільша внутрішня мотивація. Вони б служили Богу незалежно від розуміння, врятує їх Він або ні. Їхньою мотивацією була віра в те, що лише Бог гідний поклоніння.

«Навуходоносор заговорив та й сказав їм: "Шадраху, Мешаху та Авед-Не́ґо, – чи це правда, що ви моїм богам не служите, а золотому бовванові, якого я поставив, не вклоняєтеся? Тепер, якщо ви готові, щоб того часу, коли почуєте голос рога, сопілки, гітари, гусел, псалтиря й флейти та всіляких родів музику, попадали й кланялися бовванові, якого я зробив. А якщо ви не поклонитеся, тієї години будете вкинені до середини палахкотючої огненної печі, і хто той Бог, що врятує вас від моїх рук?" Шадрах, Мешах та Авед-Не́ґо відповіли та й сказали цареві Навуходоносорові: "Ми не потребуємо відповідати тобі на це слово. Якщо наш Бог, Якому ми служимо, може врятувати нас з палахкотючої огненної печі, то Він урятує й з твоєї руки, о царю! А якщо ні, нехай буде тобі, о царю, знане, що богам твоїм ми не служимо, а золотому бовванові, якого ти поставив, не будемо вклонятися!"» (Дан. 3:14-18).

Глибокі духовні ресурси сповнили Шадраха, Мешаха й Авед-Не́ґо твердим переконанням, що, незалежно від ситуації, Бог буде з ними. Коли вони неушкоджені вийшли з печі, цар Навуходоносор також почав поклонятися Богу, бо він визнав спасіння тих, хто обрав смерть замість поклоніння лжебогу.

Якщо ми втрачаємо будь-який контроль над своїм життям, віра в Боже призначення й у Божу обітницю бути поряд із нами (внутрішня релігійна мотивація) може надати стійкості й утіхи. Карен Карр відчула це наступними тижнями після її евакуації із зони бойових дій у Кот-д'Івуарі. Вона писала:

«Я плакала і порушувала запитання, на які не знаходила відповіді, наприклад: чому Бог дозволив цьому статись? Я повернулась до першопричини свого перебування там (Бог сповнив мене любов'ю до місіонерів і покликав до цієї праці). Ці коріння були глибокими і міцними і запевнили мене в тому, що Бог дасть мені все необхідне для виконання праці, до якої Він мене покликав. Йшлося не про мою силу, енергію чи волю, а про розуміння, що то було саме те, що я мала робити. Вмотивована любов'ю до людей, яким я допомагала, і радістю від надання цієї допомоги, я могла продовжувати служити і далі» (Історія 1).

Почуваючись через травму безпорадними, ми шукаємо безпеки, покладаючись на Божий контроль, Його турботу і любов. Іноді насильство, втрата і трагедія сприймаються цілковитим безглуздям. Здається, що їх неможливо узгодити з Божою любов'ю, як це спочатку було для Джеррі Сіттсера, коли він утратив трьох членів родини (Історія 4). Наша віра в те, що Бог любить нас і що Він працює над втіленням Своїх задумів у нашому житті та через нього, служить заспокійливим джерелом утіхи, надії та мети, у той час як ми зазнаємо болі.

Травма може спричиняти страждання у формі депресії, хвилювання і безсилля. Дослідження показує, що люди з внутрішньою релігійною мотивацією схильні до менших проявів депресії через травму і більше схильні до швидкого відновлення (Smith, McCullough and Poll, 2003). Вони також відчувають більше розуміння мети і більший контроль над наслідками. Релігійність і стан психічного здоров'я тісніше пов'язані між собою, якщо людина переходить від інституційної релігійності (зовнішня мотивація, участь у церковних служіннях і заходах, обрядова молитва) до особистого поклоніння (внутрішня мотивація, емоційний зв'язок з Богом, сильне поклоніння, розмовна молитва) (Hackney and Sanders, 2003).

ВНУТРІШНЯ РЕЛІГІЙНІСТЬ

Внутрішня релігійна мотивація суттєво покращує в довгостроковій перспективі психічне здоров'я людей, які зазнали надзвичайно стресових життєвих подій (Smith, McCullough and Poll, 2003; Schaefer, Blazer and Koenig, 2008). Люди із сильною внутрішньою мотивацією з більшою вірогідністю впроваджуватимуть позитивні зміни і зростатимуть під час труднощів після травми. Вони схильні виявляти більшу особисту силу, мати глибші особисті взаємини, більше цінувати життя і прагнути до більшого духовного зростання. Це приносить таку чудову користь, що американські військові заохочують виявляти увагу до духовності солдатів у разі посттравматичного стресового розладу (ПТСР) (Pargament and Sweeney, 2011). Це підкреслює важливість залучення духовних ресурсів для стійкості та зцілення в процесі турботи про християн, які зазнали травми.

> **ДІЇ, ЩО СПРИЯЮТЬ ВНУТРІШНІЙ РЕЛІГІЙНОСТІ**
>
> - Участь у спільному поклонінні й молитві.
> - Свідоцтво в громаді про Божу працю в життях людей.
> - Відчуття Божої любові через взаємопідтримку і турботу.
> - Проведення особистого часу з Богом.
> - Участь у вивченні Біблії, яке спрямоване на пізнання Божого характеру, Його прощення і благодаті.
> - Участь у духовних ретритах, пов'язаних з поклонінням, молитвою, духовним проводом і вивченням Біблії.
> - Участь в особистому і спільному пості з молитвою.

Більшість християн, починаючи своє служіння, мають сильну внутрішню релігійну мотивацію. Їхні ролі відображають мету і значення, надані вірою. Проте труднощі й тиск у певному служінні можуть підривати цю силу. Оскільки внутрішня релігійність сприяє стійкості, лідери християнського служіння мусять оцінювати, підтримувати і зміцнювати її. Про внутрішню мотивацію лідери можуть дізнаватись, питаючи в кандидатів про їхнє відчуття поклику до служіння і про причини, які викликають бажання служити. Слухаючи їх, можна дізнатись про мету і значення, які походять від стосунків кандидатів з Богом. Щоб підтримувати і зміцнювати внутрішню релігійність, лідери служіння можуть заохочувати до діяльності, яка посилює любов до Бога й усвідомлення Його присутності (наприклад, спільне поклоніння, музика і молитва). Вони також можуть спонукати членів команди ділитися свідоцтвами про Божу працю в їхньому житті. Взаємна підтримка і турбота є відчутним проявом Божої любові й нагадуванням про неї. Можна надавати взірець і заохочувати до пріоритетності особистого поклоніння. Біблійне вивчення таких тем, як Божий характер, Його прощення і благодать, нагадує про Божу любов і спонукає служителів дотримуватись цих принципів. Християнські служителі можуть регулярно проводити духовні ретрити в поклонінні, у споглядальній молитві, у духовному проводі та в практичному вивченні Біблії. Піст з молитвою – це ще одна дисципліна, яка може допомогти нам зосередитись на Бозі.

Внутрішню мотивацію можна зміцнити навіть після травми. Звертайте особливу увагу на те, як досвід людини вплинув на її віру. Як людина раніше знаходила духовний фокус та утіху? Душеопікун може спонукати людину подібним чином проводити час і тепер. Душеопікунам варто дізнаватись про належні релігійні вірування і звичаї людини та заохочувати до пошуку підтримки в них. Бажано продовжувати брати участь у поклонінні й молитві та проводити особистий час із Богом. До виконання цього можуть долучитися й інші люди з метою підтримки. Душеопікунам варто звертати увагу, що травмовані люди розповідають про свою віру в те, як Бог діяв у їхньому житті, навіть через їхній біль. Розмови про їхній досвід у стосунках з Богом допомагають людям краще усвідомлювати Його присутність. Якщо душеопікуни виявляють щиру зацікавленість духовністю людей і не намагаються уникати складних питань, це заохочує травмовану людину до відвертої розмови і зростання.

B. ВІДЧУВАЮЧИ ДИСКОМФОРТНІ ПОЧУТТЯ ТА РОЗПОВІДАЮЧИ ПРО НИХ

Усвідомлення і висловлення дискомфортних почуттів важливо для конструктивного подолання кризи, пов'язаної з травмою. На жаль, такий підхід не характерний для всіх сучасних консервативних християнських церков або організацій. Є очікування, що ті, хто перебуває в «належних стосунках з Христом» і хто має «достатньо віри», не відчувають негативних почуттів. У результаті люди, які висловлюють скорботу, біль, смуток, сумніви або гнів (що в американському контексті часто вважається «негативними» емоціями), можуть отримати несхвалення і навіть засудження з боку інших віруючих. Страждаючі віруючі можуть повірити цьому і вважати, що їхні почуття обумовлені слабкою вірою або тим, що вони «погані» християни. Інші можуть думати, що їхні почуття грішні чи ганебні. Цілком зрозуміло, що ці люди будуть приховувати негативні емоції або, дедалі гірше, заперечувати їх.

У другій частині цього розділу ми розглянемо плач у духовній традиції Ізраїлю та, у ширшому значенні, усього Божого народу. У плачі віруючі приносять до Бога агонію, скорботу, смуток, гнів і бажання помсти. Це може відбуватись в особистій молитві або в контексті громади. Духовна традиція плачу показує, що відчуття і висловлення болю не є ознакою слабкої віри або ознакою «поганого» християнина, не є чимось гріховним або ганебним. Насправді сміливість і віра, що наші стосунки з Богом укорінені в Його вірності, є чеснотами, необхідними для висловлення негативних почуттів у Божій присутності.

Сприяння формуванню справжніх християнських церков і місіонерських громад, які набувають вияву всіх видів емоцій, закладає міцну основу для того, щоб витримати складні життєві події. Це робить можливим духовне зростання, яке виникає з чесної боротьби, що можна практикувати в малих групах, командах заступницької молитви й у служіннях молитви зцілення.

Г. ПІЗНАННЯ І ВИЯВ ПРОЩЕННЯ

Міжособистісні злочини, наприклад убивство, крадіжка, викрадення автівок, зґвалтування або тероризм, породжують сильні почуття гніву і бажання справедливості. Для самозахисту необхідна належна «реакція боротьби». Проте тривалий прояв ворожості позбавлятиме емоційних і фізичних ресурсів, необхідних для зцілення. Згідно з дослідженням, довготривалі ворожість і обурення пов'язані із суттєвим психологічним, емоційним і фізичним стражданням (Luskin, 2002, 77-93). Натомість ті, хто здатен після сильної травми виявляти прощення, менше страждають.

> **ЗДАТНІСТЬ ПРОЩАТИ**
>
> *Люди краще навчаться прощати, якщо вони:*
> - прийняли і постійно отримували прощення від Бога та інших людей;
> - мають біблійне розуміння процесу прощення;
> - не обурювались, а постійно прощали інших.

Яким чином люди здатні прощати? Християни вірять, що їм прощені їхні неправедні вчинки, оскільки справедливе покарання за них на Себе взяв Ісус Христос. Отримання прощення спонукає так само прощати й інших. На основі Молитви Господньої стає очевидним, що люди прощають інших, бо спочатку самі були прощені. Готовність регулярно практикувати прощення «боржників» і «винуватців» є великою підготовкою до надзвичайних ситуацій, у яких випробовується прощення. У більшості людей є образи на батьків, братів і сестер, чоловіка або дружину та друзів, що надає можливості практикувати прощення.

Г. ПІЗНАННЯ І ПРИЙНЯТТЯ БЛАГОДАТІ

Християни, які беруть участь у служінні, зазвичай дуже прагнуть догоджати Богу. Вони часто є старанними і «сильними» людьми. Багато які з них намагаються дотримуватись високих професійних і особистих стандартів. Це добре, допоки вони не вдаються до героїзму або перфекціонізму, в якому відкуплення здійснюється без сили і благодаті Відкупителя. Самотній героїзм посилює вразливість до почуття невдачі, якщо щось пішло не так, як хотілось би. Внаслідок цього в людини виникає відчуття, що вона «недостатньо добра» чи «не гідна цього». Наслідком також може бути сором, самозасудження і віддалення від Бога та інших. Люди, зазнавши збентеження, стресу і депресії, у процесі відновлення після кризи не завжди прийматимуть найкращі з можливих рішень і не завжди перебуватимуть у «гарній формі». Насправді вони можуть бути слабшими, ніж коли-небудь раніше. Прийняття вразливості й слабкості, однак без непотрібної зневаги до самих себе, є проявом здорового глузду і стійкості.

Пізнання і прийняття благодаті може допомогти людям відновитися. Якщо церква чи місія визнає звичайну людську невдачу і слабкість та співчутливо підтримує своїх членів, це забезпечить належний контекст для прийняття благодаті. Крім того, членам потрібно усвідомлювати власні обмеження. Прийняття цих обмежень і прагнення Божої благодаті допоможе швидше відновитися і більше довіряти Богу. Суворе самозасудження підриває емоційну стійкість. Справжня досконалість у християнському значенні походить від Того, Хто сказав: «Досить тобі Моєї благодаті, – бо сила Моя здійснюється в немочі» (2 Кор. 12:9).

Д. ТУРБОТЛИВІ СТОСУНКИ З ІНШИМИ ВІРУЮЧИМИ

Людська стійкість залежить від здатності мати близький зв'язок хоча б з декількома людьми. Відкритість і вразливість робить можливим такий вид глибини у стосунках, який допомагає долати труднощі. Ці близькі зв'язки переростають у дружбу, молитовне партнерство, духовне наставництво й у малі групи. У цих стосунках люди підтримують один одного «у вирі подій». Дослідження показало, що завдяки регулярній участі у спільному поклонінні в громадах віри і завдяки взаємній турботливій підтримці християни стають більш стійкими.

Стійкі люди більш *взаємозалежні*, ніж *незалежні*. У разі життєвих труднощів вони ввіряють себе іншим і приймають їхню допомогу і підтримку. Служителі часто перебувають «на сцені», через що бути вразливим доволі ризиковано. Вони часто перевантажені й мають дуже обмежений час для підтримки дружніх стосунків. Хоч багато хто з них прагне близьких стосунків і цінує їх, не кожний надає пріоритетності побудові й підтримці цих взаємин. Розуміння важливості збереження балансу між особистим життям і служінням спонукає більше сучасних християнських працівників приділяти час розвитку близьких стосунків хоча б з декількома людьми. У цих стосунках присутня вразливість. Підтримку й утіху надають усі добрі близькі стосунки, однак там, де поділяють спільну віру і мету, християни можуть молитися найбільш відверто, і це дозволяє поглиблювати розуміння, коли травма порушує запитання стосовно основ віри.

E. ЗМІЦНЮЮЧИ ДУХОВНУ СТІЙКІСТЬ У ПІДГОТОВЦІ ДО РИЗИКУ

У цьому розділі ми розглянули важливі духовні риси людей, які в разі травми виявляють більшу стійкість. Розвиток цих рис у людях, церквах і місіонерських організаціях краще готує їх до емоційного і духовного впливу травми. Стислий виклад цих рис міститься в «Чек-листі духовної стійкості».

ЧЕК-ЛИСТ ДУХОВНОЇ СТІЙКОСТІ

Належне богослов'я страждання
- ☐ Чи переглядала людина (переглядав я) своє богослов'я страждання і чи є результат цього перегляду біблійним?
- ☐ Чи сприяє наша (моя) організація формуванню належного богослов'я страждання?

Внутрішня релігійна мотивація
- ☐ Чи має людина (маю я) звичку брати участь у спільному поклонінні й молитві?

- ☐ Чи є в людини (в мене) хоча б два близьких друга-християнина для взаємної підтримки і можливості відверто поділитися сокровенним?
- ☐ Чи має людина (маю я) звичку регулярно молитися і вивчати Біблію? Чи має людина (маю я) звичай регулярно брати участь у духовних ретритах, практикувати споглядальну молитву й отримувати духовний провід?

Здатність відчути дискомфортні почуття і розповісти про них

- ☐ Чи щиро і чесно розповідає людина (розповідаю я) про складний життєвий досвід і відповідні почуття?
- ☐ Чи підтримує наша (моя) організація відвертість у висловленні дискомфортних почуттів або вона, навпаки, натякає, що в «добрих християн» не має бути певних почуттів?

Пізнання і вияв прощення

- ☐ Чи отримувала людина (отримував я) на власному досвіді прощення від Бога та інших людей?
- ☐ Чи розуміє людина (розумію я) процес прощення і чи здатна вона (здатен я) відрізнити прощення від вибачення або замовчування образ?
- ☐ Чи сприяє наша (моя) організація вияву, прийняттю і пізнанню прощення?

Пізнання і прийняття благодаті

- ☐ Чи відчувала людина (відчував я) Божу любов до себе і власну цінність у Його очах?
- ☐ Чи приймає людина (приймаю я) людську зломленість як загальний досвід і чи здатна вона (здатний я) любити, а не засуджувати інших (себе), коли ця зломленість стає очевидною?
- ☐ Чи заохочує наша (моя) організація до культури відкритості, вразливості й підтримки, коли її члени намагаються впоратись зі своєю зломленістю?

Турботливі стосунки з іншими віруючими

- ☐ Чи є в людини (в мене) хоча б два близьких друга-християнина?
- ☐ Чи надає людина (надаю я) більшого пріоритету розвитку і підтримці близьких стосунків, ніж служінню?

2. РЕСУРСИ ДЛЯ ДУХОВНОЇ БИТВИ

Посилення духовної стійкості – це чудова підготовка до кращого подолання можливих труднощів. Добра підготовка охоплює роздуми над особистим богослов'ям страждання, поглиблення духовного життя і мотивації, розуміння і практикування прощення, зростання у висловленні дискомфортних почуттів та надання пріоритету побудові дружніх стосунків з іншими християнами. Втім, під час випробувань і труднощів необхідне й інше.

У вразливості та збентеженні після травматичної кризи треба по-новому покладатися на Бога та інших, і це не відбувається природним чином. Ця необхідність найчастіше веде до нових відкриттів. Однак дехто може спіткнутися через труднощі. Страждання може або духовно «спалити» людей, або стати Святою Землею для поглиблення віри. Ця земля може бути місцем зміни, на основі якої розбиті частини збираються докупи в новий порядок, що несе славу Богу.

Як людям зустріти виклики кризи, пережити зміни і зрости духовно? Щоб людині пройти «долину смертної темряви» духовної битви, їй необхідні надійні духовні ресурси (Пс. 22:4). І саме про ці важливі духовні ресурси для битви після травми йдеться в цьому розділі.

А. ПІЗНАННЯ БОЖОЇ ПРИСУТНОСТІ

Ніщо не є настільки важливим і ніщо не приносить такої підтримки для християн у час кризи, як усвідомлення, що Бог поряд із ними. Біблія містить багато нагадувань, що Бог завжди з нами. Велика кількість цих уривків свідчить про те, наскільки люди потребують цього запевнення. У небезпечних ситуаціях часом складно усвідомлювати Божу присутність. Ті, хто зазнав травми, знають, що, попри тверду віру в Божу присутність, іноді складно зберігати цю віру і відчувати цю присутність. Дехто певний час узагалі не відчуватиме Божої присутності, а іншим може здаватися, що вони назавжди втратили зв'язок з Богом. На щастя, більшість знов незабаром пізнає Божу присутність. Ті, хто підтримує християнських віруючих у час кризи, визнають, що люди відчувають Божу присутність дуже різними способами.

Коли Аллан і Бетсі (Історія 2) зазнали проблеми зі здоров'ям, яка становила загрозу життю, їхні друзі й церковна громада одразу зібралися навколо них. Вони надали практичну допомогу, підтримали молитовно, підставили плече, на якому можна було поплакати, і стали товариством у миті самотності. Їхні друзі часто були просто поряд. Вони визнавали біль Аллана і Бетсі та буквально проживали разом з ними цю кризу. Перебування в колі турботливих людей стало для Бетсі найбільш очевидним доказом Божої присутності. Для Аллана відчуття Божої присутності почалося в мить самотності, коли його погляд зупинився на іконі Святої Трійці. У ту мить він отримав видіння й обітницю, що він, Аллан, запрошений до товариства Святої Трійці, у той час як він починав подорож незнайомою дорогою з незрозумілим кінцем.

В іншій історії Аманда (не її справжнє ім'я) та її чоловік працювали в медичній місії в країні, що розвивається. Вони обидва дуже любили своїх дітей. Проте Аманда опинилася у збентеженні й темряві, коли вони з чоловіком раптом втратили дитину через серйозну хворобу. Спочатку Аманда втратила зв'язок з Богом, потім близькі стосунки з турботливими людьми в контексті її служіння та коло друзів. Усі спроби людей наблизитись до неї були марними. Лише дехто мав доступ до її внутрішнього світу болі, розчарування і гіркоти. Серед цих людей був і її чоловік, однак вона все одно дивилася на нього з підозрою і часом дещо роздратовано з ним розмовляла. Серце Аманди благало про розуміння посеред болю та гніву, однак їй було складно його знайти. Отже, вона не хотіла ні з ким розмовляти, тримаючи себе в полоні блукаючих думок і похмурих почуттів. Здавалося, що це темне місце болю і відмови прийняти смерть її дитини було місцем, де вона ще зберігала зв'язок із втраченою дитиною і відчувала певний контроль над тим, що вже остаточно зникло. Аманда не знала, чи не зрадить своєї дитини, яку любила, якщо відпустить біль втрати. Коли вона усвідомила, що Бог був поряд із нею в її болі, оплакував разом з нею втрату її дитини і глибоко розумів її ситуацію, крізь темряву засяяв маленький промінчик світла.

Божа присутність сповіщає, що ми не загублені навіть у найбільш хаотичних і болісних обставинах. Вона підтверджує, що наші життя перебувають під Божим контролем, навіть якщо з людської точки зору здається, що все вийшло з-під нього. Розуміння, що Бог присутній, запевняє, що Він розуміє біль. Однак як Божа присутність може стати справжньою у збентеженні й темряві, які виникають після травми? Як відчути Його присутність, якщо складно навіть осягнути її?

Б. ПІЗНАННЯ БОЖОЇ ПРИСУТНОСТІ: ЧЕРЕЗ ІНШИХ

Багато людей засвідчило, як турботлива громада допомогла їм відчути, що Бог був поряд із ними. Відчутна присутність турботливих людей передає любов і утіху, що вказує на любов Бога.

ЗДАТНІСТЬ ДУШЕОПІКУНІВ БУТИ ПРИСУТНІМИ

Багато які люди бажають «бути поряд» і «бути присутніми» з тими, хто зазнав травми. Водночас увійти до їхнього світу може бути складно. Бути з кимось в його болі означає дозволити болю і збентеженню, які відчуває травмована людина, справляти вплив на нас, хоч і меншою мірою. Через це в душеопікунів виникає спокуса «виправити» біль. «Виправлення» надає відчуття душеопікуну, що він уже допоміг іншій людині краще себе почувати. Душеопікуни почувають себе корисними, і їм здається, що вони контролюють ситуацію. Однак це «виправлення» не досягає тієї глибини, яка необхідна для зцілення. Більшість із нас пам'ятає час, коли добродушна людина швидко давала духовну пораду або поверховий коментар, який мав принести втіху. Але це не спрацювало. Ми почувалися втихомиреними, відкинутими або невірно сприйнятими. Водночас багато хто з нас пам'ятає дорогоцінні моменти, коли люди сприймали наш біль, уважно слухаючи або лагідно торкаючись нас. Відверта розповідь і уважне слухання можуть утворити зв'язок, який рідко отримується іншим способом. Поділяючи горе і біль людини, душеопікун сповіщає, що він усе це визнає та підтверджує, і людині стає легше нести цей тягар. Приєднуючись до людей у їхньому болі, збентеженні й уразливості, душеопікуни ступають на «Святу Землю».

Вони приєднуються до людини в благоговінні перед Господніми ділами, які Він може вчинити.

ЗДАТНІСТЬ ПРИЙМАТИ ДОПОМОГУ

Душеопікунам може бути знайома ситуація, коли вони, незважаючи на цілковиту готовність «увійти» в емоційний і духовний стан людини і «бути присутніми» поряд із нею, стикнулися лише з повним неприйняттям допомоги. Що робити, якщо двері замкнені або їх гучно зачинили прямо перед душеопікуном? Добре почати із самоаналізу, у тому числі з роздумів про те, чи може душеопікун краще за інших допомогти в конкретній ситуації (будь ласка, подивіться «Самоаналіз душеопікуна в разі відмови людини від допомоги»).

> ### САМОАНАЛІЗ ДУШЕОПІКУНА В РАЗІ ВІДМОВИ ЛЮДИНИ ВІД ДОПОМОГИ
>
> - Чи не надміру я думав про те, як людині краще себе почувати, замість того щоб слухати, розуміти і бути поряд?
> - Чи не надто швидко я висловив свої пропозиції і людина не була готова їх прийняти або ж, можливо, почувалася невірно сприйнятою й ображеною?
> - Чи не надмірно я зосереджений на спілкуванні з людиною, замість того щоб діяти більш комплексно, наприклад надавати необхідні речі або допомогу, якої вона потребує? Як я можу її підтримати?
> - Чи я та людина, яка може якнайкраще допомогти іншій людині в забезпеченні її потреб? Наприклад, якщо жінку згвалтували, то вона почуватиметься більш безпечно в присутності іншої жінки, а не чоловіка. Чи є інша особа, якій травмована людина довіряє більше, ніж мені?

Якщо спроби «достукатися» до людини є марними, тоді причина, можливо, жодним чином не пов'язана з особою душеопікуна. Деякі травмовані люди почуваються настільки вразливими або настільки надмірно простимульованими, що все, що вони можуть зробити, – це відмовитись від допомоги. Кожна спроба наблизитись до них може сприйматись як вторгнення і викликати роздратування. Моделі реакцій, сформовані під впливом колишніх ран, часто активуються в разі нового травматичного інциденту. Крім того, минулий досвід взаємодії з іншими людьми впливатиме на те, як травмовані чоловіки і жінки сприйматимуть помічників. Загальними причинами для відмови від допомоги є сильне відчуття вразливості, сорому, гніву або депресії.

Водночас не всі, хто відмовляється від допомоги, насправді хочуть, аби інші залишили їх на самоті. Людина, яка зазнала важкої втрати, колись сказала: «Хоч я відкидала запрошення і спроби інших людей поговорити зі мною, я також не хотіла, аби вони мене покинули». Попри свою відмову їй важливо було розуміти, що друзі й родина все одно не були до неї байдужі, а, навпаки, виявляли до неї увагу, любов і турботу. Поступово переконавшись у цьому, вона зрештою почала потроху відкривати двері свого серця.

Міжособистісне насильство може зробити жертв особливо недовірливими. Їхня довіра відновлюється поступово. Дитяче оповідання Антуана де Сент Екзюпері «Маленький принц» допомагає змалювати необхідність поступового процесу. Маленький принц намагається побудувати стосунки із сором'язливим і лякливим лисеням. Лисеня навчає його бути терпеливим і застосовувати обережний і поступовий підхід: «Спочатку ти будеш сидіти на певній відстані від мене... Я тайкома дивитимусь на тебе, а ти мовчатимеш... Проте щодня ти сідатимеш дедалі ближче і ближче до мене...» (Де Сент Екзюпері, 2000). Стратегія регулярних контактів, хоч і коротких і на вигляд несуттєвих, часто допомагає людині, яка відмовилась від допомоги. Не сприймайте сплески гніву особисто, краще вважайте це захисним муром, завдяки якому людина почувається менш уразливою, коли складно «зібрати все докупи».

В. ПІЗНАННЯ БОЖОЇ ПРИСУТНОСТІ: ЗАСТУПНИЦТВО

Приносячи до Бога в молитві людину і ситуацію, християнські віруючі виконують священицьку роль. Навіть якщо людина, яка зазнала кризи, почувається нездатною особисто звернутися до Бога, команда підтримки заповнює цю прогалину, у молитві приносячи людину до Бога. Сповіщення людини, що за неї моляться інші, часто приносить особливу втіху. Крім людей цю прогалину заповнює й Сам Христос, молячись заступницькою молитвою в духовній дійсності. Святий Дух також діє, приносячи до Всевишнього найглибші хвилювання людей, навіть ті, що висловлені лише самими зідханнями (Рим. 8:26-27). Усвідомлення, що інші моляться, може підбадьорити тих, хто зазнає болю, особливо якщо вони відчувають тріщину у стосунках з Богом.

На початку свого служіння Павло стикнувся із сильною протидією в Лістрі, де його зрештою побили камінням. Потім його витягли за межі міста, бо думали, що він помер. У біблійній розповіді написано: «Коли ж учні його оточили, то він устав, та й вернувся до міста» (Дії 14:19б-20). Ця дуже стисла розповідь чудово змальовує те, що відбувається, коли віруючі «оточують» людину, яка зазнала болю. Подібне «оточення», зі словами або без, одразу створює відчуття пов'язаності, підкріплення, втіхи, порядку і надії. Це схоже на молитву, коли віруючі діють, керуючись Божим бажанням бути поряд із тими, хто страждає; наслідки цього значущі.

Г. ПІЗНАННЯ БОЖОЇ ПРИСУТНОСТІ: ОБРЯДИ

Релігійні обряди символізують і втілюють духовну дійсність. Діючи через розум, серце і відчуття, вони роблять надприродну (духовну) дійсність більш зрозумілою і таким чином наближають її. Обряди особливо корисні тоді, коли важко покладатися на духовні істини. У період життєвої бурі обряди можуть стати якорем для страдної душі. Вони також об'єднують членів громади. Можна використовувати знайомі обряди і створювати нові для особливих цілей. Які обряди особливо корисні для підтримки християн після травми?

СВЯТЕ ПРИЧАСТЯ

Оскільки людина в період кризи може почуватися віддаленою від Бога, участь у причасті разом із групою чи окремо може допомогти буквально відчути «смак» Божої присутності. Приймаючи причастя, люди часто відчувають зміцнення віри і впевненість у Божій вірності. Під час причастя вони можуть розмірковувати над стражданнями Христа й усвідомлювати, що Він знає і розуміє їхні страждання. Ті, хто відчуває провину, можуть звільнитись від неї, розуміючи значення тіла і крові Христа, що віддані за них. Спільна участь у причасті може відновити зв'язок із громадою віри.

ЗАПАЛЕННЯ СВІЧОК

Запалюючи свічки, люди іноді таким чином висловлюють протест проти несправедливості, свідчать про страждання або згадують про загиблих унаслідок нещасних випадків, природних катастроф, масових вбивств або хвороби. Запалені свічки часто символізують скорботу за померлими. У цьому значенні запалені свічки є втіленням плачу. Біля запалених свічок можна покласти пам'ятні речі або в тиші тримати в руці фотографії; також, запаливши свічки, можна молитись, співати і плакати.

ВШАНУВАННЯ ПАМ'ЯТІ ПОМЕРЛИХ

Вшанування пам'яті померлих є поширеним звичаєм. Це може відбуватись різними способами: писати записки або листівки, покладати квіти, приносити улюблені речі померлих, показувати свідоцтва про досягнення, виставляти фотографії померлих. У вшануванні пам'яті померлих можуть допомогти сучасні технології. Наприклад, можна створити спеціальний вебсайт або сторінку у Facebook на згадку про померлого. Подібне вшанування пам'яті може приносити велику втіху родині померлого.

Якщо втрата справила вплив на громаду цілого регіону, можна

провести спеціальну зустріч на згадку про померлого і для підтримки один одного у скорботі. Ритуалізований прояв скорботи і смутку допоможе людям висловити свої почуття та відчути підтримку громади.

ОБРЯДИ ПРОЩЕННЯ

Складно позбавитись обурення і гіркоти стосовно тих, хто завдав шкоди. Виконання символічної дії, яка відображає готовність простити, може допомогти людям подолати внутрішній спротив або зробити для них прощення більш «справжнім». Попри бажання простити люди можуть відчувати, як знов і знов намагаються «забрати назад» своє прощення. Обряд прощення може допомогти запам'ятати особливий момент готовності простити і підбадьорювати до прощення знов... і знов.

Команда душеопікунів у Західній Африці знайомить з простим і водночас дієвим обрядом прощення, поданим на семінарі д-ра Ріаннона Ллоуда «Зцілення від ран травми». Споруджується простий дерев'яний хрест великого розміру, який нагадує про Того, Хто узяв на Себе наш біль і милостиво прощає нас. Людей запрошують написати на папірцях про свій біль і обурення, від якого вони б хотіли позбавитись. За бажанням вони можуть поділитися своїми записами з іншими віруючими. Потім вони складають папірець, по черзі беруть молоток і цвях і прибивають папірець до хреста. Цими діями люди символічно відпускають своє обурення, виявляючи свідоме прощення.

ОБРЯД ПРОЩАННЯ

Необхідність швидко покинути дім або певну територію через природне лихо чи громадянську війну не лишає багато часу для оплакування. У цьому процесі допомагає обряд прощання. Малюється план будинку. Запалена свічка може символізувати заключний обхід важливих кімнат будинку. Рухаючись від кімнати до кімнати, люди згадують особливі події та возносять подяку. Потім кожна кімната віддається в Божі руки і новим власникам.

ОБРЯД ВІДНОВЛЕННЯ БУДИНКУ

Будинки, які зазнали пограбування, можуть здаватися «забрудненими» і наповненими чимось злим. Обряд відновлення може поновити належну атмосферу і характер будинку. Один зі способів полягає в тому, щоб використати пахощі або свіжі квіти та всією родиною насолодитися цими ароматами в будинку. Відновлення будинку може відбуватись через проголошення таких слів: «Це дім доброти і щедрості, вітання і гостинності, дружби і стосунків, дім для приготування їжі та її спільного споживання, дім, присвячений Богу і Його народу». Пахощі, слова і молитви освячують будинок. Можна також промовити молитви про захист разом із молитвою про тих, кому була завдана шкода, і, якщо це прийнятно, про зломщика чи грабіжника.

Г. ПЕРЕШКОДИ ДЛЯ ПІЗНАННЯ БОЖОЇ ПРИСУТНОСТІ

Турботлива підтримка, заступницька молитва й обряди наближають Божу присутність і любов до тих, хто зазнав кризи. Водночас певне сприйняття і певні емоції можуть становити загрозу усвідомленню Божої присутності або навіть блокувати це усвідомлення після травматичної життєвої події. На заваді цьому усвідомленню можуть стати відчуття, що Бог нас покарав або покинув, а також почуття провини і сорому. Душеопікуни мають звертати увагу на ці потенційні перешкоди.

ВІДЧУТТЯ БОЖОГО ПОКАРАННЯ

Коли чоловік жінки раптово помер, вона подумала, що це сталося через упущення з її боку, а отже, безсумнівно, було Божим покаранням. І як наслідок, вона віддалилася від Бога та від оточуючих людей. Після землетрусу і цунамі перед духовними лідерами виникало запитання, чи було це лихо Божим покаранням. Іноді лідери казали, що лихо справді було проявом Божого гніву за непокору і духовну неуважність. Дослідження показує, що людям, які сприймають страждання за Божу кару, складніше впоратись із наслідками травми і вони зазнають більше депресії та посттравматичного стресу. У Біблії сказано, що страждання прийшло у світ після гріхопадіння і може бути наслідком людської непокори. Проте одного разу Ісуса спитали стосовно сліпонародженого: «Хто згрішив: чи він сам, чи батьки його?» На це Ісус відповів: «Не згрішив ані він, ні батьки його, а щоб діла Божі з'явились на ньому» (Ів. 9:2-3). Його погляд на цю проблему був зосереджений на теперішньому і майбутньому, а не на осуді за колишні вчинки.

Людям характерно шукати причини і пояснення стражданню. Коли людина припускає, що її неправильні вчинки стали причиною страждання, це часто є спробою відчути себе більш безпечно й уникнути проблем у майбутньому. Визначаючи причину проблеми, люди отримують відчуття безпеки, контролю, порядку і справедливості. Однак тлумачення чогось як Божої кари, обумовленої неправильними вчинками людини, відбувається за дуже високу ціну провини, сорому і віддалення від Бога та інших людей. Натомість Ісус каже про Бога, Який діє *в* проблемній ситуації. Цей погляд наближає людину до Бога і звертає увагу на теперішні й майбутні можливості. Душеопікуни можуть обережно піддати сумніву думки про покарання і спонукати до роздумів про можливі Божі дії посеред «хаосу».

ПОЧУТТЯ ПРОВИНИ І СОРОМУ

Травмовані люди часто кажуть: «Якби я тільки зробив це, те й інше, тоді б цього не сталося», «Якби я тільки зрозумів і звернув на це більшу увагу», «Якби я тільки не спішив і повільніше керував машиною», «Якби я тільки більш належно відреагував, тоді б мого друга не вбили». Схвильована жінка, нездатна успішно зробити штучне дихання своєму нерухомому чоловіку, згодом казала: «Якби я тільки не була настільки шокованою і почала раніше робити серцево-легеневу реанімацію, тоді б мій чоловік не помер». Приголомшені від усвідомлення того, що сталося, люди замислюються над тим, як можна було уникнути нещасного випадку, і починають обвинувачувати себе в тому, що вони зробили чи не зробили. Подальші самообвинувачення, провина і сором можуть зашкодити стосункам з Богом.

Якщо людина потребує допомоги в подоланні хибних почуттів провини і сорому, спроби надати раціональне пояснення подіям будуть марними. У таких ситуаціях найкраще допомагає стратегія *«визнати і переосмислити*». Душеопікуни *визнають* бажання людини, аби якась подія ніколи не відбулась, однак потім спонукають до *переосмислення*, кажучи, що людина, яка зазнала втрати, «зробила все, що могла». Наприклад, жінці, якій не вдалося врятувати свого чоловіка, можна сказати: «Я розумію, як сильно ви бажали його врятувати. У вашій ситуації кожен був би приголомшений. У ту мить ви зробили все, що могли, і значно більше, ніж зробила би більшість людей». Таким чином можна лагідно заохочувати людей прийняти для себе милість. Якщо людина належним чином бере відповідальність за аспект травми, це також треба визнати і потім спрямувати її до прощення і благодаті. (Карен Карр докладно пояснює в Частині 2 В цього розділу навичку *визнавати і переосмислювати*.)

ВІДЧУТТЯ, ЩО БОГ НАС ПОКИНУВ

Після того як автівка її родини зіткнулась із вантажівкою в Руанді, Енн здалося, що Бог її покинув (Історія 3). Якщо Бог обіцяв берегти в безпеці її родину і водночас допустив цю трагедію, це означало, на її думку, що в момент аварії Він залишив місце події. Якщо Бог не діє так, як очікують люди, їм здається, що Він їх покинув. Коли шок заглушає інші емоції або хтось впадає в депресію, звичайні емоційні ознаки Божої присутності (мир і радість) відсутні. Через нездатність відчути ці емоції цілком можливо відчути себе покинутим. Людям складно зробити крок до відновлення стосунків з Богом, якщо вони переконані, що Він віддалився від них. Людину, яка відчуває себе покинутою, може охопити смуток, самотність і відчай.

Згідно з дослідженням, тим, хто почуває себе покинутим Богом, складніше впоратись з наслідками травми (Pargament et al., 1998). Що можуть зробити душеопікуни? Вони можуть дослідити, чому людина почуває себе в такий спосіб, ніби Бог її покинув. З чим це пов'язано – з невірним розумінням того, що Бог мав зробити (богослов'я страждання), або з емоційним оціпенінням і депресією? Розуміючи це, душеопікуни можуть краще допомогти у вирішенні наявних проблем. Можна обережно піддати сумніву неналежні очікування. Можна також надати пояснення стосовно оціпеніння через шок або стосовно браку радості й миру через депресію. Водночас брак почуттів не означає, що Бог відсутній. Душеопікун може допомогти людині віднайти способи, як відновити стосунки з Богом, наприклад, через Господню Вечерю або плач.

Д. ПЛАЧ

Емоційний неспокій і духовне збентеження після травми становлять загрозу для довіри Богу й усвідомлення Його присутності, і дехто відчуватиме, що його стосунки з Богом порушені. Коли людей одразу охоплює біль, збентеження, хвилювання, смуток, жаль і гнів, дехто шокований і перебуває в оціпенінні, а дехто настійливо благає Бога про допомогу. У подібній ситуації Бог все одно залишається Тим, Кого ми потребуємо найбільше. Водночас нам може бути складно висловити Йому певні почуття. І тут важливим для зцілення може стати практика плачу.

ВИЗНАЧЕННЯ ПЛАЧУ

Плач – це «сильний прояв суму, жалю або скарги Богу в молитві чи пісні, особисто чи всією громадою» (Fuller Youth Institute, 2008). У Псалмах відображено, що ізраїльтяни молились і співали Богу в численних життєвих ситуаціях. Псалми, в яких відверто висловлюються почуття образи, збентеження, розчарування, гніву, ненависті й самотності, названі «псалмами плачу», або «псалмами дезорієнтації» (Brueggemann, 1984). За словами дослідника Кіта Мідора, дуже релігійні люди загалом більш схильні відкрито висловлювати свої емоції в порівнянні з іншими (Meador et al., 1992). Щирий прояв емоцій допомагає в подоланні стресу.

При уважному розгляді основних елементів плачу у Старому і Новому Завітах стають помітними такі аспекти:

1. *Усвідомлення.* Чітке усвідомлення і чесне визнання болю.
2. *Благання.* Заклик до Бога звернути увагу на наш біль.
3. *Опис.* Змалювання Богу *конкретної* ситуації і висловлення суперечливих почуттів, наприклад болю, образи, самотності, сорому, збентеження, приголомшеності, смутку, відчаю, гніву і нерозуміння Божої (як здається) пасивності чи Його

мовчання. Іноді неможливо дібрати жодних слів і єдиним способом вияву почуттів стає плач і «зідхання» (Рим. 8:22, 23, 26). У Гефсиманії душа Ісуса була «обгорнена сумом» (Мр. 14:34). На хресті Він висловив Своє відчуття, що Отець Його «покинув» (Мр. 15:34; використання слів плачу з Пс. 21:2).
4. *Очікування.* Очікується, що Бог чує і зважає на наш біль. Бруггеманн пише: «Бог приймає біль землі у Своє життя, і таким чином змінюються *небеса*» (Brueggemann, 1992, 47; курсив мій).
5. *Сподівання.* Очікується, що Бог відповідатиме згідно зі Своїми обітницями. «Бог приймає стогін, робить його Своїм і відповідає страждаючому Ізраїлю Своєю обітницею» (Brueggemann, 1992, 52). Сподівання, що Бог відповість конкретним способом, народжує надію вже «тут і зараз». Крім того, есхатологічне відкуплення надає ширший погляд на сподівання.
6. *Проголошення.* Бог отримує визнання і хвалу за те, Ким Він є, і за очікуване здійснення Його обітниць. Майже всі псалми плачу закінчуються хвалою. У багатьох псалмах плач і хвала переплетені між собою і псалмоспівець то плаче, то возносить хвалу.
7. *Участь.* Громада віруючих долучається до плачу людини, приймає її біль і несе його разом зі страдником. Людина і громада разом знаходять надію і Божу відкупну присутність.

ПСАЛМИ ПЛАЧУ

Особистий плач
- Псалом 3, 5, 6, 7, 12, 16, 21, 24, 25, 27, 30, 34, 37, 38, 41, 42, 50, 53, 54, 55, 56, 58, 60, 62, 63, 68, 70, 72, 76, 85, 87, 101, 108, 129, 141, 142

Плач *громади*
- Псалом 43, 59, 73, 78, 79, 82

За допомогою плачу ми визнаємо наявність страждань через болісну подію та кажемо про це Богу і громаді; ми очікуємо, що і Бог і громада будуть уважні до цього, почують нас і відгукнуться. Очікується, що Бог, серцем приймаючи і несучи людський біль, діятиме у відповідності зі Своєю природою та виконуватиме Свої обітниці вже зараз і наприкінці часів.

ЯКИМ МАЄ БУТИ ПЛАЧ

Надання прикладів плачу допоможе людям у проголошенні й записуванні особистого плачу. Гарним місцем для початку служать біблійні приклади *псалмів плачу* та *проста структура плачу* (будь ласка, дивіться відповідні таблиці). Ще одну корисну модель можна знайти на www.Journey-Through-Grief.com. Те, яким є найкращий спосіб вираження плачу, залежить від темпераменту людини. Екстраверт може сісти і вголос помолитися Богу, використовуючи просту структуру молитви, або розповісти про свої хвилювання групі людей. Група може приєднатися до плачу людини перед Богом, можливо за спонукою лідера. Інтроверт віддасть перевагу записуванню молитви плачу, а потім уже може озвучити її перед Богом.

ПРОСТА СТРУКТУРА ПЛАЧУ

- Звернення до Бога.
- Опис ситуації, у тому числі почуттів і скарг.
- Підтвердження довіри Богу на підставі минулого досвіду.
- Висловлення благань, бажань або потреб.
- Опис ворогів і потреби у справедливості.
- Висловлення сподівання, що Бог почує і вчинить згідно зі Своєю вірністю й обітницями.
- Хвала Богу.

Деякі люди все одно не будуть готові словесно висловлювати свої почуття, навіть за наявності підбадьорення, взірців для наслідування і підтримки. Все, що вони можуть запропонувати, – це стогін і зойки. У такому стані перебував Джеррі Сіттсер, втративши в автокатастрофі трьох членів своєї родини. Він писав: «Стогін став єдиною мовою, якою я міг розмовляти, однак я вірив, що Бог добре розумів навіть цю мову» (Sittser, 2004, 43). Втім, Святий Дух готовий надати підтримку людині навіть у такому безсловесному стані: «Ми не знаємо, про що маємо молитись, як належить, але Сам Дух заступається за нас невимовними зідханнями. А Той, Хто досліджує серця, знає, яка думка Духа, бо з волі Божої заступається за святих» (Рим. 8:26-27).

Пересторога щодо плачу. Волтер Бруггеманн каже, що є різниця між тим, щоб тужити *через* втрату, і тим, щоб зациклюватись *на* втраті. Зациклення *на* втраті веде до самоізоляції та ховання в «емоційному коконі», що, у свою чергу, призводить до саможалю й ослаблення конструктивного плачу. Тужіння *через* втрату веде до чесного визнання втрати і прийняття її, а не до її заперечення. Люди можуть зациклюватись *на* втраті через схильність віддалятися від інших, іноді з метою привернути до себе увагу чи отримати запевнення в подальшій співчутливій підтримці. Навчений душеопікун має звернути увагу на психологічні аспекти такої поведінки людини.

ГНІВ І РОЗЧАРУВАННЯ

У багатьох християн не виникатиме труднощів з висловленням болю, смутку, збентеження, самотності або навіть відчаю перед Богом, водночас вони можуть вагатися стосовно висловлення гніву. Навіть за підтримкою душеопікунів деяким людям може здаватись «неправильним» направляти Богу гнів, розчарування або звинувачення. Водночас вони ризикують, бо прихований гнів може віддалити їх від Бога. Друзі та інші люди, які надають підтримку, можуть нагадувати їм, що «Бог допоможе впоратись із цими почуттями», що Він і так знає про їхній гнів та все одно продовжує їх любити. Навіть Ісус вигукнув з хреста Отцеві: «Навіщо?» Псалми плачу, які висловлюють гнів і розчарування, можуть підбадьорити людину висловити ці почуття Богу. Псалом 87 містить скарги, обвинувачення, гнів і сумніви в Бозі.

Йов також відкрито питає в Бога і навіть обвинувачує Його стосовно страждань, що Він їх допустив. Бог приймає і хвалить щирість Йова, яка насправді є ознакою довіри і відданості його стосункам з Богом. Бог, дозволивши Йову тривалий час говорити, питати і скаржитись, зрештою показує Свою суверенність і ставить Йова на його місце як людину. Через своє страждання Йов глибше пізнає Бога.

Богослов Девід Келсі з Yale Divinity School є батьком восьмирічного сина, який має серйозну хворобу, що через ураження мозку призвела до коми й інвалідності. У своїй книзі «Уявляючи відкуплення» (*Imagining Redemption*) Девід Келсі розмірковує, що, попри свій гнів через страждання родини, йому полегшало від усвідомлення, що то був не гнів *на* Бога, а гнів *перед* Богом. Це допомогло йому «зрозуміти, що визнання гніву *перед* Богом не є висловленням гніву *на* Бога» (Kelsey, 2005, 29; курсив мій). Він також зрозумів, що «порушити запитання Йова до Бога в контексті Сема [сина Келсі] є способом виявити вірність Богу в цій жахливій ситуації, а не способом Його обвинуватити» (Kelsey, 2005, 29; квадратні дужки мої).

Людський гнів не дивує Бога, оскільки Він розуміє його та відгукується на нього. Ті, хто плаче, таємничим чином долучаються до Бога в Його болі через гріховність усього творіння. Щирий плач демонструє більше довіри Богу, ніж стримування складних почуттів. З цієї точки зору прояв гніву і вразливості стає способом наповнення вірою і вшанування Бога, стає основою для відновлення стосунків і довіри. Сприйняття гніву, як гніву *перед* Богом, може допомогти нерішучій людині висловити його. Наприклад, якщо жінка, чий син трагічно помер, скаже: «Це дуже болісно. Я просто не можу зрозуміти, як Бог міг це допустити», це гнів *перед* Богом (плач або скарга). Однак якщо вона сказала: «Богу просто байдуже. Він несправедливий. Він не мав допустити, аби це сталося з такою доброю людиною, як мій син», вона гнівається *на* Бога, ставлячи під сумнів Його характер. Для тих, хто гнівається *на* Бога, переосмислення свого гніву, як найкращого та єдиного відгуку на ту мить, може стати катарсисом і відправною точкою для поступового відновлення довіри.

Моменти вразливої взаємодії з Богом після травми є «святою землею», на якій людина у своєму болі опиняється віч-на-віч з Богом. Іноді цей рівень уразливості й болю буде складний для душеопікунів. Вони можуть допомагати, підтримувати і бути поряд. Однак визначення належного часу для того, аби щось відбулось, – це питання «між ними двома», тобто між людиною і Богом. Вірогідно, що більша частина цього відбувається внутрішньо, непомітно для зовнішнього ока. Турботливе очікування «належного часу» дозволяє душеопікуну стати свідком прояву таємниці Божої рятівної сили.

Ніколас Волтерсдорф, який утратив сина через нещасний випадок під час підйому на гору, оповідає про цю таємницю у книзі «Плач за сином»:

> «У долині страждання відчай і гіркота. Водночас там формується характер. Долина страждання – це місце формування душі» (Woltersdorf, 1987, 96-97).

Підтримка довготривалого погляду, що Бог діє посеред хаосу, хоч і не за людським розкладом, може допомогти в перебуванні поряд з людиною в її болі.

Джеррі Сіттсер пройшов свою подорож скорботи, практикуючи плач усім своїм єством:

> «Я не пройшов крізь біль і вийшов з іншого боку; ні, я проживав його і знайшов у цьому болі благодать, щоб вижити і зрештою зрости. Я не "переступив" через втрату моїх близьких і пішов далі; навпаки, подібно до того як земля поглинає продукти розпаду, так і я поглинув цю втрату всім своїм життям, допоки вона не стала частиною мого єства. Смуток назавжди оселився в моїй душі й водночас розширив її» (Sittser, 2004, 45-46).

Тим, хто зазнав травми і втрати, плач допомагає повністю опанувати свої емоції та щиро звернутись до Бога з місця своєї вразливості. Поступово з'являтимуться «розширення», «формування душі» й оновлені погляди на Бога, на самих себе і на життя. У прийнятті вразливих почуттів та в діалозі (чи в зідханнях) з Богом утворюється щось нове.

Е. ПРОЩЕННЯ

Травма може настільки поглинути людину, що виникає бажання дізнатись, хто несе відповідальність за такий сильний біль. Іноді винних немає. Тоді оплакування болю і горя є способом зцілення. Однак іноді відповідальними за завданий біль є інша людина або група людей. Біль міг бути завданий як навмисно, так і ненавмисно. Проте ми все одно обвинувачуємо людей. Якщо ми когось усе ж уважаємо відповідальними за наш біль, тоді для процесу зцілення важливим є прощення.

СКЛАДНІСТЬ ПРОЩЕННЯ

Коли людина ображена і налякана, прощення здається божевіллям. Прощення суперечить цінностям світу – зосередженості на самому собі й конкуренції. Біль може бути настільки тяжким, що ніколи не забудеться. Він може бути надто сильним, щоб його ігнорувати. Почуття вразливості, зради і зневаги можуть приголомшувати. Якщо чиєсь спустошення не здається важливим для людини, яка його спричинила, це може призводити до глибокого відчуття незначущості. Тоді може швидко виникати гнів і ненависть, надаючи ображеній людині відчуття сили і влади над кимось іншим або сподівання на справедливість. Навіщо бажати припинення суду над кривдником? Цілком природно прагнути справедливості. Той, хто завдав багато болю, має й сам відчути стільки болю! Або ж легше просто вдавати, наче нічого поганого взагалі не сталося, і десь далеко поховати пережитий досвід. Жодна з цих поширених стратегій не допомагає позбавитись болю.

Простити складно з багатьох причин. Це вразливий крок, бо він спонукає людину визнати, що їй завдали сильного болю. Він також означає позбавитись бажання особисто відновити справедливість, осудити й покарати. І це болісно! Простити особливо складно, якщо кривдник не бере на себе відповідальності або не відчуває докорів сумління. Тому прощення не здається заслуженим.

ПРИЧИНА ДЛЯ ПРОЩЕННЯ

Прощення здається неприродним, якщо воно незаслужене і приносить дедалі більше відчуття вразливості. Отже, навіщо прощати? Християни прощають, бо самі отримали прощення (Кол. 3:13). Бог звелів прощати (Лк. 6:37). Бог простив людські гріхи, хоч це і не було заслужено. Готовність прощати означає усвідомлювати власну потребу в каятті й прощенні, виявляючи покірність Божій мудрості.

Прощення звільняє від тягаря болю і гніву, який би ми несли решту свого життя. Крім того, прощення корисне для здоров'я. Прояв гніву і впевненість у власному праві судити формує ілюзію сили, проте насправді люди потрапляють у пастку і вся увага зосереджена лише на їхньому болі й образі. Дослідження показує, що прощення, на відміну від ворожості й обурення, допомагає людям у фізичному, емоційному і психологічному зціленні (Luskin, 2002, 77-93). Прощення – це не тільки прояв смирення і покірності, воно також допомагає людям позбавлятись емоційного виснаження, яке виникає через постійну зосередженість на власному болі.

Лаура Хілленбренд у своєму бестселері 2010 року «Незламний» (біографія Луї Замперіні, американського льотчика, який під час Другої світової війни став військовополоненим і зазнав тортур від японського офіцера на прізвисько «Птах») ясно змальовує біль непрощення:

> «Парадокс помсти полягає в тому, що вона робить людей залежними від їхніх кривдників, бо вони вважають, що звільнення від болю прийде лише тоді, коли вони завдадуть страждання своїм мучителям. Прагнучи смерті для «Птаха» і, таким чином, власного звільнення, Луї знов прикував себе до свого тирана» (Hillenbrand 2010, 366-367).

Карен Карр дійшла подібного висновку, що допомогло їй

позбавитись від болю після евакуації з Кот-д'Івуару. Вона писала:

> «Найважливішим був текст Йова 19:25: "Та я знаю, що мій Викупитель живий, і останнього дня Він підійме із пороху". Він допоміг мені зрозуміти, що справедливість зрештою буде відновлена, навіть якщо цього і не станеться за мого життя» (Історія 1).

Прощення звільняє від гніву й обурення, які лише додають болю від непрощення.

ПРОЦЕС ПРОЩЕННЯ

Прощення – це не про ігнорування чи мінімізацію болю, коли людина просто про нього забуває; це також не про вибачення того, хто завдав болю. Вибачення доречне в разі незначної чи ненавмисної шкоди, про яку можна забути і яка імовірно більше ніколи не повториться. Льюїс Смедес (Smedes, 1984, 61-66) назвав вибачення соціальним «мастилом», яке дозволяє людям легше долати незначні образи, наприклад, якщо хтось ненароком наступив вам на ногу чи забув ваше ім'я. Водночас серйозні, надзвичайні чи неодноразові образи не можна долати подібним чином. Вибачення цих образ означатиме нехтування їх серйозністю і загрозою, яку вони становлять для безпеки. Цей вид серйозніших образ потребує належного вирішення, інакше вони триватимуть і далі. Це означає визнання завданого болю і притягнення до відповідальності того, хто його завдав.

Глибокі образи руйнують довірливі стосунки. Задля справжнього зцілення завдану шкоду треба визнати. Біль не можна вибачити чи оминути. Прощення не може початися, допоки немає чіткого усвідомлення болю і зруйнованих стосунків. Без прощення і примирення ці стосунки не можуть стати такими, якими вони були раніше.

Треба визнати ввесь ступінь завданої шкоди. Втрату і біль треба *відчути*, що є складним процесом і може лякати. Іноді надважкий біль може приголомшувати. Визнання болю може також містити ризик самозасудження за неспроможність зберегти себе в безпеці або захистити когось важливого для нас. Розуміючи і приймаючи втрату, ми усвідомлюємо ризик, що нам знову можуть завдати сильного болю, однак це усвідомлення є необхідним для вжиття захисних заходів у майбутньому. Одним із прикладів є стосунки, в яких присутні прояви насилля. Необхідно визнати цей факт і вжити відповідних заходів, щоб розірвати цикл насильства.

Визнання болю і вразливості – перший крок до прощення і зцілення. Прийняття власної людської природи допоможе позбавитись самозасудження за те, що ми допустили завдання шкоди. Це також допомагає приймати людську природу інших. Ті «чудовиська», які завдали болю, – також люди, підвладні слабкості та гріховності. Визнання і прийняття людської природи інших, безумовно, не звільняє їх від відповідальності за їхній вибір, водночас це є ще одним кроком до позбавлення від гніву і початку зцілення.

Дан і Конні Крам віднайшли певні нотки гумору у словах друга, що допомогло їм позбавитись від болю після того, як вони зазнали нападу, через який їхнім життям загрожувала небезпека, діти були налякані й вони втратили дім. Дан Крам писав:

> «Друг з церкви сказав мені: "Проблема грабіжників у тому, що вони завжди без грошей та в бігах". Я розсміявся. Якимось чином це допомогло мені усвідомити, що я можу рухатись далі, вільний від прагнення домогтися справедливості задля втихомирення свого гніву, бо злодії все одно потрапляють у пастки власних змов. Для мене це стало формою справедливості, і я відчув, що можу припинити про них думати та повернутися до свого життя. Яка свобода!» (Історія 5)

Хоч гнів часто виникає внаслідок болю, прагнення суду над іншими людьми нікого не вбереже в безпеці. Те, що здається силою чи безпекою, насправді приковує людей до їхнього болю. Зациклення на осуді людей перешкоджає відновленню стосунків. Безпека не приходить з дотриманням права на справедливість або помсту. Прощення означає відмову від цього права, навіть якщо хтось все одно несе відповідальність. Право на справедливість ввіряється в Божі руки (Рим. 12:19), і людина отримує справжню свободу.

Визнання болю і порушених стосунків посилює імовірність змін у цих стосунках. Стосунки не стануть знов такими, якими вони були раніше. Бог звелів прощати, навіть якщо винуватці не взяли на себе відповідальність за завданий біль. Простити – не те саме, що забути. Навіть після прощення заради майбутньої безпеки можуть бути потрібні певні зміни: замки на двері, пильнування сердець, підготовка до майбутніх катастроф. Навіть попри те, що Крами простили, вони все одно мали припинити стосунки із сусідом, який їх зрадив.

Прощення – це процес, який потребує часу. Згадка про болісні моменти може знову провокувати гнів. Новий досвід може пробуджувати прощений біль, і людині знову треба його відпускати. Прощення – це подорож з численними поворотами у стосунках з іншими, із собою і з Богом.

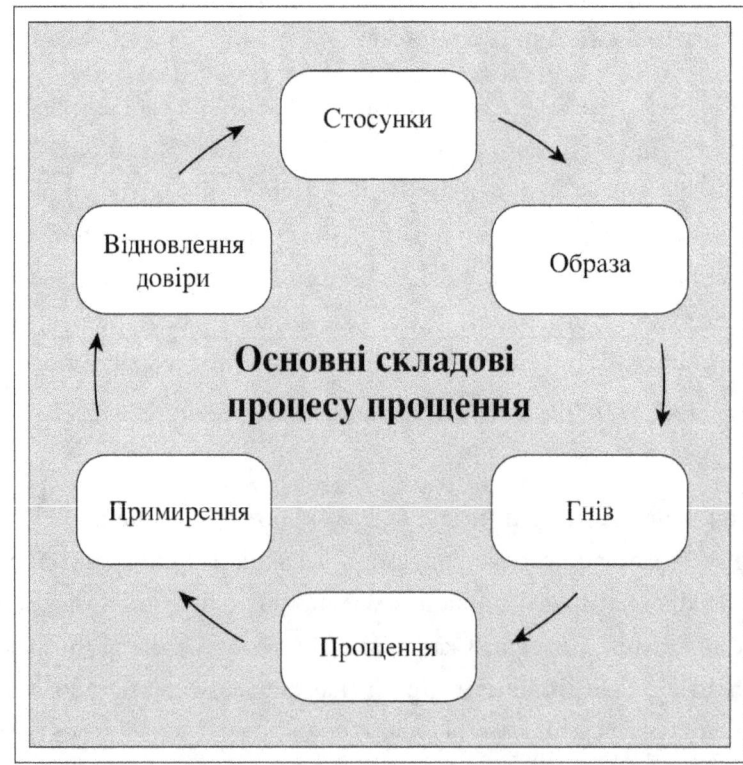

> **ЗАПИТАННЯ ДУШЕОПІКУНА, ЯКІ ДОПОМАГАЮТЬ У ПРОЦЕСІ ПРОЩЕННЯ**
> - Яким чином вас образили? Що ви втратили? (Послухайте і зрозумійте біль, якого було завдано.)
> - Що або хто несе відповідальність за біль? На кого ви гніваєтесь: на іншу людину, на себе чи на Бога?
> - Як на вас впливає ваш гнів?
> - Що для вас означатиме припинити засуджувати кривдника? Чи почуватиметесь ви від цього вразливими?
> - Як ви можете позбавитись від власного гніву й осуду і водночас почуватися в безпеці?
> - Що вам необхідно, аби почуватися більш безпечно?
> - Як я можу приєднатися до вас, пройти з вами цей біль і посприяти вашій безпеці?

ПРОСТИТИ СЕБЕ І ПРИЙНЯТИ ПРОЩЕННЯ

Іноді ми вважаємо себе причиною болю, втрати або трагедії. Ми можемо вважати себе винними за неправильний учинок або за неспроможність добре з чимось впоратись. Ми можемо обвинувачувати себе, бо в нас надвисокі стандарти. Ми обвинувачуємо себе, бо розуміння причини зменшує відчуття власної вразливості. Самообвинувачення також посилює відчуття безпеки через думку, що наша вдосконалена поведінка може вберегти нас від повторної трагедії. Нам здається, що ми контролюємо ситуацію, водночас ми опиняємося під тиском.

Простити себе і прийняти прощення – це кроки до зцілення. І це треба робити щиро. Варто бути чесними в оцінці власної відповідальності. У цьому може допомогти друг, якому ми довіряємо. Якщо нерозумно вважати себе відповідальними за біль, якого ми зазнали, тоді зцілення відбуватиметься через припинення самообвинувачень і оплакування болю. Якщо ж ми *несемо* відповідальність за біль, тоді процес зцілення починається з прощення самих себе або з прийняття прощення. Якщо ми завдали болю, нам треба шукати прощення в людини, яку ми образили, або в Бога, і прийняти це прощення. Якщо ми не можемо поговорити з тією людиною або відчути Божу близькість, друг, якому ми довіряємо, може почути наше каяття і допомогти нам, у свою чергу почувши Боже послання прощення (1 Ів. 1:9). Прийняття відповідальності, висловлення болю, позбавлення від згубного самообвинувачення, каяття, прийняття прощення і навчання на власному досвіді може допомогти нам вільно рухатись у майбутнє.

ПРОСТИТИ БОГА

Християни, які вірять у всезнання і всемогутність Бога, можуть обвинувачувати Його у завданні болю або в недостатньому захисті. Ідея «простити Бога» може бути незручною для християн, які знають, що Бог безгрішний і не може помилятись. Водночас вони схильні віддалятись від Бога, якщо їм здається, що Він завдав їм болю, якщо Він знехтував ними і покинув їх. Християни можуть дуже гніватись на Бога, боятись Його втручання і прагнути сховатись від Його присутності.

Прощення – це про зцілення порушених стосунків, що часто приносить більшу користь тому, хто прощає, ніж тому, хто прощений. Прощення інших пов'язано з прийняттям людських обмежень і з позбавленням від бажання завдати болю та вимагати справедливості. Ідея «простити Бога» пов'язана з намаганням краще пізнати Божу істинну природу і позбавитись від гніву й обвинувачень, усвідомивши, що Бог вірно і досконало нас любить, навіть якщо це складно зрозуміти. Деякі християни називають цей процес «упокоренням» Божій любові, що краще, ніж будувати захисні бар'єри гніву, обурення і віддалення. Для інших «простити Бога» означає отримати краще розуміння Божої вірності й усвідомити, що Божі задуми не завжди можна осягнути.

ПРИМИРЕННЯ І ВІДНОВЛЕННЯ

Порушені стосунки можна відновити і зцілити через процес примирення, що є кроком за межами прощення. Примирення відбувається тоді, коли обидві сторони готові розмовляти один з одним, аби висловити свій біль, аби зрозуміти досвід і хвилювання іншого й узяти на себе відповідальність за біль. Після того як обидві сторони відчули, що їх зрозуміли, і висловили свій жаль, біль зазвичай зменшується. На підставі цього обидві сторони приймають і висловлюють відповідальність, яку вони візьмуть на себе задля безпеки один одного в майбутньому. Завдяки цьому стосунки можуть стати такими, якими вони були до їх порушення. Процес відновлення потребує часу. Після примирення новий позитивний досвід у стосунках може посприяти відновленню довіри і люди знову почуватимуться безпечно в контексті цих взаємин.

Є. СОРОМ І БЛАГОДАТЬ

Є два способи, якими люди пояснюють самообвинувачення, якщо вони почуваються відповідальними за якісь жахливі події. Вони можуть пояснювати це як наслідок неправильних учинків або недоліків характеру. Якщо люди зосереджені на власних учинках, вони почуваються винними і потребуватимуть прощення, аби віднайти полегшення. Будучи зосереджені на недоліках свого характеру чи своїх здібностей, вони відчувають сором і для зцілення потребуватимуть прояву благодаті. Сором і провина – не взаємовиключні поняття; люди можуть одночасно відчувати й те й інше.

Сором є належною емоцією стосовно гріховної природи. Він може вказувати на гріховні сфери в нашому житті, де Бог хоче запропонувати відкуплення. Однак сором може бути надзвичайно болісним, якщо він неконтрольовано зростає в наших серцях (2 Кор. 7:10). Надмірний сором веде до самозасудження та до духовної і емоційної смерті. Людина, сповнена сорому, може відчайдушно знов і знов думати: «Якби я не була настільки безглуздою, цього б ніколи не сталося». Або хтось інший може осоромити нас, викрикуючи: «Ти настільки сліпий і лінивий, що через тебе з нами оце сталося... ти найгірший партнер, якого я тільки мав!»

Біль і приниження через невдачу, у поєднанні з горем після травми, може бути настільки сильним, що стає помітним для оточуючих людей. Зовнішні емоції можуть призводити до дедалі більшого збентеження. Людина відчуває сором, бо нелегко просто «перестрибнути» через досвід. Ми можемо вважати себе слабкими і недуховними, якщо нездатні просто «віддати це Богу» і «довіритись Йому».

Сором – це сильна емоція, бо вона атакує наше особисте почуття гідності. Почуття негідності може спонукати нас відкидати любов і підтримку Бога та інших людей. Якщо людина почувається осоромленою, її природним бажанням є прагнення віддалитися і сховатися навіть від Бога. Адам і Єва сховались від Бога, бо соромилися своєї наготи. Але їхня нагота не була чимось новим для Бога, бо Він їх такими створив. Бог знав їх у їхній наготі ще до того, як вони згрішили; так само Він знає недоліки нашого характеру і все одно прагне стосунків з нами. Нагота Адама і Єви не була недоліком; вона була частиною Божого задуму. Бог знає наші недоліки краще, ніж про них знають наші родини, друзі й колеги, і все одно Він любить нас.

ЗЦІЛЕННЯ ВІД СОРОМУ

Адам і Єва були винні, бо ослухалися Бога, і мусили зазнати наслідків свого непослуху. Водночас Бог милостиво поставився до сорому, який вони відчували стосовно своєї наготи, і дав їм одяг, аби її прикрити. Знаючи наші недоліки і гріховність, Бог «прикриває» нас також. Він настільки сильно любить і цінує нас, таких як є, що помер за нас (Рим. 3:23-24; 5:6-8). Бог обіцяє змінювати і вдосконалювати нас «аж до дня Христа Ісуса» (Фил. 1:6). Він знає, що ми ніколи не будемо досконалими на цьому боці небес, і все одно продовжує любити нас і працювати в наших життях, покриваючи нашу наготу.

Бог любить і цінує нас навіть попри наші невдачі. Це благодать, яка зцілює від сорому, так само як прощення зцілює від провини. Божа благодать – це духовний ресурс для часів, коли наші недоліки призводять до трагедії. Ми так само потребуємо благодаті, коли інші ховають нас під критицизмом. Природне бажання сховатись заважає відчути Божу благодать, як це було, коли Адам і Єва притаїлися в саду. Натомість, якщо людина відкрита до близьких взаємин з Богом та іншими людьми, які люблять із проявом благодаті, це сприяє зціленню.

Бог звелів нам любити інших так само, як Він полюбив нас (1 Ів. 3–4). Ми мусимо любити інших, навіть якщо бачимо їхні недоліки (Кол. 3:12-17). Заради покриття сорому Бог допоміг і наказав християнським громадам бути сповненими благодаті. Благодать відрізняється від прощення за вчинки. Сповнений благодаті душеопікун смиренно перебуває поряд із людиною, яка відчуває сором, і виявляє до неї прийняття, співчуття і любов. Сповнена благодаті громада сприяє зціленню людини і ставиться до неї з турботою й гідністю. Завдяки цим сповненим благодаті взаєминам зміцнюється стійкість людини, тоді як намагання сховатися через сором лише ослаблює її. Щоб отримати плоди благодаті, нам треба не ховатись, а, навпаки, йти до Бога і до сповненої благодаті християнської громади.

Зцілення не є повним, допоки благодать не проникне достатньо глибоко в наші душі, аби ми могли повністю її прийняти, що часто є найскладнішим аспектом при зціленні від сорому. Знання про Божу благодать без її прийняття, як і знання про благодатні вчинки інших людей без прийняття цих учинків, не торкнеться серця людини. Якщо ми зосереджені лише на тому, чого не заслуговуємо, тоді прояв благодаті від Бога та інших людей буде для нас лише незрозумілим і поверховим досвідом. Благодать можна проігнорувати. Дехто відкидає благодать, бо вважає, що інші не знають, наскільки він або вона насправді погані, і це стає перепоною для дії цілющої сили люблячого прийняття. Сором ховає людей, через нього вони потрапляють у пастку. Усвідомлюючи свою людську природу з усіма її вадами і зломленістю, нам треба з готовністю відкривати свої серця для любові й цінності, яку до нас виявляють Бог та інші люди. Ми не заслуговуємо на це. Однак саме в цьому й суть благодаті! Бог і сповнені благодаті люди, яких Він змінив, щедро її виявляють (Еф. 2:8-9). Благодать прийняти складно, бо непросто визнати потребу прийняти те, чого ми не заслуговуємо. Однак Бог надав благодать як духовний ресурс для зцілення від сорому, у тому числі від сорому, який несе із собою травма.

3. ЗРОСТАННЯ ПОСЕРЕД КРИЗИ

Згідно з висновками дослідників, результатом посттравматичної кризи може стати або зростання, або дезінтеграція людей, стосунків і віри. Зазвичай, чим сильніший вплив, тим більша зміна чи то в зростанні, чи то в дезінтеграції (Fontana and Rosenheck, 2004). Якщо люди є стійкими, добре підготовленими й отримують підтримку після травматичної події, вони зазвичай зростають.

Подобається це чи ні, однак зростання після травми починається у кризі, що слідує одразу за травмою. Період найбільшої вразливості й збентеження містить найбільший потенціал для зростання. Про цю істину знали ще у старозавітні часи. Псалмоспівець казав: «Блаженна людина, що в Тобі має силу свою, блаженні, що в їхньому серці дороги до Тебе, ті, що через долину Плачу переходять, чинять її джерелом» (Пс. 83:6-7). «Долина Плачу» – це місце страждання, ридання, сліз і посухи. Псалмоспівець зазначає, що ті, хто довіряє Богу й шукає Його (внутрішня релігійність), навіть у стражданні знайдуть життєдайне оновлення. Хоч страждання завжди є стражданням, прагнення до Бога і Його задумів приведе до оновлення і життєздатності.

Багато які християнські пісні розповідають про духовні зміни, народжені з кризи. Історії, які служать тлом для деяких найглибших і найцінніших християнських гімнів, показують, що пісні були написані під час труднощів. Гораціо Спаффорд, автор гімну «Коли життя тихо тече мов ріка» («When Peace Like a River», 1873), втратив чотири дочки під час корабельної аварії. Коли його корабель пропливав біля місця, де вони потонули, Спаффорд отримав утіху від Бога, що допомогло йому написати: «Коли навістить буревій ... я у Ньому знаходжу спокій». Він писав про мир, який виходить за межі розуміння, відновлену увагу на Бозі, сильнішу впевненість у вірі та про краще усвідомлення більшої мети, розкритої в історії стосунків Бога з людством (Osbeck, 1990, 25).

Коли життя тихо тече мов ріка,
Або навістить буревій:
Довірившись Богу, в Його я руках

Маю захист, спасіння, спокій.
Приспів:
Він завжди мій Господь,
Я у Ньому знаходжу спокій.
О, що за любов, що у ній я придбав
Спасіння і вічне життя!
І з ласки Його я наслідником став
Дарував Він нетлінне буття.
О, Боже, чекаю я славного дня:
Коли Ти вдруге прийдеш.
Зодягнеш спасенних в нетлінне буття
В свою славу безсмертя введеш.

HORATIO SPAFFORD, 1873

Вільям Коупер (1731–1800) зазнав багато емоційних страждань, які стали воротами до «милості та благословень». У гімні «Бог дивовижним чином творить Свої чудеса» він написав:

> «Благовійні святі, будьте мужні. Ті хмари, яких ви так боїтесь, сповнені милості, і вони дощем благословень розіллються над вашою головою» (Osbeck, 1990, 202).

Невідомий автор гімну «Як я можу не співати?» XIX століття віднайшов нову пісню «над земним плачем». Пригорнувшись до свого Спасителя, автор гімну отримав нове розуміння речей, які дійсно важливі, відчув тісніший зв'язок з Богом, глибший мир і нову силу:

> «Жодна буря не порушить мого внутрішнього спокою, якщо я тримаюсь за той притулок; Христос є Господом неба й землі, як я можу не співати?.. Мир Христа освіжає моє серце і робить його живим джерелом; усе – моє, оскільки я – Його. Як я можу не співати?» (англ., Вікіпедія, останній вхід 7/14/2012).

Нещодавно світські дослідники уважніше поглянули на посттравматичне зростання серед загального населення (Calhoun and Tedeschi, 2006). Їхнє дослідження привело до кращого розуміння позитивних змін після травми. Посттравматичне зростання спостерігалося в таких сферах: *зміни в самосприйнятті, зміни у стосунках з іншими, зміни у філософії життя і духовні зміни.*

Часто люди кажуть про зростання особистої сили, почуваючись «більш вразливими, однак сильнішими». Багато людей бачать нові можливості в житті. Наприклад, після смерті дитини від раку жінка почала доглядати хворих на рак; Дан і Конні Крам (Історія 5) пройшли навчання, щоб підтримувати місіонерів, після того як вони самі зазнали розбійного нападу за кордоном; Енн (Історія 3) вивчилася на психолога й експерта з питань травми після того, як зазнала автомобільної аварії, через яку помер її чоловік та отримали поранення її діти і вона сама. Дехто каже про глибші й більш близькі стосунки з іншими людьми. Незалежні особистості зуміли відкрити своє серце і прийняти допомогу інших у період особистої вразливості. Багато з тих, хто зазнав болю, почали виявляти більше співчуття, особливо до тих, хто потрапив у схожі обставини. Інші відчули більше свободи бути самими собою чи отримали сміливість бути більш щирими у стосунках. Третьою сферою змін є оновлена філософія життя. Це часто означає більшу любов до життя, розвиток більш близьких стосунків і зміни в поглядах на екзистенційну, духовну і релігійну дійсність.

Джеррі Сіттсер описав свою життєву подорож у книзі «Прихована благодать» (Sittser, *A Grace Disguised*, 2004). Він чесно і майстерно описує зміни у власному житті, які перегукуються з тими змінами, про які кажуть дослідники. Джеррі глибинно пояснює значення духовних змін. Він описує *«розширення душі»* і каже: «Як земля поглинає продукти розпаду, так і я поглинув цю втрату всім своїм життям». Його метафора стосовно поглинання землею продуктів розпаду натякає на новий родючий ґрунт, який формується посеред смерті й руйнування. Розширена душа має *більшу здатність відчувати*: «Душа еластична, наче повітряна кулька. Завдяки стражданню вона може розширятися. Втрата може збільшити її здатність виявляти гнів, депресію, відчай і біль, усі природні й законні емоції, які виникають, коли ми зазнаємо втрати. Розширена душа також здатна відчувати більшу радість, більшу

> **ОЗНАКИ ПОСТТРАВМАТИЧНОГО ЗРОСТАННЯ**
>
> *Самосприйняття*
> - Більш вразливі, однак сильніші; більша здатність відчувати.
> - Нові значимі можливості в житті.
>
> *Стосунки з іншими*
> - Глибші стосунки, більша здатність до взаємозалежності.
> - Більше щирості, менше претензійності.
> - Більше співчуття.
>
> *Філософія життя*
> - Більша любов до життя.
> - Більша значимість стосунків.
>
> *Духовні зміни*
> - Нова цінність благодаті.
> - Міцніший зв'язок з Богом.
> - Більша духовна сила і внутрішня релігійна мотивація.
> - Глибше відчуття миру і задоволення.
> - Краще розуміння дійсно важливих речей.

силу, більший мир і більшу любов». Крім того, Сіттсер каже, що смуток веде до менших претензій, до *більшої щирості* та *ясніших пріоритетів*: «Глибокий смуток часто очищає життя від претензійності, пихи і марності. Він спонукає нас порушувати базові запитання стосовно того, що є найважливішим у житті. Страждання може вести до простішого життя, менш сповненого несуттєвими речами. Воно дає дивовижну ясність». Сильне страждання «позбавляє нас опори, на яку ми покладались у прагненні до благополуччя. Воно збиває нас з ніг і кидає додолу. Зазнаючи втрати, ми знесилюємося. Втім, у знесиленні ми можемо прийти до початку живих стосунків з Богом».

Відкидаючи хибне сподівання на власні сили, ми відчуваємо *нову духовну силу*, яка сильніше вкорінює наші життя в Бозі. Зустрічаючись з єдиним істинним Богом і краще Його пізнаючи, ми змінюємось. «Ми з подивом усвідомили, що у всесвіті є Той, Хто попри нашу зломленість і наш гріх сильно нас любить. Втративши себе, ми почали пізнавати справжніх себе. Ми знайшли Того, Чия любов формує наше єство». Джеррі Сіттсер з подивом віднайшов *благодать* у трагедії: «Трагедія підштовхнула мене до Бога, хоч я й не хотів цього. І в Бозі я знайшов благодать, хоч я її не шукав». Ця благодать веде до *миру, задоволення і нового фокусу*. Віра Сіттсера глибше вкоренилася в Бозі та Його благодаті: «Бог став для мене живою дійсністю, як ніколи раніше. Моя впевненість у Бозі стала сильнішою. У мене ще іноді виникає бажання чимось вразити Бога або показати себе "хорошим" перед Ним; але я також прагну служити Йому всім своїм серцем та всією своєю силою. Моє життя сповнене рясних благословень, хоч я й відчуваю біль втрати. Благодать змінює мене, і це дивовижно».

ДУХОВНА ПІДГОТОВКА І ПІДТРИМКА ПІСЛЯ ТРАВМИ

Основні елементи духовної підготовки:
- належне богослов'я страждання;
- зміцнення внутрішньої релігійності;
- пізнання і вияв прощення;
- здатність відчути дискомфортні почуття і розповісти про них;
- здатність побудувати близькі стосунки;
- здатність прийняти слабкість і невдачу.

Основні ресурси для духовної підтримки після травми:
- пізнання Божої присутності через присутність інших віруючих, заступництво, практичну допомогу та/чи обряди;
- оплакування смутку, болю, розчарування і гніву перед Богом;
- прощення;
- благодать.

Здобутком після травми для внутрішньо вмотивованих послідовників Христа є дедалі більш внутрішньо вмотивована віра, неухильно зосереджена на Бозі та Його благодаті. У важкі часи Бог наближає до Себе християн, якщо вони всіма своїми слабкими силами тримаються за Нього і Його народ. І саме тут, посеред бруду і багнюки, є проблиск відкуплення і майбутньої слави.

4. ЗАКЛЮЧНІ ДУМКИ

Травма справляє на людей фізичний, психологічний і духовний вплив. Християни у служінні стикнуться із суттєвими духовними викликами разом із посттравматичним стресом. Їхня реакція на ці духовні виклики впливатиме на їхню здатність відновитись після травми. Глибше розуміння духовного впливу травми допомагає краще підготуватися до криз і визначити ресурси для неминучої духовної кризи після травми. Більш стійкими будуть ті, хто добре підготовлений та отримує достатньо підтримки. Незважаючи на втрату, посттравматичний стрес і кризу, підготовлені до цього християни будуть зростати і зміцнюватись у вірі.

Добре, якщо церкви, місіонерські організації та інші християнські громади включатимуть до свого вчення і навчання ці елементи духовної підготовки. Вони також мусять розвивати загальну культуру взаємопідтримки в часи кризи, що може доповнюватись структурами для окремих людей і видів кризи. Командам підтримки буде корисно ознайомитись з основними ресурсами для духовної підтримки.

Іноді наслідки травми відчуватимуться решту життя людини. І для людей це може бути спонукою наближатися до Бога й до ресурсів їхньої віри. Християни розуміють, що основною Божою метою є зцілення людської зломленості й відновлення люблячих стосунків з Ним як з Творцем і Відкупителем. Найважливішим є те, що спонукає людей любити Бога всім своїм серцем, душею і розумом та своїх ближніх, як самих себе (Мт. 22:34-40). Цим долається егоцентричність. До такої любові спонукає також духовна криза у стражданні. Ніхто у здоровому глузді не захоче страждати, навіть Боголюдина Ісус; на це можна погодитись тільки заради справді доброї мети. Страждання має значення лише як частина грішного світу у всеохоплюючому процесі відновлення і відкуплення. Жодний страдник не потребує відкуплення більше, ніж будь-хто інший, однак страдники можуть прагнути до духовного зростання навіть під час труднощів. І цей вибір дивовижним чином надає більше можливостей для милосердя, благодаті й чудес відкуплення.

ДУХОВНА ПІДГОТОВКА І ПІДТРИМКА ПІСЛЯ ТРАВМИ

Основні елементи духовної підготовки:
- належне богослов'я страждання;
- зміцнення внутрішньої релігійності;
- пізнання і вияв прощення;
- здатність відчути дискомфортні почуття і розповісти про них;
- здатність побудувати близькі стосунки;
- здатність прийняти слабкість і невдачу.

Основні ресурси для духовної підтримки після травми:
- пізнання Божої присутності через присутність інших віруючих, заступництво, практичну допомогу та/чи обряди;
- оплакування смутку, болю, розчарування і гніву перед Богом;
- прощення;
- благодать.

ЧАСТИНА 7
Молитва, яка зцілює

Енн Хеймел

Місіонери – це зазвичай здорова і добре адаптована група людей, які цілковито віддані Богу і служінню. Проте багато з них змучені від битв. Вони є солдатами на передовій великої битви і потребують особливої турботи, оскільки несуть Євангелію до кінців землі. Як зазначив Скотт у розділі про страждання, місіонери постійно перебувають у надзвичайно стресових обставинах, що є суттю їх покликання. Місіонери з Доброю звісткою направляються в найбільш бідні, нездорові й політично нестабільні регіони світу. У Біблії ясно сказано, що з наближенням Другого пришестя Христа нестабільність і жорстокість у світі лише зростатиме. Скотт зауважив, що за євангелізацію досі недосягнутих регіонів світу сплачуватиметься дуже висока особиста ціна. Історії в цій книзі показують ціну, яку ми, як Тіло Христа, маємо бути готовими сплатити за виконання Великого доручення звіщати Добру звістку в усьому світі. І це наша відповідальність якнайкраще потурбуватись про тих, хто покликаний до передової місіонерського служіння.

Криза і конфлікт – дві основні причини, через які до фахівців з питань психічного здоров'я звертаються з проханням допомогти місіонерам. Згідно з дослідженням, місіонери більше ризикують зазнати травми, ніж ті, хто залишився на батьківщині. Оскільки травма впливає на здатність людини підтримувати стосунки з іншими людьми і Богом, вона, як Фрауке і Чарлі Шейфер зазначили в частині «Духовні ресурси в подоланні травми», «розхитує найглибші переконання людини стосовно мети і значення життя та викликає сумніви в поглядах на Бога». Оскільки мої стосунки з Богом надали основу для життя ще з раннього дитинства, я була спантеличена, коли мій погляд на Бога і Його обітниці опинився під сумнівом через загибель мого чоловіка в автокатастрофі. Духовний аспект події дедалі більше ускладнив процес горя.

Із посиленням моєї праці з місіонерами посилювалось і моє усвідомлення, що неподолана колишня емоційна травма негативно впливає на здатність людини впоратись з теперішнім стресом і травмою. Вразливість місіонерів пояснюється відокремленням від їхніх родин, культур і систем соціальної підтримки. Рани минулого і травма теперішнього є родючим ґрунтом для ворога наших душ посіяти в нас насіння розбрату і чвар. Лікування від травми без розуміння її духовних і емоційних аспектів часто приносить мало користі.

Християни завжди вірили в цілющу силу молитви, однак наука лише тепер визнає, що молитва *дійсно* зцілює. Після дослідження, що його здійснили Герберт Бенсон, Джефф Левін, Гарольд Коеніг, Девід Ларсон та багато інших, у 80 зі 125 медичних шкіл у США почали викладати курси на тему духовності та здоров'я, тоді як до 1990-х років такі курси пропонувалися лише у трьох школах. У цій частині ми розглянемо цілющий вплив молитви на травматичні події теперішнього і на невирішені емоційні проблеми минулого. Також будуть подані дієві способи інтеграції молитви та інших духовних практик у загальний процес терапії.

А. МОЛИТВА ЯК ПСИХОДУХОВНЕ ВТРУЧАННЯ

У червні 2003 року я відвідала молитовний семінар д-ра Террі Вордла, який останній проводив у богословській семінарії в Ашленді, штат Огайо. На цьому семінарі Бог особливим чином торкнувся мого життя, і це змінило не лише мою психологічну практику, але і спосіб мого життя. У мене, як і в більшості християнських психологів, які отримали освіту ще до середини 1990-х років, було дуже обмежене розуміння того, як ефективно інтегрувати духовні та психологічні принципи в терапевтичний процес. Працюючи з місіонерами, я зрозуміла, що духовні та психологічні процеси часто переплетені між собою. Прагнучи більш ефективно допомагати місіонерам, я в серпні того самого року розпочала навчання на докторській програмі психологічного консультування в Ашленді.

Террі Вордл розробив методологію молитви зцілення під назвою «Молитва формування», що стало наслідком його особистих страждань. Будучи пастором і професором семінарії, Вордл застосував біблійні принципи до власного емоційного здоров'я. Він виявив, що біль більше за інше відкриває очі на духовну дійсність. Під час розробки власної методології зцілення емоційних ран на Вордла особливий вплив справили християнські рухи внутрішнього зцілення і споглядальної молитви.

У середині 1990-х років Вордл, допомагаючи іншим, почав застосовувати біблійні принципи, які виявились дієвими в подоланні його власної кризи. Він написав багато книг, у яких пояснює свою методологію. Одна з перших книг отримала назву «Поранені» (*Wounded*, Wardle, 1994). Докладно його методологія викладена у праці «Цілюща турбота/Молитва зцілення» (*Healing Care/Healing Prayer*, Wardle, 2001). Спочатку він назвав свій метод «Молитвою внутрішнього зцілення», однак пізніше змінив назву на «Молитву формування».

Молитва формування – це методологія молитви зцілення, розроблена з метою зцілення від емоційної травми. Д-р Ед Сміт, баптистський служитель, розробив «Теофітську молитву»; Девід Сімендс розширено написав про зцілення спогадів. Сімендс народився в Індії в родині методистських місіонерів, де і провів більшу частину свого дитинства. Вже в дорослому віці Сімендс разом із дружиною повернувся до Індії і служив там з 1946-го по 1962 рік. Після повернення до Сполучених Штатів Сімендс служив пастором і професором семінарії, спеціалізуючись на темі емоційного зцілення. Його праця справила значний вплив на багатьох місіонерів у всьому світі. Він написав шість книг, продаж яких сукупно сягнув понад два мільйони копій. Двома найвідомішими його книгами є «Зцілення спогадів» (*Healing of Memories*, Seamands, 1973) і «Зцілення для ушкоджених емоцій» (*Healing for Damaged Emotions*, Seamands, 1981).

Інші методи розробляли також ЛіЕнн Пейн, Джон і Паула Сендфорд, Френсіс і Юдіт МакНатт та інші. Я найбільш ознайомлена з молитвою формування; отже, ми зосередимось саме на цій методології і розглянемо принципи, які є спільними для цього та інших методів. Кожній з цих методологій характерне унікальне богословське підґрунтя і намагання уґрунтувати свої принципи в Писанні. Основні принципи молитви зцілення засновані на Писанні, водночас «техніки», спільної для різних моделей, зазвичай немає. Незважаючи на подібність до загальних християнських звичаїв упродовж історії та узгодженість з біблійними принципами, все одно є місце для критики при спробі надати виключно біблійне обґрунтування технік. Огляд історичного контексту і психологічних аспектів різних методів допоможе сформувати належне обґрунтування для їх застосування.

ІСТОРИЧНИЙ РОЗВИТОК

Агнес Сенфорд уважається засновницею руху молитви внутрішнього зцілення. Вона народилась 1897 року в Китаї в родині місіонерів, однак уже у віці 15 років мусила залишити країну через політичні заворушення. Сенфорд страждала від багатьох проблем, характерних для дітей місіонерів. Після закінчення коледжу 1918 року вона повернулась до Китаю вже будучи місіонеркою, однак 1925 року поїхала назад до Сполучених Штатів через післяпологову депресію. Хоч Сенфорд та її чоловік хотіли і далі служити в Китаї, її депресія лише посилилась. Однак після зустрічі з єпископальним священиком, який вірив у цілющу силу молитви, депресія Сенфорд зникла. Молитви цього чоловіка та їхній вплив суттєво змінили напрям життя Агнес.

Сенфорд жила в часи, коли сфери психології та психіатрії перебували ще на етапі зародження. Зиґмунд Фрейд закінчив медичну школу 1881 року, всього за шістнадцять років до народження Сенфорд. Свою першу визначну працю він опублікував 1900 року. Фрейд був атеїстом і першовідкривачем у сфері застосування наукового методу в розробці систематичних засобів дослідження розуму.

Карл Юнг був швейцарським психіатром, на якого Фрейд справив сильний вплив. Юнг був сином протестантського служителя, і на нього також значно вплинули власні релігійні переконання і переживання. Зрештою між ним і Фрейдом стався розкол. Хоч не всім християнам прийнятні теорії Юнга, він ніколи не відкидав значимості релігії для психічного й емоційного здоров'я. Якщо Фрейд був атеїстом, то Юнг намагався поєднати релігійні та наукові принципи.

У книзі «Світло зцілення» (*The Healing Light*, Sanford, 1947) Агнес описала своє розуміння того, що Господь відкрив їй стосовно зцілення. Вона підкреслювала важливість зосередження на Божій любові та живій присутності Христа. Агнес вірила, що Божа сила може діяти через одну людину заради зцілення іншої. На думку Сенфорд, у внутрішньому зціленні суттєву роль відіграє візуалізація, а важливим аспектом дієвої молитви є уява. Сенфорд просувала психологічні погляди Юнга і часто використовувала його принципи і термінологію для пояснення принципів внутрішнього зцілення.

ПСИХОЛОГІЧНИЙ КОНТЕКСТ

У методологіях молитви зцілення рідко визнається їх пов'язаність із психологічними поглядами Юнга. Зазвичай вибудовується міцне біблійне підґрунтя в контексті конфесійних поглядів. Втім, якщо уважно подивитись на психологічні принципи Юнга, зв'язок стає очевидним. На Юнга значний вплив справила праця Рудольфа Отто, німецького лютеранського богослова. Він уважав, що все священне перебуває за межами розуміння науки. На думку Отто, «досвід священного» є відмінною рисою релігії. У 1930-х роках Юнг почав застосовувати принцип Отто у своїй клінічній практиці. Він описує жінку, яка в дитинстві зазнала багато проявів насильства, проте на неї позитивно вплинув «надприродний» досвід, який вона отримала під час їх зустрічі. Досвід, про який говорить Юнг, пов'язаний з тим, що відбувається в контексті молитви зцілення. Згадуючи про емоційний біль чи насилля і запрошуючи Ісуса до цього болю, люди часто зазнають митті, яка суттєво змінює їхній погляд. За словами Юнга, подібні миті часто є настільки сильними, що можуть принести зцілення і зміни, яких досягнути лише одним когнітивним досвідом неможливо (Jung, 1973).

Усі методології молитви зцілення пов'язані з емоційною складовою людини. Вони намагаються, аби людина знов поглянула на свої травматичні спогади, однак уже в присутності Ісуса. За словами травматологів, психологічна криза фіксується в емоційному мозку (лімбічна система). Нейробіологічне дослідження підтверджує, що для лікування травми людина має ввійти до емоційного мозку, а не лише когнітивного. Травматичні спогади зберігаються в емоційній сфері, а не в когнітивній. Травму і Божу присутність треба відчути на емоційному рівні, аби відбулось зцілення. Відкриваючи свій негативний досвід і дозволяючи Богу його змінити, люди здатні віднайти зцілення. Такою є християнська віра і терапевтична дійсність. Лімбічна система є «Божою частиною мозку» і так званим «передавачем до Бога», оскільки саме тут відбувається духовний досвід.

БІБЛІЙНА І БОГОСЛОВСЬКА ОСНОВА

У Старому і Новому Завітах йдеться про те, що пізнавати Бога треба розумом і серцем. У Псалмі 45:11 до нас звучить заклик: «Вгамуйтесь та знайте, що Бог Я». Новий Завіт спонукає нас зосереджувати свої думки на Ісусі. У 2 Коринтян 3:18 сказано: «Ми ж відкритим обличчям, як у дзеркалі, дивимося всі на славу Господню, і зміняємося в той же образ від слави на славу, як від Духа Господнього».

План спасіння полягає у відновленні нашої близькості з Богом та зціленні людської зломленості. Біль і страждання є наслідками гріха, однак Бог перетворює їх на засоби повернення нас до Себе. Молитва формування, яку розробив Вордл, ґрунтується на біблійному принципі, що біль і страждання є дверми, через які Бог входить у наші життя і наближає нас до Себе. Внаслідок гріха ми всі поранені. Ці рани виявляються фізично, психічно, емоційно, соціально і духовно. Ісус прийшов не лише для того, щоб гарантувати нам оселю разом з Ним на небесах, але і щоб зцілити наші рани і дарувати нам повноцінне життя (Ів. 10:10).

Дехто боїться привносити емоції в релігію і віддає перевагу перебуванню в царині інтелекту. Водночас духовні лідери різних часів, незалежно від своєї конфесійної приналежності, визнавали, що духовне життя має бути сповнене як інтелектуальною, так і емоційною складовою. У своїй класичній праці «Прагнення до Бога» (*The Pursuit of God*, Tozer, 1992) А. В. Тозер каже, що «душу живлять не просто слова, а Сам Бог, і допоки слухачі не пізнають Його особисто, почута істина не зробить їх кращими. Вивчення Біблії не є кінцевою метою, вона лише засіб, який приводить людей до близького і задовільного Богопізнання, аби вони могли ввійти в Нього, радіти в Його Присутності, вкусити і пізнати Божу внутрішню солодкість у своїх життях» (Tozer, 1992, 9). Далі він каже: «Ми молимось заради більшої обізаності та кращого усвідомлення Божої Присутності. Нам ніколи не треба кричати в порожнечу до відсутнього Бога. Він ближчий за наші власні душі, ближчий за наші найпотаємніші думки» (Tozer, 1992, 62).

«У Божих глибинах» (*Into the Depths of God*, Miller, 2000) Кальвін Міллер говорить про спілкування з Богом. Звертаючись до Нього в молитві, нам варто пам'ятати, хто ми і Хто Бог. Міллер каже: «Бога треба зустрічати і слухати, а не сідати і розмовляти з Ним. Тільки Бог каже, коли Він готовий розмовляти і коли час нашого спілкування завершений» (Miller, 2000, 53). За словами Міллера, Бог є Царем, і нам треба входити в Його присутність і очікувати на Нього. Входячи в Божу присутність і починаючи брати *на себе* керівну роль, ми забуваємо, хто ми і Хто Він.

У книзі «Бажання століть» (*The Desire of Ages*, White, 2001) Еллен Вайт говорить про важливість близькості з Христом. Вона наголошує на значимості «яскравої уяви» різних епізодів з життя Христа, зокрема заключних сцен (White, 2001, 83). Досвід Тозера, Міллера і Вайт описує роботу правої півкулі мозку: взаємини, а не раціональність, серце, а не розум. Цей вид молитви, або поклоніння, кориниться в лімбічній системі (емоційний мозок), а не в корі головного мозку (раціональний мозок).

Я рекомендую книгу Грегорі А. Бойда «Бачити значить вірити» (*Seeing is Believing*, Boyd, 2004), який пише про роль уяви в молитві. У книзі наголошується, що для нашого уподібнення образу Ісуса нам важливо сприймати Його присутність поряд із нами як реальну. Це узгоджується з Писанням і християнськими звичаями впродовж історії. Бойд зазначає, що з культурних причин мешканці Заходу прирівнюють уяву до фантазії. За його словами, уява – це просто «здатність мозку відтворювати образи» (Boyd, 2004, 72). Ці образи можуть бути реальними або вигаданими. Ми можемо відчувати дійсність через «уявну повторювану дійсність у нашому розумі» (Boyd, 2004, 72). Подумайте над тим, як ми уявляємо собі атоми і молекули, потік крові по венах або обертання Землі навколо своєї осі. Ми їх не бачимо, однак віримо в їх дійсність на підставі доказу, який ми *бачимо*. Отже, ми уявляємо їх дійсність. Уявлена дійсність не менш реальна; вона допомагає зрозуміти реальну дійсність. За відсутності чоловіка я уявляю його образ. Важко думати про нього без уяви; це хоча б спогади звуку його голосу, або дотику його руки, або запаху його одеколону. Уява допомагає нам проживати дійсність, яка не є присутньою чи видимою.

Бойд стверджує, що одна з «найбільш нагальних проблем у сучасному західному християнстві полягає в тому, що ми помилково припускаємо: *інформація* автоматично означає *трансформацію*. Сама по собі істина не служить гарантією, яка суттєво змінить наші життя» (Boyd, 2004, 71). Фундаментальне християнське вірування в Божу повсюдність є абстрактною богословською дійсністю, і більшість із нас не бачить цього як практичної дійсності. Бойд наголошує, що нам необхідно «вчитись зосереджувати свої очі на Ісусі та свій розум – на небесних речах, якщо ми хочемо позбавитись гріховного способу життя й уподібнитись Христу (Кол. 3:2-3; Євр. 12:1-2)» (Boyd, 2004, 89). «Якщо ми зосереджуємось на застосуванні в молитві натхненої Духом уяви і на особистому пізнанні Ісуса (Вих. 33:11), все це може стати справжнім, як і будь-які стосунки в житті». Бойд каже, що не знає жодної іншої духовної дисципліни, яка б «настільки змінювала і зцілювала, як дисципліна перебування у Христі» (Boyd, 2004, 17).

Б. МОЛИТВА ФОРМУВАННЯ ЯК МОДЕЛЬ МОЛИТВИ ЗЦІЛЕННЯ

Метою молитви формування є емоційне зцілення через близькі стосунки з Христом. У Псалмі 146:3 сказано, що «Він зламаносердих лікує, і їхні рани болючі обв'язує». Усвідомлюючи реальну присутність Ісуса, людина виявляє готовність до Божого дотику зцілення і зміни. Молитва формування є поєднанням духовного формування і внутрішнього зцілення та функціонує як психодуховне втручання з конкретними кроками для зцілення емоційних ран.

КРОК ПЕРШИЙ:
ВІДЧУТТЯ ЕМОЦІЙНОЇ БЕЗПЕКИ З УЯВОЮ ТА УСВІДОМЛЕННЯМ БОЖОЇ ПРИСУТНОСТІ

Оскільки молитва формування стосується незагоєної травми, першочергова увага приділяється емоційній безпеці. Навіть перебуваючи в безпечному контексті, багатьом людям, які страждають від емоційної травми, складно відчувати себе в безпеці. Отже, перший крок – попросіть людей «уявити» безпечне місце, в якому вони були раніше або яке собі подумки створили. Уявивши це місце і дозволивши собі в нього ввійти, люди просять Святого Духа допомогти їм відчути присутність Ісуса. Оскільки «Божа повсюдність» це одна з основоположних християнських доктрин, такий крок є закликом її усвідомити, бо з цієї обізнаності випливають усі інші кроки. Виконання першого кроку триває від десяти до двадцяти хвилин. Часто цього кроку достатньо, щоб допомогти людині відчути цілющий дотик Ісуса в її житті. Томас Кітінг називає цю молитву «Божественною терапією» (Keating, 1999). За словами соціолога Маргарет Поломи (Poloma, 1991), християни, які практикують цей вид молитви, звітують про глибші й більш значимі стосунки з Христом і про частіше відчуття Його присутності. Відчуття Христової присутності відчиняє двері для трансформуючої та цілющої сили Святого Духа.

КРОКИ ДРУГИЙ, ТРЕТІЙ І ЧЕТВЕРТИЙ:
ОПРАЦЬОВУЮЧИ РІЗНІ АСПЕКТИ ДИСФУНКЦІОНАЛЬНОСТІ

Вордл описує різні аспекти дисфункціональності невирішених емоційних ран. Цими аспектами є думки, почуття і способи поведінки. Їх розгляд можна порівняти з процесом чищення цибулини. Наша життєва ситуація з її проблемами і труднощами нагадує зовнішній шар цибулини, де емоції зазвичай залишаються відвертими. Джеррі Сіттсер казав, що його емоції вимагали уваги, їх не можна було ігнорувати. Він знав, що «мав відверто на них поглянути, пірнути в темряву й опрацювати їх». Джеррі цінував мудрість друзів, які вислуховували його емоції без жодних спроб змінити їх чи відкинути (Історія 4).

Дехто ховає біль травми, намагаючись таким чином упоратись з життєвими проблемами. Однак біль, прихований за купою повсякденних справ, нікуди не зникає і продовжує впливати на думки, почуття і вчинки. Поточні події можуть призвести до сплеску захованих емоцій, і часто в найбільш непотрібну мить. Унаслідок цього вчинки людини можуть виглядати безглуздо в контексті того, що відбувається насправді. Біль і приховані емоції накопичуються в лімбічній системі (емоційний мозок), і їх треба розглядати невербально.

Девід Серван-Шрейбер, MD, PhD, є психіатром з Університету при Пітсбурзькому медичному центрі. У книзі «Інстинкт зцілення» (*The Instinct to Heal*, Servan-Schreiber, 2004) він виділяє емпірично значимі методи подолання депресії, хвилювання і стресу, які активують мозкові системи внутрішнього зцілення. Застосування медикаментів або розмовної терапії не є обов'язковим. Серван-Шрейбер посилається на роботу відомих нейронауковців Джозефа ЛеДоукса й Антоніо Дамасіо, а також на травматологів Бессела ван дер Колка і Юдіт Германн. Серван-Шрейбер каже: «Емоційні розлади є наслідком дисфункцій в емоційному мозку. Для багатьох людей ці дисфункції виникають із болісного минулого, яке жодним чином не стосується теперішнього, однак продовжує контролювати поведінку людей». Також він зазначає, що «основне завдання лікування полягає в "перепрограмуванні" емоційного мозку, аби він більше адаптувався до теперішнього і не реагував на минулий досвід». Емоційний мозок містить природні механізми самолікування, які Серван-Шрейбер називає «інстинктом зцілення». Інстинкт зцілення пов'язаний з «внутрішньою здатністю емоційного мозку знаходити баланс і благополуччя, що можна порівняти з іншими механізмами самолікування в тілі, наприклад із загоєнням рани або зі знищенням інфекції». Доступ до емоційного мозку потребує застосування невербальних методів (Servan-Schreiber, 2004, 11).

У розкритті глибших рівнів зцілення Вордл рекомендує використання невербальних методів, наприклад символів, мистецтва, поезії та іншої творчої діяльності, яка допомагає дістатись до незагоєного болю. Хоч ці «методи» взяті не з Писання, Рой Гейн зауважує, що Біблія, особливо Старий Завіт, рясніє символізмом. Гейн є професором Єврейської Біблії та стародавніх близькосхідних мов у Богословській семінарії при Університеті Ендрюс, також він автор NIV *Application Commentary for Leviticus and Numbers*. Гейн каже, що старозавітні ритуали, особливо у святилищі та храмі, *невербально* сповіщають істину про Бога. Подумайте про глибокий новозавітний символізм під час Таємної Вечері: хліб, вино, миття ніг. Подумайте про хрещення. Христос навчав притчами – історіями, які торкалися сердець слухачів. Під час застосування формаційної молитви до незагоєного болю Вордл пропонує спочатку працювати з дисфункціональною, або гріховною, поведінкою, потім з внутрішнім обманом, або негативним внутрішнім діалогом, і наостанок – з емоційним потрясінням.

Перше: *Поведінка*

Люди часто вдаватимуться до дисфункціональної поведінки, аби подавити болісні спогади чи заглушити свій біль. Вордл спочатку радить віднайти належний символ для гріховної, або дисфункціональної, поведінки; це зазвичай відкриває людину емоційно, допомагаючи їй проаналізувати вплив такої поведінки. Людина уявляє, як вона бере символ свого гріха, чи дисфункціональної поведінки, і приносить його до Ісуса. Це допомагає розкаятись у скоєному і відчути прощення. Історія про готовність Авраама принести Ісака в жертву служить яскравим символом того, як Бог хоче, аби ми ставились до Його дарів для нас. Часто до християнина може прозвучати заклик пожертвувати своїм «Ісаком», якщо людина цінує отриманий дар більше, ніж самого Дародавця.

Друге: *Думки*

Травматична подія може викликати в людині негативні відчуття стосовно себе, що призводить до заниженої самооцінки. Подібні погляди суперечать тому, що в Писанні сказано про нашу цінність. Вордл рекомендує невербальний метод подолання цього когнітивного спотворення. Попросіть людину знайти палицю, яка б символізувала хибний погляд чи обман. Потім зверніться до Святого Духа з проханням позбавити брехню сили і замінити її істиною Божого Слова, у той час як людина фізично ламає палицю. Ця дія впливає на ліву і на праву півкулі мозку, на кору головного мозку і на лімбічну систему. Таким чином, негативна самооцінка замінюється істиною Божого Слова на емоційному й когнітивному рівнях. Порівняйте цей «метод» з повелінням Ісуса для Петра піти до озера, закинути вудку й узяти першу піймануу рибу. Петро мав відкрити рибі рот і дістати звідти монету для сплати податків (Мт. 17:26). Ісус використав цю ситуацію, аби навчити Петра важливій духовній істині про те, Ким Він є та як Він може потурбуватись і потурбується про нас.

Третє: *Емоції*

Наступним аспектом є емоції, які виникають унаслідок певної події. Емоційне потрясіння після травматичного досвіду може визначати емоційний світ людини. Сама рана знаходиться на найглибшому рівні. Щоб допомогти людям чесно і відверто розібратись з почуттями, Вордл рекомендує декілька підходів. Згідно з першим підходом, людина читає псалом плачу, який надає приклад відвертого висловлення почуттів. Потім вона описує власний плач. Письмовий опис почуттів служить початком процесу зцілення. Фрауке і Чарлі говорили про це в розділі про духовні ресурси, в якому міститься перелік псалмів плачу. В іншому підході застосовується мистецтво або музика, яка торкається почуттів. Мета обох підходів полягає в чесному визнанні й безпосередньому висловленні справжніх почуттів. Коли це відбувається, людина входить у споглядальну молитву, «прямуючи до безпечного місця», висловлюючи Ісусу свої почуття і дозволяючи зміну і зцілення.

КРОК П'ЯТИЙ:
АНАЛІЗ КОЛИШНІХ РАН У СВІТЛІ ХРЕСТА ІСУСА

Робота з поведінковими, емоційними і когнітивними дисфункціями допомагає людині краще впоратись з основними емоційними ранами. Вордл радить використовувати символи, які б торкалися емоцій. Цими символами можуть бути пов'язки, милиці або мистецькі образи, які символізують рани чи ушкодження. Люди мусять записати свої колишні рани і попросити Святого Духа допомогти обрати одну з них для аналізу. Написання і прохання до Святого Духа поміщає людину в процес зцілення. Входження Ісуса до спогадів про колишню рану перевизначає і змінює її так, як не можна зробити лише одним когнітивним способом. Багато людей у цьому процесі дійсно зустрічаються з Ісусом, Який простив тих, хто завдав Йому болю. Отже, прощення є важливим аспектом зцілення тих, хто приймає зміну. Аналіз емоційних ран у світлі хреста Ісуса сприяє емоційному зціленню.

Молитва формування – це психодуховне втручання з метою зцілення ран, завданих травмою. Молитва не лише поміщає людину в процес зцілення, але й торкається когнітивних, емоційних і поведінкових аспектів зцілення. Таким чином, людина здатна відмовитись від хибних переконань, замінити їх Божою істиною, проаналізувати емоційний біль у світлі Христових страждань, покаятись у будь-яких дисфункціональних, або грішних, діях і покинути їх.

В. МОЛИТВА ЗЦІЛЕННЯ НА ПРАКТИЦІ: ПРИКЛАДИ

Для декого методи молитви зцілення можуть здаватися вигаданими, проте загалом вони є практиками, які молитовні й щирі християни часто застосовують у прагненні наслідувати образ Ісуса. Сам Ісус пояснював близькі стосунки, які Він хоче з нами мати, за допомогою символів і образів: наречений і наречена, батько і дитина, виноградна лоза та її віття. Християни щоденно мусять відкидати гріховну і дисфункціональну поведінку, брехню ворога і негативні емоції. Застосування біблійних символів може допомогти людині звільнитись від гріха. В історії з багатим молодим начальником (Лк. 18:18) Ісуса більше цікавив стан серця чоловіка, ніж його статки. Сучасні християни відчували поклик продавати машини, будинки, коштовності, позбавлятись від телебачення, відмовлятись від кави і багатьох інших речей, які по своїй суті не є важливими, однак можуть вести до глибоких проблем у житті. Не плутайте символ з глибшою проблемою, яку Бог закликає нас вирішити.

Незагоєна травма перешкоджає розвитку наших взаємин з Богом та іншими. Біблійні та традиційні символи можуть наблизити нас до Ісуса і принести зцілення, як-от, наприклад, хліб і вино, хрещення або продаж усього, що в нас є, заради слідування за Ісусом. Приклади для наслідування показують, як застосування молитовних методів може поглибити наші стосунки з Христом.

БЕЗПЕЧНЕ МІСЦЕ

Один місіонер відчув певний дискомфорт, коли я попросила його поринути думкою в мирне безпечне місце, де він був або хотів би опинитись, та уявити на тому місці Ісуса. На самому початку я сказала, що виконання цієї вправи має тривати протягом 20 хвилин і в цей час він мусить спостерігати за своїми почуттями. Він мав продовжувати навіть попри дискомфорт, який спонукав полишити це заняття. Чоловік продовжував виконувати завдання, і в його уяві з'явився усміхнений Ісус, Який весело промовив: «Девіде, у Мене для тебе є вірш». Далі Ісус, посміхнувшись, сказав: «Твій батько і Я не однакові». Для місіонера то була мить зцілення, і він уже сам сміявся з Ісусом. Раніше Девід навіть не усвідомлював, наскільки сильно його стосунки з деспотичним батьком вплинули на його стосунки з Богом. Дійсно, Бог не був схожим на його батька! Після цього досвіду Девід часто відчував присутність «усміхненого Ісуса», коли проводив час з Богом, і був здатен пізнавати глибокі духовні істини.

КОЛИШНЯ ТРАВМА

Я щороку проводжу навчальні семінари для місіонерів у рідній країні та за кордоном. Місіонери часто зазнають труднощів і викликів, які справляють на них сильний вплив. Багато з них дозволяють колишнім життєвим стресам впливати на їхню здатність справлятися з теперішніми стресорами. Нещодавно я поїхала працювати з групою місіонерів у Африці. Одна жінка, служачи зі своїм чоловіком у нестабільній країні, перебувала в сильній депресії. Коли дівчинці було три роки, її та молодшого брата залишила мати, а батько був нездатен ними опікуватись, тому діти опинились у прийомній родині. Згодом їхній батько взагалі перестав з ними зустрічатись, а прийомні батьки виявляли до них емоційне і фізичне насильство. У підлітковому віці ця дівчина стала християнкою, а коли їй виповнилось 18 років, переїхала до іншої країни, де познайомилась зі своїм майбутнім чоловіком. Жінка вірила, що то Бог привів його в її життя, дарував їй дім і родину, якої їй так бракувало в дитинстві. Однак після народження їхніх двох дітей жінку охопила сильна депресія. Коли я з нею познайомилась, вона регулярно приймала медичні препарати і вважала себе негідною дружиною та матір'ю. Жінці було складно повірити, що чоловік і діти дійсно її любили. Іноді їй здавалось, що родині буде краще без неї, і з'являлись думки про самогубство.

Дізнавшись її історію, я зрозуміла, що теперішні емоції жінки відображали дійсність її дитинства, а не дійсність її теперішнього життя. Вона повірила болісній брехні прийомного батька і жила так, наче його слова були правдою. Він казав, що ніхто ніколи її не полюбить, бо навіть рідні мати й батько не турбувались про неї. Ці слова завдавали сильного болю, і вона почувалася негідною. Будучи християнкою, жінка знала істину Божого Слова, що вона дуже цінна і є дочкою Царя Всесвіту. Однак на емоційному рівні вона не могла сприйняти цю істину. Я в молитві попросила її запросити Ісуса до своїх болісних спогадів про те, що казав їй прийомний батько, та уявити, як Ісус тримає її в дитинстві за руку і шепоче слова любові й підбадьорення. Жінка подумки уявила Спасителя, Який тримав її так, як би вона сама тримала свою дочку, що допомогло їй відчути Його цілющу любов і силу. Потім ми разом запросили Ісуса до інших болісних спогадів її дитинства, і жінка відчула Його цілющий дотик.

То був дуже особистий процес пізнання любові Ісуса. Я сиділа поряд з жінкою, тримала її за руку і дозволила їй оплакати болісні спогади свого минулого.

Коли ця жінка прибуде до країни, де вона разом з чоловіком нестиме служіння, і стикнеться з речами, які зазвичай викликають у місіонерів відчуття неспроможності й непідготовленості, у неї імовірно виникнуть і інші болісні спогади. Теперішні труднощі можуть приголомшити, якщо почуття неспроможності, що тягнеться з минулого, знову з'являється й охоплює людину. Якщо таке трапляється, варто прагнути спілкування з Богом і пов'язати теперішні почуття з колишніми подіями. Або ж за допомогою Святого Духа запросити Ісуса у свої колишні спогади і попросити в Нього зцілення. Цей процес – не про інтелектуальне прийняття власної гідності, а про особисте відчуття Божої любові та Його бажання зробити нас цілісними.

НЕЩОДАВНЯ ТРАВМА

Минулого літа я працювала з молодою родиною місіонерів, які служать в Азії. У подружжя восьмирічний син і чотирирічна донька; вони жили в Азії вже декілька років. У квітні батько поїхав у справах за межі країни, а мати залишилась з дітьми. Вони були частиною місіонерської громади, тому мати могла спокійно залишити сина з друзями в церкві й ненадовго з'їздити додому. Отже, вона разом із чотирирічною донькою поїхала на мотоциклі додому. Однак щойно вони виїхали на жваву дорогу, як їх збила вантажівка. Мати лишилась неушкодженою, а донька загинула на місці. Ніхто не зупинився, аби надати допомогу, тому молода жінка взяла на руки неживу маленьку дівчинку і побігла назад до церкви.

Я зустрілася з родиною вже через три місяці після трагедії. Не було потреби в застосуванні уяви чи інших технік, щоб дістатися до емоцій, бо вони і так були відкриті. Подружжя мало розповісти свою історію. Молода мати мусила висловити свою провину за те, що не змогла захистити дочку. Родина вимагала безпечного місця для висловлення своїх почуттів. Зцілення після такої трагедії є поступовим процесом, і вже багато було зроблено, щоб їм допомогти. Коли жінка після аварії повернулась до церкви, місіонери і друзі одразу оточили її своєю турботою. Одна родина взяла до себе її сина й опікувалась ним, допоки через декілька годин не прибув її чоловік. Місіонери перебували поряд із ними всю ніч, молились з ними і за них. Подружжя вирішило поховати тіло дочки на батьківщині. Вони хотіли перебувати в оточенні люблячої родини, яка горювала разом з ними і підтримувала звичним для них способом. Вирішення всіх практичних питань, пов'язаних з переїздом, взяв на себе директор місії. Коли подружжя повернулось до Азії, місіонери продовжували бути поряд із ними та підтримувати їх, поки вони поступово відновлювали звичні стосунки.

Подружжя вирішило перебратись до африканської країни, щоб узятись за виконання нових обов'язків. Чоловік і дружина відчували, що новий початок допоможе їм відновитись після втрати. Жоден із них не висловлював ні гніву, ані розчарування в Бозі. Молоде подружжя походило з країни, що розвивається, і на відміну від багатьох із нас, мешканців Заходу, не жило сподіваннями, що Бог оберігатиме або має оберігати їх від усього поганого. Вони були здатні відчути присутність Ісуса навіть у своїй втраті. Дружина відчувала Його присутність навіть у мить, коли піднімала дочку з тієї дороги і бігла назад до церкви. Коли вони розповідали свою історію, ми часто просили Бога допомогти нам усвідомити Його присутність. Відчуття Божої присутності принесло силу і зцілення.

Подібна втрата завжди болісна, і процес зцілення потребує часу. Я зустрічалася з цим подружжям протягом декількох тижнів, у період їх переїзду з Азії в Африку. Вони отримали гарну підтримку ще до наших зустрічей. На той час, коли я з ними познайомилась, вони вже досить успішно проходили етапи горя. Їх переїзд до Африки принесе нові виклики, які справлять як позитивний, так і негативний вплив на процес проходження горя.

Г. СТИСЛО

Террі Вордл називає молитву формування «служінням Святого Духа, яке здійснюється через християнського душеопікуна, приносить цілющу присутність Ісуса Христа в місце болю та зломленості раненої людини» (Wardle, 2001, 13). Хоч молитва формування та інші види молитви зцілення призначені для подолання незагоєних емоційних травм минулого, їхні загальні принципи корисні й для застосування у вирішенні теперішньої травми.

1. Перший принцип полягає в тому, що колишня і теперішня травма – це найперше процес лімбічної системи: досвідний, невербальний, правопівкулевий і емоційний. «Травма перебуває в примітивних, інстинктивних частинах мозку і нервової системи та не перебуває під нашим свідомим контролем» (Levine, 1997, 17). Для зцілення від травми треба працювати з емоціями.
2. Другий принцип. Зцілення від травми, колишньої чи теперішньої, відбувається емпірично. Духовне або клінічне лікування травми має проводитись у відповідності з неврологічним кодом, записаним у людському мозку. Уява є корисним способом отримати доступ до колишньої травми, що, у свою чергу, приводить до емоційного зцілення, оскільки у світлі Христа і Його страждань отриманий досвід змінюється.
3. Третій принцип пов'язаний з нейробіологічним аспектом, бо травматичний і духовний досвід відбувається в однаковій частині мозку, у лімбічній системі. Ніщо інше не надає такого розуміння духовної дійсності, як біль.
4. Четвертий принцип. Свою цілющу силу Бог зазвичай виявляє через людей. Він *вирішує* використовувати нас, хоч і не *потребує* нас для розповсюдження Євангелії у світі.

Це нагадує мені історію про маленьку дівчинку, яка боялася вночі лишатися самою в кімнаті. Її мати сказала, що боятися не треба, бо в кімнаті перебувають Ісус і ангели. Однак маленька дівчинка відповіла: «Так, однак мені потрібен той, хто має шкіру». Варто пам'ятати, що Бог призначив *нам* бути каналом благословення і зцілення для Його ранених дітей. Згідно з порадами травматологів, травмована людина найперше має перебувати в присутності люблячої і турботливої людини.

Привівши людей спочатку в присутність Христа і до відчуття внутрішньої безпеки, ми далі можемо разом заглибитись у біль минулого. Якщо травмована людина дозволяє Ісусу Христу ввійти в її біль, травма і біль змінюються.

СТИСЛО ПРО ГОЛОВНЕ
ФРАУКЕ І ЧАРЛІ ШЕЙФЕР

- Травма і страждання є частиною людського досвіду.
- Особисте богослов'я страждання, сформоване на біблійній основі, надає християнам реалістичний погляд на страждання, а також джерело сподівання посеред страждань: Божа присутність і Його співчуття, зростання, можливість уподібнюватись Христу та сподівання, що з Його поверненням біль і страждання зрештою зникнуть.
- Зазнати впливу від травматичних подій є звичайним людським досвідом, а не ознакою слабкості. Наслідками цих подій можуть бути: посттравматичний стрес, хвилювання, депресія.
- Ступінь впливу травматичних подій визначається біологічними, обставинними, психологічними і духовними факторами. Обізнаність про ці фактори має сприяти формуванню відповідних стратегій, які допомагають у зміцненні стійкості на особистому, груповому й організаційному рівні.
- Християнські громади й організації потребують інтегрування у своє життя принципів і стратегій, які посилюють стійкість. Треба також проводити навчання обдарованих людей, які зможуть допомогти іншим у час кризи.
- Ми створені таким чином, що потребуємо громади, яка б нас підтримувала в період страждань. Присутність християнської громади (Тіла Христа) часто відчутно відображає Божу присутність з людиною після травми.
- Духовна боротьба є характерним явищем після дуже травматичних подій. Віруючі часто відчувають більше страждань одразу після події, оскільки під сумнівом опиняються аспекти їхньої віри, основа, мета і значення життя.

- Певні духовні риси і практики можуть допомогти віруючому, поглибивши його віру, зміцнивши стійкість і посприявши духовному зростанню.
- Молитва за зцілення допомагає відновити порушені стосунки з Богом після травми.
- Суверенний Бог є автором і виконавцем нашого відновлення і зростання після травми, здійснюючи це за допомогою інших людей або без їхньої участі. Бог присутній поряд із нами і часто діє незрозумілими для нас способами.

ДОДАТКИ

ДОДАТОК А
Робочий лист «Назустріч богослов'ю ризику і страждання»
СКОТТ ШОМ (BARNABAS INTERNATIONAL)

НАЗУСТРІЧ БОГОСЛОВ'Ю РИЗИКУ

Попередні думки про ризик:
- Ризик є частиною життя у грішному світі. Кожен із нас ризикує щодня, однак ми вже звикли до цих ризиків. Переживання повторних ризиків зменшує нашу чутливість до них. Коли ризики стають більш знайомими для нас, ми стаємо більш терпеливими до них. Наприклад, ми продовжуємо їздити на машині навіть попри те, що статистика смертей від автокатастроф значно вища за статистку авіакатастроф.
- Вид, ступінь і частота ризику, якого зазнає людина, залежить від місця її проживання. Те, що може здаватись ризикованим для віруючого у США, який не подорожував за кордоном, може бути незначним або звичайним ризиком для міжкультурного працівника, який часто подорожує до різних і/або нестабільних регіонів.
- Поріг ризику різний для різних людей. Дехто може добре впоратись із ризиком високого ступеня, тоді як інші більш схильні до консерватизму та перестороги у своїх діях.
- Отже, не варто розмірковувати над тим, чи є рішення стосовно ризику моральним питанням. Часто рішення «ризикувати» не є питанням, чи це правильно або неправильно, особливо в незахідних культурах. Обізнаність про цю варіативність і

несхильність до засудження моральності інших виключно на основі їхнього рішення ризикувати є проявом зрілості.
- Як показано в подальших уривках, є час, коли варто оминати ризик, і є час, коли треба не лише залишатись непохитними, але й бути готовими до дедалі більших ризиків. Ісус і Павло керувались обома принципами.
- У мудрих організаціях допускаються різні підходи у визначенні власної політики.

Розвивайте біблійне богослов'я ризику, перераховуючи факти і принципи на основі подальших уривків і визначаючи керівні теми. Далі наводяться приклади з життя Ісуса й апостолів.

Приклади з життя Ісуса й апостолів
- Луки 4:24-30
- Матвія 12:14-15; Марка 3:6-7
- Луки 13:31-33
- Івана 8:59
- Матвія 24:1-14
- Дії 4:1-31
- Дії 5:17-41
- Дії 8:1-8,26-30
- Дії 9:20-30
- Дії 14:1-7,19-28
- Дії 17:1-15
- Дії 18:9-11,22-24
- Дії 20:22-25; 21:1-14

НАЗУСТРІЧ БОГОСЛОВ'Ю СТРАЖДАННЯ

Попередні думки про страждання:
- Західна культура віддана комфорту. Багато людей не отримали належного вчення про страждання і почуваються самотніми на своєму страдному шляху.
- Страждають усі. Більш того, віруючі в Христа запрошені поділити Його страждання.

- Отже, важливо, аби ми ретельно обміркували і сформували біблійне богослов'я страждання.

Є багато грецьких термінів, які перекладені словами «страждання», «горе», «випробування», «спокуси», «навчання», «докір» і т. д. Почати формувати біблійне богослов'я страждання можна з вивчення таких уривків. Цей перелік не вичерпний.

Уривки про страждання інших:
- особисті страждання Ісуса (Мт. 4:1; 13:53-58; Лк. 4:16-30; Ів. 1:10-11; 12:32);
- досвід Павла й уроки з різних труднощів (2 Кор. 1:3-11; 4:7-18; 6:1-10; 7:2-16; 11:22-28; 12:7-10; Гал. 6:17; Фил. 1:7, 12, 19-20; 4:11-14; Кол. 1:24; 2 Тим. 1:8, 12; 2:8-9);
- страждання може бути частиною шляху віри (Євр. 11:36-40);
- пам'ятайте тих, хто страждає (Євр. 13:3).

Новозавітні уривки для формування богослов'я страждання:
- вчення Ісуса про страждання (Мт. 5:10-12; страждання є нашою спадщиною; Лк. 12:4-12; Ів. 12:23-26; 15:20; 16:1-4,33);
- вчення Павла про страждання (Рим. 5; 9:2; 12:9-21; Фил. 1:27-30; 2:17-18; 2:25-30; 3:7-11; 1 Сол. 1:6-7; 3:3-4; 2 Тим. 3:12);
- два основних уривки, які містять однакове вчення (Як. 1:2-4 та Рим. 5:2-4);
- страждання – це дар (благодать), як і виправдання (Фил. 1:29);
- нагорода пов'язана зі стражданням (Рим. 8:17-39);
- вчення Петра про гоніння, яке можна застосувати до будь-якого страждання (1 Петр. 1:11; 2:19-23; 3:14-19; 4:13; 5:1, 9-10);
- страждання може зміцнити нашу віру (1 Петр. 1:3-7);
- страждання може навчити нас покірності (1 Петр. 4:1-2);
- ми благословенні, якщо страждаємо (Як. 1:12; 5:11);
- вчення про страждання в контексті Другого пришестя Христа (Об. 2:10; 6:9; 12:11; 17:6; 18:24; 19:1-5; 21:4).

ДОДАТОК Б
Характерні реакції на травму
ДОРОСЛІ
КАРЕН КАРР

Нижче викладені реакції та симптоми, які часто виникають у людей, що зазнали травми. Ці симптоми відображають спроби вашого тіла впоратись зі стресом і пристосуватись до того, що сталось.

Поведінкові
Відлюдна поведінка
Вживання алкоголю
Вживання наркотиків
Уникнення веселощів
Надмірний трудоголізм
Бажання залишити служіння
Падіння продуктивності
Втрата речей
Сильна дратівливість/Надмірна тривожність
Плаксивість
Млявість або гіперактивність
Безцільне блукання
Зневіра
Істерія
Раптові зміни способу життя
Порушення сну

Ризикована/саморуйнівна поведінка
Посилене куріння
Надмірне витрачання грошей
Схильність до нещасних випадків
Статева аморальність

Афективні (емоційні)
Оціпеніння/емоційна закритість
Шок
Хвилювання/страх
Страх повторення травми
Збудження
Дратівливість
Розчарування
Паніка або страх (конкретний або загальний)
Приголомшеність

Гнів (на себе, інших, Бога)
Обурення/лють
Перепади настрою
Тривожні сни
Смуток
Депресія
Скорбота
Безпорадність або неадекватні
   відчуття
Почуття провини
Втрата почуття гумору
Менша здатність упоратись
   з новим або подальшим
   емоційним стресом

Соматичні (фізичні)
Прискорене серцебиття
Пітливість
Почервоніння
Задишка/гіпервентиляція
Біль у грудях
Нудота/блювання
Розлад шлунку/спазми/діарея
Втрата апетиту або потяг до
   нездорової їжі
М'язове тремтіння
Приглушення слуху
Втрата координації
Часті головні болі чи мігрені
Біль у м'язах
Швидка неконтрольована мова
Складно всидіти на місці або
   розслабитись
Запаморочення або
   непритомність
Сухість у роті й горлі
Часта потреба в сечовипусканні
Скреготіння зубами
Схильність до застуди
Зміна ваги (набір або втрата)
Безсоння, нічні кошмари
Почуття виснаження і втоми
Зміна у статевому функціонуванні
   чи бажанні
Порушення менструального
   циклу

Міжособистісні
Дратівливість
Швидке розчарування
Нечутливість
Втрата інтересу до інших
Ізолювання/дистанціювання
   (уникання спілкування)
Почуття незахищеності
Уникнення близькості
Підозрілість
Залежність
Розбрат/суперечки
Критичне ставлення до інших
Цап відбувайло (фокус для
   пригніченого гніву і депресії)
Надмірна чутливість (почуття
   легко образити)
Проблеми в родині
Компульсивна мова

Когнітивні (мислення)
Зневіра

Жах
Збентеження
Погана концентрація
Спустошеність
Погана здатність приймати рішення
Проблема з визначенням пріоритетів
Дезорієнтація
Проблеми з пам'яттю
Проблеми з увагою (інформація не запам'ятовується)
Надмірна зосередженість на травматичних спогадах
Надмірна зосередженість на здоров'ї
Викривлення часу (сповільнення або пришвидшення)
Посилена ригідність і закрите мислення (негнучкість)

Почуття всесильності (нереалістична оцінка ситуації)
Цинізм або негативізм
Абсолютне мислення («я ніколи…»; «це завжди…»)
Негативне/критичне самосприйняття («я такий невдаха»)
Ретроспективне мислення («якби тільки…»; «чому не…»)
Флешбеки та інші нав'язливі образи

Значення/служіння
Надмірна зосередженість на виконанні завдання
Втрата відчуття мети/ролі
Менша значимість служіння
Розчарування в Бозі
Втрата мотивації
Сумніви в попередніх віруваннях

ВИСНОВКИ

Кожна людина унікальна в тому, як вона реагує на травму, тому ваша реакція може відрізнятися від реакції іншої людини, яка зазнала такого самого чи схожого досвіду. Пам'ятайте, що для зцілення потрібен час. Попрацювавши над своїми реакціями, ви опинитесь у новому місці в житті, яке характеризується глибшим розумінням, належними висновками, стійкістю, більшою довірою і розширеним світоглядом. Ви не лише постраждаєте, але й досягнете процвітання. Хоч багато що забудеться і вам стане набагато краще, все одно будуть аспекти, які можуть викликати ці симптоми і болісні спогади. Якщо ці симптоми почнуть сильно виявлятись і триватимуть довгий період часу або якщо помітите ознаки погіршення служіння чи стосунків, ви, можливо, захочете поспілкуватись з фахівцем з питань травми. Це не означає, що ви божевільні, це лише значить, що вам потрібна допомога. Більше інформації на www.mmct.org або зв'яжіться з «Мобільною командою душеопікунства» на karen.carr@barnabas.org

Щоб отримати формат для друку цього робочого листа, будь ласка, завітайте на:
http://www.mmct.org/wp-content/uploads/2020/04/Common-Reactions-to-Trauma-Adults.pdf

ДОДАТОК Б
Характерні реакції на травму
ДІТИ
КАРЕН КАРР

Поведінкові (та міжособистісні)

Дошкільнята

Нічне нетримання сечі

Смоктання пальця

Повторювана гра; програвання травми

Тривожність, залежність

Агресивність/неслухняність

Початкова школа

Залежність

Відновлення звичок, які переросли

Суперництво з братами і сестрами

Повторювані розмови; програвання травми

Неслухняність

Зниження успішності в школі

Середня/старша школа

Нездатність виконувати обов'язки

Відновлення попередніх методів копінгу

Соціальне дистанціювання; міжособистісні проблеми

Самоприниження

Прояв антисоціальної поведінки

Вживання алкоголю/наркотиків

Зниження успішності в школі

Раптові зміни у ставленнях, стилях, стосунках і власній особистості

Припинення навчання, вагітність, шлюб

Апатія

Афективні (емоційні)

Дошкільнята

Загальні страхи

Нервовість, тривожність, хвилювання

Страх розлуки

Страх нагадувань

Паніка/істерія

Дратівливість

Притуплення або заціпеніння

Початкова школа

Страх повторення травматичної події і пов'язаних з нею подразників

Бажання, аби їх годували, одягали
Шкільна фобія
Уникнення великих груп
Агресія
Надмірне хвилювання про безпеку родини
Гнів, ворожість, войовничість
Апатія, усамітнення
Провина
Смуток/депресія
Притуплення або заціпеніння

Середня/старша школа
Гнів, ворожість, войовничість
Провина
Хронічний смуток/депресія
Хвилювання

Соматичні (фізичні)
Дошкільнята
Втрата апетиту
Блідий вигляд
Переїдання
Проблеми з кишечником/ сечовим міхуром
Проблеми зі сном
Нічні кошмари

Початкова школа
Скарги на зір
Скарги на проблеми зі шлунком

Головні болі
Блідий вигляд
Свербіж
Проблеми зі сном

Середня/старша школа
Головні болі
Невизначені скарги, болі
Шкірні висипання
Втрата апетиту/переїдання

Когнітивні (мислення)
Дошкільнята
Коротша концентрація уваги
Розгубленість стосовно:
- події
- місць
- послідовності
- смерті

Початкова школа
Розгубленість стосовно:
- події
- послідовності

Нездатність зосередитись

Середня/старша школа
Проблеми з концентрацією уваги
Надмірна зосередженість на здоров'ї
Інтелектуалізація
Раціоналізація

Узято з Johnson, Kendall. 1993. School crisis management. Alameda, CA: Hunter House Щоб отримати формат для друку цього робочого листа, будь ласка, завітайте на: http://www.mmct.org/wp-content/uploads/2020/04/Common-Reactions-to-Trauma-Children.pdf

ДОДАТОК Б
Характерні реакції на травму
ПІДЛІТКИ
КАРЕН КАРР

Поведінкові (та міжособистісні)
Складно брати на себе відповідальність
Повернення до старих звичок
Соціальне дистанціювання
Самоприниження
Вживання алкоголю/наркотиків
Зниження успішності в школі
Раптові зміни у ставленнях, стилях, стосунках і власній особистості
Припинення навчання, вагітність, шлюб
Апатія – байдужість до всього
Агресивність
Зміна друзів, груп однодумців
Складно дотримуватись правил

Афективні (емоційні)
Гнів, ворожість
Провина
Хронічний смуток/депресія
Хвилювання

Заціпеніння
Сором
Відчай
Паніка
Обвинувачення
Почуття зради
Почуття залишення/самотності

Соматичні (фізичні)
Головні болі
Невизначені скарги, болі
Шкірні висипання
Втрата апетиту/переїдання
Проблеми зі сном
Хворобливість

Когнітивні (мислення)
Проблеми з концентрацією уваги
Занепокоєння стосовно здоров'я
Інтелектуалізація/раціоналізація – закритість і небажання говорити чи думати про біль
Розгубленість
Мимовільні думки про самогубство*

Дезорієнтація

Духовні

Сумніви стосовно вкорінених переконань

Сумніви стосовно віри

Гнів на Бога

*У разі появи таких думок, будь ласка, розкажіть про них дорослому, якому довіряєте. Щоб отримати формат для друку цього робочого листа, будь ласка, завітайте на: http://www.mmct.org/wp-content/uploads/2020/04/Common-Reactions-to-Trauma-Adolescents.pdf

ДОДАТОК Б
Оцінка рівня стресу міжкультурного працівника
КАРЕН КАРР

На подальших сторінках визначте, наскільки часто ви відчуваєте стрес через кожний із цих аспектів міжкультурного життя, оцінивши себе за шкалою 1-5. Найвища цифра свідчить про дуже високий рівень стресу в цій сфері вашого життя, найнижча – це для вас нині не стресова сфера або ж у вас є способи, як із цим упоратись, зменшуючи відчуття стресу.

Щоб отримати формат для друку цього робочого листа, будь ласка, завітайте на: http://www.mmct.org/#/recources/debriefings-english

1 – Майже ніколи   2 – Рідко   3 – Іноді   4 – Часто   5 – Дуже часто

Служіння
___ Очікування від інших
___ Очікування від себе
___ Здатність визначати пріоритети
___ Відчуття змін
___ Здатність досягати цілей
___ Фінансова підтримка
Загальний бал: ___

Духовна сфера
___ Стосунки з Богом
___ Молитовний час
___ Час для вивчення Слова
___ Підзвітність
___ Спілкування
___ Духовне зростання
Загальний бал: ___

Стосунки
___ Шлюб/стосунки із сусідами
___ Стосунки з родиною
___ Стосунки з друзями
___ Стосунки з керівництвом
___ Стосунки зі співробітниками
___ Взаємодія з культурним контекстом, у якому ви живете
Загальний бал: ___

Емоційна сфера
___ Розчарування
___ Образи і зрада
___ Гнівні почуття
___ Страхи і хвилювання
___ Відчуття браку радості й щастя
___ Втрата відчуття гумору
Загальний бал: ___

Контекст проживання
___ Клімат
___ Транспорт
___ Інфраструктура (електрика/вода/пошта)
___ Небезпеки/нестабільність
___ Утиск: соціально-політичний/духовний
___ Корупція
Загальний бал: ___

Травма
___ Сильна травма, що її завдала людина
___ Загроза завдання шкоди
___ Нещасні випадки
___ Смерті
___ Природні катастрофи
___ Втрата
Загальний бал: ___

Міжкультурна сфера
___ Відмінність культурних цінностей
___ Мова

___ Почуття самотності
___ Міжкультурні очікування
___ Осудне/критичне ставлення до культури
___ Гендерні відмінності
Загальний бал: ___

Розвиток/перехідний період
___ Діти: освіта, адаптація
___ Процес старіння (себе чи батьків)
___ Зміна ролі
___ Зміна місця проживання
___ Зміна системи підтримки
___ Вихід на пенсію
Загальний бал: ___

Здоров'я
___ Фізичний стан
___ Емоційний стан
___ Психічний стан
___ Статеве здоров'я
___ Сон
___ Час для відпочинку
Загальний бал: ___

ПІДСУМОК БАЛІВ І ПОДАЛЬШІ КРОКИ

1. Напишіть категорії та їхні загальні бали в порядку від найвищого бала (найбільш стресова сфера) до найнижчого (найменш стресова сфера).

Категорія   *Загальний бал*
1.
2.
3.
4.
5.
6.
7.
8.
9.

2. Пропляньте анкету і зверніть увагу на ті пункти, де ви поставили бал 1 або 2; це сфери з низьким рівнем стресу і їх варто відзначити!

3. Випишіть усі пункти, де ви поставили бал 4 або 5; це сфери з високим рівнем стресу, і це означає, що ви ще не змогли з ним упоратись.

4. Визначте способи застосування ваших сильних сторін і ресурси для копінгу, аби розпочати працювати над сферами, які викликають найбільше занепокоєння. Перерахуйте, що вам тепер може допомогти впоратись з цими стресорами.

5. Напишіть, які 3-4 конкретних кроки ви можете зробити в наступні декілька тижнів.

Примітка: Ця анкета має застосовуватись лише як інструмент, який спонукає до роздумів та обговорення джерел міжкультурного стресу і засобів його подолання. Вона не мусить використовуватись для перевірочних досліджень, і отримані бали не мають уважатись за підставу для прийняття клінічних рішень. Більше інформації про анкету, розроблену після широкого дослідження, дивіться на www.cernysmith.com.

ДОДАТОК В
Книги, онлайн-ресурси, консультаційні центри, конференції і тренінги
ЧАРЛІ ШЕЙФЕР

ОГЛЯД
А. КНИГИ
Духовні й емоційні ресурси
1. Баланс: духовний і емоційний
2. Прощення і провина
3. Благодать і сором
4. Горе і втрата
5. Плач
6. Духовна боротьба у труднощах

Молитва зцілення

Інструменти для допомоги під час кризи
1. Антикризовий менеджмент
2. Душеопікунство
3. Лікування ПТСР
4. Гігієна сну

Б. ОНЛАЙН-РЕСУРСИ, БІБЛІОТЕКИ І ВИДАВНИЦТВА
В. КОНСУЛЬТАЦІЙНІ ЦЕНТРИ
Г. КОНФЕРЕНЦІЇ І ТРЕНІНГИ

А. КНИГИ

Духовні й емоційні ресурси

1. Баланс: духовний і емоційний

Buchanan, Mark. 2006. *The Rest of God: Restoring Your Soul by Restoring Sabbath.* Nashville, TN: Thomas Nelson. Субота – це не лише день, зосереджений на Бозі, але і стан тиші та слухання, в якому можна віднайти Божий спокій.

Williams, Gaylyn R., and Ken Williams. 2010. *All Stressed Up and Everywhere to Go.* Colorado Springs, CO: Relationship Resources. Ця книга містить практичні біблійні інструменти й ілюстративні історії для набуття духовного, емоційного, фізичного і міжособистісного балансу.

2. Прощення і провина

Luskin, Fred. 2002. *Forgive for Good: A Proven Prescription for Health and Happiness.* New York, NY: HarperCollins Publishers. Автор описує силу зцілення і медичну користь від прощення, а також дев'ятикроковий метод прощення.

Shores, Steve. 1993. *False Guilt: Breaking the Tyranny of an Overactive Conscience.* Colorado Springs, CO: NavPress Publishing. Автор надає розуміння тиранії критики, яка ґрунтується на досягненні результатів і завдає шкоди самій людині; також автор показує шлях до свободи, яку Бог дарує завдяки прощенню.

Smedes, Lewis. 1984. *Forgive and Forget.* New York, NY: Pocket Books. Автор описує практику прощення дуже зрозумілим способом, обговорюючи не лише прощення тих, хто нас образив, але і прощення самих себе, Бога і тих, хто вже помер.

3. Благодать і сором

Smedes, Lewis. 1993. *Shame and Grace.* New York, NY: HarperCollins Publishers. Автор надає покроковий духовний план зцілення від тягаря сорому.

4. Горе і втрата

Greeson, Charlotte, Mary Hollingsworth, and Michael Washburn. 1990. *The Grief Adjustment Guide.* Sisters, OR: Questar Publishers. Книга містить корисні практичні поради стосовно того, як упоратись із горем.

Lewis, C.S. 1961. *A Grief Observed.* New York, NY: HarperCollins Publishers. Автор відверто розмірковує про основоположні питання життя, смерті й віри в контексті втрати, ґрунтуючись на власному досвіді після трагічної смерті своєї дружини.

Mason, Mike. 1994. *The Gospel According to Job: An Honest Look at pain and Doubt from the Life of One Who Lost Everything.* Wheaton, IL: Crossway Books. Коментар на Книгу Йова, в якому порушуються питання людських сумнівів, страждання і віри.

Means, James. 2006. *Tearful Celebration: Finding God in the Midst of Loss.* Sisters, OR: Multnomah Publishers. Автор розповідає про відчай після смерті своєї дружини від раку, описуючи власні намагання зрозуміти Божу волю в цій трагічній втраті.

Sittser, Gerald. 1995. *A Grace Disguised.* Grand Rapids, MI: Zondervan Publishing. Автор описує трагічну втрату трьох членів родини в автомобільній катастрофі, свій шлях через сильне горе та ставлення інших до нього в період горя.

Wangerin, Walt. 1992. *Mourning into Dancing.* Grand Rapids, MI: Zondervan Publishing. Автор описує християнський досвід смерті, горя і скорботи через призму незначних втрат, які трапляються в повсякденному житті.

Westberg, Granger E. 2004. *Good Grief: Turning the Showers of Disappointment and Pain into Sunshine.* Minneapolis, MN: Augsburg Fortress. Автор описує процес втрати і скорботи у світлі християнської віри і людської природи.

5. Плач

Brueggemann, Walter. 1984. *The Message of the Psalms – A Theological Commentary.* Little Falls, MN: Augsburg Publishing. Автор описує плач і хвалу, висловлені у Псалмах.

"Grief Journaling with the Psalms of Lament" at http://www.journey-through-grief.com/grief-journaling-with-laments.html. Онлайн-ресурс показує, як вести щоденник горя на прикладі структури псалмів плачу.

Wolterstorff, Nicholas. 1987. *Lament for a Son.* Grand Rapids, MI: William B. Eerdmans Publishing. Автор пише про горе від трагічної смерті свого сина; зміст книги допоможе іншим оплакати втрату своїх дітей чи близьких людей.

6. Духовна боротьба у труднощах

Green, Thomas H. 1991. *Drinking from a Dry Well: Prayers Beyond the Beginning.*

Notre Dame, IN: Ave Maria Press. Автор є католицьким священиком, який більшу частину свого життя перебував у Філіппінах. Він проводить читача через особисту «темну ніч душі», допомагаючи зрозуміти, що Бог може зробити і як на це відреагувати.

Jervis, L. Ann. 2007. *At the Heart of the Gospel: Suffering in the Earliest Christian Message*. Grand Rapids, MI: Eerdmans Publishing. Це одна з найкращих богословських книг про страждання. Автор надає глибокий погляд на процес формування в Павла розуміння страждання на основі його послань: 1 Солунян, Филип'ян і Римлян.

May, Gerald. 2004. *The Dark Night of the Soul: A Psychiatrist Explores the Connection between Darkness and Spiritual Formation*. New York, NY: HarperCollins Publishers Inc. Автор допомагає зрозуміти писання Івана від Хреста і Терези Авільської про темну ніч душі. Будучи психіатром, автор також говорить про зв'язок між духовною темною ніччю і клінічною депресією.

Mother Teresa. 2007. *Come Be My Light: The Private Writings of the "Saint of Calcutta."* New York, NY: Doubleday. Мати Тереза 40 років свого життя провела в тому, що вона називала відсутністю усвідомлення Божої присутності в її житті, «темною ніччю душі». Але попри це вона допомагала тим, хто зазнавав сильних страждань. Ця книга містить «дуже глибокі води» і сповнена уроків стосовно Божої праці в темряві та стражданні.

Sproul, R. C. 2009. *Surprised by Suffering: The Role of Pain and Death in the Christian Life*. Lake Mary, FL: Reformation Trust. Автор досліджує проблеми, викликані стражданням у християнському житті. Він надає біблійні відповіді стосовно місця страждання в Божому провидінні та Його благих намірів.

Yancey, Philip. 1988. *Disappointment with God*. Grand Rapids, MI: Zondervan Publishing. Автор розглядає поглиблення віри у стражданнях, коли здається, що Бог мовчить, відсутній і несправедливий.

Yancey, Philip. 2010. *What Good is God? In Search of a Faith that Matters*. New York, NY: FaithWords Hachette Book Group. Автор досліджує значимість і цінність віри в Бога під час сильного випробування травмою і трагедіями.

Молитва зцілення

Boyd, Gregory. 2004. *Seeing is Believing*. Grand Rapids, MI: Baker Books. Автор пише про роль Духом натхненої уяви в молитві, яка допомагає краще пізнати трансформуючу дійсність особистої зустрічі з Ісусом.

Lawrence, Roy. 2003. *How to Pray When Life Hurts: Experiencing the Power of Healing Prayer*. England: Scripture Union. Автор надає практичне керівництво, як молитись з людьми під час болю і кризи.

Miller, Calvin. 2000. *Into the Depths of God: Where Eyes See the Invisible, Ears Hear the Inaudible, and Minds Conceive the Inconceivable*. Minneapolis, MN: Bethany House. Автор заохочує до християнського пізнання Божої глибини через неспішне і тихе молитовне слухання Бога.

Sanford, Agnes. 1983. *The Healing Light*. New York, NY: Ballantine Books. Агнес Сенфорд уважається засновницею руху молитви внутрішнього зцілення; вона народилась у родині місіонерів і сама була місіонеркою. У цій книзі вона пише про те, що пізнала про цілющу силу Божої присутності й любові.

Seamands, David A. 1973. *Healing of Memories*. Wheaton, IL: Victor Books. Автор пише про силу Святого Духа зціловувати травматичні спогади.

Wardle, Terry. 2001. *Healing Care, Healing Prayer*. Orange, CA: New Leaf Books. Террі Вордл розробив і пояснює методологію молитву внутрішнього зцілення, яку назвав «Молитвою формування».

Інструменти для допомоги під час кризи

1. Антикризовий менеджмент

Slaikeu, Karl. 1990. *Crisis Intervention: A Handbook for Practice and Research*. Boston, MA: Allyn and Bacon. Автор презентує модель допомоги під час кризи й ілюструє, як її застосовують священики, медсестри, консультанти та інші фахівці.

Slaikeu, Karl and Steve Lawhead. 1984. *Up from the Ashes*. Grand Rapids, MI: Zondervan Publishing. Автори надають керівництво для особистого антикризового менеджменту.

2. Душеопікунство

Hay, Rob, et al. 2007. *Worth Keeping: Global Perspectives on Best Practice in Missionary Retention*, eds. Hay, Rob, Valerie Lim, Detlef Blocher, Jaap Ketelaar, and Sarah Hay. Pasadena, CA: William Carey Library. Ґрунтовне дослідження, що його провела організація «WEA Mission Commission», надає практичні принципи для підтримки і зміцнення місіонерів у всьому світі, зокрема стосовно таких сфер: відбір і розвиток команди і співробітників, духовне життя, баланс між працею й особистим життям, побудова команди, лідерство, вирішення конфліктів і спілкування.

Powell, John R., and Joyce M. Bowers. 2002. *Enhancing Missionary Vitality*. Palmer Lake, CO: Mission Training International. Збірка статей, яка містить дослідження, погляди, моделі й тематичні дослідження стосовно місіонерського життя. Її теми охоплюють обрання і побудову команди, профілактичні послуги, допомогу під час кризи і дебрифінг, прощення і примирення.

3. Лікування ПТСР

Dolan, Yvonne. 1998. *One Small Step: Moving Beyond Trauma and Therapy to a Life of Joy*. Watsonville, CA: Papier-Mache Press. Автор описує вправи, які допоможуть вижити після травми і прийняти життя знову.

Najavits, Lisa M. 2002. *Seeking Safety: A Treatment Manual for PTSD and Substance Abuse*. New York, NY: Guilford Press. Книга написана для фахівців з питань психічного здоров'я; водночас у ній містяться практичні інструменти і матеріали, які будуть корисні для душеопікунів і тих, хто зазнав кризи. У книзі, наприклад, містяться різні види навичок обґрунтування для періодів, коли людина почувається приголомшеною.

Williams, Mary Beth, and Sili Poijula. 2002. *The PTSD Workbook: Simple, Effective Techniques for Overcoming Traumatic Stress Symptoms*. Oakland, CA: New Harbinger Publications. Книга описує емоційний і фізіологічний вплив травми і методи подолання цього впливу.

4. Гігієна сну

Edinger, Jack D. 2008. *Overcoming Insomnia: A Cognitive-Behavioral Approach Workbook (Treatments that Work)*. New York, NY: Oxford University Press. Когнітивно-поведінкові методи, які є дієвими в подоланні безсоння. Книга надає розуміння проблем, пов'язаних зі сном, і пояснює навички й інструменти, які покращують якість сну.

Stewardship of Self for Cross-Cultural Workers: Sleep – article by Ronald Koteskey and Marty Seitz at https://crossculturalworkers.com/sleep

4а. Онлайн-ресурси для гігієни сну

www.webmd.com/sleep-disorders/guide/sleep-hygiene

https://www.cdc.gov/sleep/features/getting-enough-sleep.html
www.umm.edu/sleep/sleep_hyg.htm#b

Б. ОНЛАЙН-РЕСУРСИ, БІБЛІОТЕКИ І ВИДАВНИЦТВА

Barnabas International – перелік ресурсів для різних ситуацій у душеопікунстві; www.barnabas.org/resources.php

CaringBridge – персоналізовані вебсайти з корисною інформацією для тих, хто потребує медичної допомоги і хто їм буде допомагати; www.caringbridge.org

Crisis Consulting International – надає безпеку й антикризову підтримку і допомогу християнським місіонерам; www.cricon.org

FEMA for Kids – Federal Emergency Management Agency: надає ресурси; рекомендує книги, ігри та різні види діяльності для допомоги дітям у надзвичайних ситуаціях; www.ready.gov/kids

Headington Institute – допомагає душеопікунам і співробітникам гуманітарних організацій у всьому світі, надаючи різні онлайн-ресурси, організовуючи навчальні семінари, забезпечуючи освітніми матеріалами, надаючи консультаційні послуги; www.headington-institute.org

Mental Health Resources for Cross Cultural Workers – статті для міжкультурних працівників, що їх написали Рон і Бонні Котескі; https://crossculturalworkers.com/mental-health

Mobile Member Care Teams Resources – надає періодичний дайджест матеріалів стосовно психічного здоров'я (MMCT Communique) і статей на тему кризи, реакції на травму і стійкості; www.mmct.org/#/resources

People In Aid – зосереджується на збільшенні ефективності міжнародних гуманітарних організацій через семінари, коучинг, публікації, приклади добрих практик та інші ресурси; www.peopleinaid.org

World Federation for Mental Health – міжнародні ресурси на теми психічного здоров'я; www.wfmh.org/01Links.htm

В. КОНСУЛЬТАЦІЙНІ ЦЕНТРИ ДЛЯ МІСІОНЕРІВ ТА ІНШИХ СЛУЖИТЕЛІВ

Alongside – проведення ретритів для служителів, консультаційні послуги, церковне консультування, оцінка кандидатів-місіонерів, проведення семінарів (Мічиган, США) www.alongsidecares.net

Barnabas Zentrum – консультування, ретрити, тренінги та допомога місіонерам і християнським працівникам в Європі, Африці, Азії та на Середньому Сході (Колорадо, США, та Австрія) www.barnabaszentrum.com

Cornerstone Counseling Foundation – професійні християнські консультації та тренінги для християнських працівників в Азії та, зокрема, у Таїланді (Чіангмай, Таїланд) https://www.ccfthailand.org/

Global Map of Counseling Centers Worldwide – карта центрів душеопікунства, що її створила Global Member Care Network
http://www.globalmembercare.com/index.php?id=41

International Health Management – запобігання і лікування (медичне і психологічне) травми в контексті допомоги іммігрантам і керівництву неприбутковими благодійними і громадськими організаціями через забезпечення всебічного медичного менеджменту (Онтаріо, Канада) www.ihm.ca

Le Rucher Ministries – коротке консультування, дебрифінг і кризовий дебрифінг, навчальні курси на тему пасторської опіки (Франція) www.lerucher.org

Link Care Center – християнські фахівці з питань психічного здоров'я і пасторські консультанти, які надають допомогу місіонерам, пасторам, християнським працівникам та їхнім родинам; доступне житло на території кампусу організації (Каліфорнія, США) www.linkcare.org

Mobile Member Care Teams – надання консультаційних послуг, однак не є центром консультування (Африка) www.mmct.org

The Well – християнський центр душеопікунства, який проводить консультування, дебрифінг, пасторське душеопікунство, консультування лідерів і організацій, допомагає у вирішенні конфліктів та в побудові команд християнських працівників і організацій, які служать в Азії (Чіангмай, Таїланд) https://www.thewellintl.org/

Tumaini Counseling Centre – профілактика і відновлення психічного здоров'я та пасторське душеопікунство з метою посилення стійкості й продуктивності місіонерів (Найробі, Кенія) tumainicounselling.net

Г. КОНФЕРЕНЦІЇ І ТРЕНІНГИ

Global Member Care Conference – http://www.globalmembercare.org/

Le Rucher Ministries – дебрифінг і навчальні курси; https://lerucher.org/

Mental Health and Missions Conference – https://www.mti.org/conferences/mental-health-and-missions/

Pastors to Missionaries Conference (PTM),

Barnabas International – https://www.barnabas.org/member-care/events/ptm

ДОДАТОК Г
Ресурси допомоги при травмах (для українського видання)
СПІВРОБІТНИКИ BARNABAS INTERNATIONAL

1. Брошури від співробітників Barnabas International
https://drive.google.com/drive/folders/1EVxhX3SLyOdnKJ2ZkWp6B0pKW0pe8DiG

- Де я відчуваю емоції?
- Дихання з повітряною кулькою
- Дихання пальчиками
- Мої страхи
- Робот і маріонетка
- Розслабтесь
- Що таке релаксація?

2. Духовні ресурси в подоланні травми (розділ з книги «Травма і стійкість» у PDF)
Фрауке і Чарлі Шейфер
www.traumaresilience.com

3. Ресурси українською мовою (див. знизу за посиланням)
https://traumahealinginstitute.org/resources

- «Долаючи лихо»: Посібник для тих, хто потребує духовної першої допомоги
- Листівка «Долаючи лихо»
- Як використовувати посібник «Долаючи лихо» в малих групах
- Комплект інструментів «Долаючи лихо»
- «Бог зі мною»: Сімейний посібник із життя у важкі часи

- «Вихід»: Посібник для підлітків, які зазнають невизначених часів

4. Відео курс: «Духовна перша допомога» від *Trauma Healing Institute* (англійською мовою)
https://vimeo.com/showcase/7256577

5. Книга: Наталія Простун «Як зрозуміти дитину, котра бачила війну, і як їй допомогти» (Mission Eurasia, 2023)
Книга написана на основі живого, хоч і трагічного досвіду війни Росії проти України, яка триває з 2014 року. Посібник містить короткі практичні рекомендації для тих, хто хоче підтримати дитину, на яку вплинула війна.

Репортаж РІСУ про презентацію книги за сприянням програми «Мені не байдуже» (ICare): https://risu.ua/yak-zrozumiti-i-dopomogti-ditini-kotra-bachila-vijnu-u-lvovi-predstavili-praktichnij-posibnik_n136062

БІБЛІОГРАФІЯ

ПЕРЕДМОВА

Schaefer, Frauke C., Dan G. Blazer, Karen F. Carr, Kathryn M. Connor, Bruce Burchett, Charles A. Schaefer, and Jonathan R.T. Davidson. 2007. "Traumatic Events and Posttraumatic Stress in Cross-Cultural Mission Assignments." *Journal of Traumatic Stress* 20: 529–539.

_____, Dan G. Blazer, and Harold G. Koenig. 2008. "Religious and Spiritual Factors and the Consequences of Trauma: A Review and Model of the Interrelationship." *International Journal of Psychiatry in Medicine* 38: 507–524.

I. РОЗДУМИ НАД БОГОСЛОВ'ЯМ СТРАЖДАННЯ
Скотт Е. Шом

Sittser, Gerald. 1995. *A Grace Disguised.* Grand Rapids, MI: Zondervan Publishing.

Hodges, Zane C. 1994. *The Epistle of James: Proven Character Through Testing.* Irving, TX: Grace Evangelical Society.

Russell, Pat. 2011. "The Beauty of the Cracked Vessel." *Conversations Journal* 9.2: 29.

II. РЕСУРСИ ДЛЯ ЕФЕКТИВНОЇ ПІДТРИМКИ
ЧАСТИНИ 1–3
Характерні реакції після травми, Дієва підтримка громади, Особиста стійкість
Карен Карр

American Psychiatric Association. 2000. Diagnostic and statistical manual of mental disorders (4th ed., text rev.). Washington, DC: Author.

Berry, Wendell. 1996. A World Lost. Washington, DC: Counterpoint.

_____. 2009. Whitefoot: A Story from the Center of the World. Berkeley, CA: Counterpoint.

Brown, Ron. 2007. "Case Study" in Worth Keeping: Global Perspectives on Best Practice in Missionary Retention, ed. Hay, Rob, Valerie Lim, Detlef Blocher, Jaap Ketelaar, and Sarah Hay. Pasadena, CA: William Carey Library.

Bunyan, John. 1968. The Pilgrim's Progress. New York: Dodd, Mead, & Company.

Collier, Winn. 2007. Let God: The Transforming Wisdom of Fenelon. Brewster, Massachusetts: Paraclete Press.

Dolan, Yvonne. 1998. One Small Step: Moving Beyond Trauma and Therapy to a Life of Joy. Watsonville, CA: Papier-Mache Press.

Dyregrov, A. 1997. "The process in psychological debriefings." Journal of Traumatic Stress 10: 589-605.

Fawcett, J. 2002. "Preventing broken hearts, healing broken minds" in Danieli, Y. (Ed.). Sharing the front line and the back hills. Amityville, New York: Baywood Publishing Company, Inc.

Forbes, A. and D. Roger. 1999. "Stress, social support and fear of disclosure." British Journal of Health Psychology 4: 165-179.

Greeson, Charlotte, Mary Hollingsworth, and Michael Washburn. 1990. The Grief Adjustment Guide. Sisters, OR: Questar Publishers, Inc.

Hart, Archibald. 2001. Unmasking Male Depression. Nashville, TN: Word Publishing.

Kessler, Ronald C., Amanda Sonnega, Evelyn Bromet, Michael Hughes, and Christopher B. Nelson. 1995. "Posttraumatic stress disorder in the National Comorbidity Survey." Archives of General Psychiatry 52, no. 12 : 1048.

Keane, T.M., W. O. Scott, G. A. Cavoya, D. M. Lamparski, and J. A. Fairbank. 1985. "Social support in Vietnam veterans with Posttraumatic Stress Disorder: A comparative analysis." Journal of Consulting and Clinical Psychology 53: 95-102.

Lake, Frank. 1966. "The Dynamic Cycle." Clinical Theology: A Clinical and Psychiatric Basis to Clinical Pastoral Care, Vol 1. Great Britain: Darton, Longman and Todd.

Mason, Mike. 1994. The Gospel According to Job. Illinois: Crossway Books.

Means, James. 2006. Tearful Celebration: Finding God in the Midst of Loss, Oregon: Multnomah Publishers, Inc.

Mitchell, J. 1983. "When disaster strikes: The critical incident debriefing process." Journal of the Emergency Medical Services 8: 36-39.

National Child Traumatic Stress Network and National Center for PTSD. 2006. Psychological First Aid: Field Operations Guide, 2nd Edition.

Nouwen, Henri. 1990. The Road to Daybreak. New York: Doubleday.

Schaefer, Frauke C., Dan G. Blazer, Karen F. Carr, Kathryn M. Connor, Bruce Burchett, Charles A. Schaefer, and Jonathan RT Davidson. 2007. "Traumatic events and posttraumatic stress in cross-cultural mission assignments." Journal of Traumatic Stress 20, no. 4: 529-539.

Schiraldi, Glenn R. 2000. The post-traumatic stress disorder sourcebook. Los Angeles, CA: Lowell House.

Slaikeu, Karl. 1990. Crisis Intervention: A Handbook for Practice and Research. Boston, MA: Allyn and Bacon.

_____, and Steve Lawhead. 1984. Up from the Ashes. Grand Rapids, MI: Zondervan Publishing House.

Snelgrove, Toby. 1999. Critical incident stress: Sources, symptoms, and solutions. New Westminster, B.C.: Justice Institute of British Columbia.

Vanier, Jean. 1989. Community and Growth. Paramus, NJ: Paulist Press.

Wangerin, Walter. 1992. Mourning into Dancing. Grand Rapids, MI: Zondervan Publishing House.

ЧАСТИНИ 4–5

Здоровий стрес-менеджмент. Управляючи сильним травматичним стресом

Фрауке Шейфер

Bannano, George A. 2004. "Loss, Trauma, and Human Resilience: Have We Underestimated the Human Capacity to Thrive After Extremely Aversive Events?" *American Psychologist* 59: 20–28.

Coppen, Alec and John Bailey. 2000. "Enhancement of the Antidepressant Action of Fluoxetine by Folic Acid: A Randomized, Placebo Controlled Trial." *Journal of Affective Disorders* 60: 121-130.

_____, C. Bolander-Gouaille. 2005. "Treatment of Depression: Time to consider Folic Acid and Vitamin B12." *Journal of Psychopharmacology* 19: 59-65.

Davidson, J. R., V. M. Payne, K. M. Connor, E. B. Foa, et al. 2005. "Trauma, Resilience, and Saliostasis: Effects of Treatment in Post-traumatic Stress Disorder." *International Clinical Psychopharmacology* 20: 43-48.

Frewen, Paul A., and Ruth A. Lanius. 2006. "Neurobiology of Dissociation: Unity and Disunity in Mind–Body–Brain." *Psychiatric Clinics of North America* 29: 113–128.

Jacobson, E. 1938. *Progressive Muscle Relaxation.* Oxford, England: University Chicago Press.

Leproult, Rachel, Georges Copinschi, Orfeu Buxton, and Eve Van Cauter. 1997. "Sleep Loss Results in an Elevation of Cortisol Levels the Next Evening." *Journal of Sleep Research and Sleep Medicine* 20: 865-870.

Mills, David E., and Ron P. Ward. 1986. "Attenuation of Stress-induced Hypertension by Exercise Independent of Training Effects: An Animal Model." *Journal of Behavioral Medicine* 9: 599-605.

Krakow, B., M. Hollifield, L. Johnston, M. Koss, R. Schrader, et al. 2001. "Imagery Rehearsal Therapy for Chronic Nightmares in Sexual Assault Survivors With Posttraumatic Stress Disorder—A Randomized Controlled Trial." *JAMA* 286:537–45.

Nilsson, Ulrica. 2009. "The Effect of Music Intervention in Stress Response to Cardiac Surgery in a Randomized Clinical Trial." *Heart & Lung: The Journal of Acute and Critical Care* 38: 201–207.

_____, M. Unosson, and N. Rawal. 2005. "Stress Reduction and Analgesia in Patients Exposed to Calming Music Postoperatively: A Randomized Controlled Trial." *European Journal of Anaesthesiology* 22: 96–102.

Ozer, E. J., Best, S. R., Lipsey,T. L., and D. S. Weiss. 2003. "Predictors of Posttraumatic Stress Disorder and Symptoms in Adults: A Metaanalysis" *Psychological Bulletin* 129: 52–73. Bottom of Form

Patel, Vikram. 2003. *Where There Is No Psychiatrist: A Mental Health Care Manual.* Glasgow, UK: Bell & Baine.

Richardson, G. E. 2002. "The Metatheory of Resilience and Resiliency." *Journal of Clinical Psychology* 58: 307-321.

Rimm, D. C. and J. C. Masters. 1979. *Behavior Therapy: Techniques and Empirical Findings.* New York: Academic Press.

Salmon, Peter. 2001. "Effects of Physical Exercise on Anxiety, Depression, and Sensitivity to Stress: A Unifying Theory." *Clinical Psychology Review* 21: 33-61.

Sanchez-Villegas, A., M. Delgado-Rodriguez, A. Alonso, J. Schlatter, et. al. 2009. "Association of the Mediterranean Dietary Pattern With the Incidence of Depression." *Archives of General Psychiatry* 66: 1090-1098.

Schaefer, Frauke C., Dan G. Blazer, Karen F. Carr, B. Burchett, Charles A. Schaefer, and Jonathan R. T. Davidson. 2007. "Traumatic Events and Posttraumatic Stress in Cross-Cultural Mission Assignments" *Journal of Traumatic Stress* 20: 529–539.

Shapiro, Francine. 2012. *Getting Past your Past: Take Control of Your Life with Self-help Techniques from EMDR Therapy.* New York: Rodale.

Sittser, Jerry. 2004. *A Grace Disguised: How the Soul Grows Through Loss.* Grand Rapids, MI: Zondervan.

Solomon, Z., R. Shklar, and M. Mikulincer. 2005. "Frontline Treatment of Combat Stress Reaction: A 20-Year Longitudinal Evaluation Study." *American Journal of Psychiatry* 162: 2309-2314.

Starzec, J., D. F. Berger, and R. Hesse. 1983. "Effects of Stress and Exercise on Plasma Corticosterone, Plasma Cholesterol, and Aortic Cholesterol Levels in Rats." *Psychosomatic Medicine* 45: 219-226.

Van der Kolk, Bessel A. "The Body Keeps the Score: Approaches to the Psychobiology of Posttraumatic Stress Disorder." In *Traumatic Stress: The Effects of Overwhelming Experience on Mind, Body, and Society*, ed. Bessel van der Kolk, Alexander C. McFarlane, and Lars Weisaeth. 2007. 303–327. New York: Guildford Press.

_____, O. Van der Hart, and C. R. Marmar. "Dissociation and Information Processing in Posttraumatic Stress Disorder." In *Traumatic Stress: The Effects of Overwhelming Experience on Mind, Body, and Society*, ed. Bessel van der Kolk, Alexander C. McFarlane, and Lars Weisaeth. 2007. 303–327. New York: Guildford Press.

Werner, David, Carol Thuman, and Jane Maxwell.1992. *Where There Is No Doctor: A Village Health Care Handbook,* revised edition. Berkeley, CA: Hesperidan Foundation.

ЧАСТИНА 6
Духовні ресурси в подоланні травми
Фрауке і Чарлі Шейфер

Brueggemann, Walter. 1984. *The Message of the Psalms – A Theological Commentary*. Minneapolis, MN: Augsburg Publishing House.

_____. 1992. "The Rhetoric of Hurt and Hope: Ethics, Odd and Critical." In *Old Testament Theology* by Walter Brueggemann, 45–66. Minneapolis, MN: Fortress Press.

Calhoun, Lawrence G., and Richard G.Tedeschi. 1999. *A Clinician's Guide Facilitating Posttraumatic Growth*. Mahwah, NJ: Lawrence Erlbaum Associates.

_____. 2006. *Handbook of Posttraumatic Growth – Research and Practice*. Mahwah, NJ: Lawrence Erlbaum Associates.

De Saint Exupery, Antoine. 2000. *The Little Prince*. Mariner Books.

Donahue, Michael J. 1986. "Intrinsic and Extrinsic religiousness: Review and meta-analysis." *Journal of Personality and Social Psychology* 48:400-419.

Fontana, Alan, and Robert Rosenheck. 2004. "Trauma, Change of Religious Faith, and Mental Health Service Use among Veterans Treated for PTSD." *The Journal of Nervous and Mental Disease* 192: 579-584.

Fuller Youth Institute. 2008. "Leadership Team Training Resource–Trauma and Lament." Posted August 21, 2008. Accessed July 6, 2012. http://www.fulleryouthinstitute.org/pdfs/Trauma-Lament_Leader_Resource.pdf

Hackney, Charles H., and Glenn S. Sanders. 2003. "Religiosity and Mental Health: A Metaanalysis of Recent Studies." *Journal for the Scientific Study of Religion* 42(1):43-65.

Hillenbrand, Laura. 2010. *Unbroken: A World War II Story of Survival, Resilience, and Redemption.* New York: Random House.

Journey-Through-Grief.com. "Grief Journaling with the Psalms of Lament". Last accessed July 7, 2012. http://www.journey-through-grief.com/grief-journaling-with-laments.html

Kelsey, David H. 2005. *Imagining Redemption.* Louisville, KY: Westminster John Knox Press.

Luskin, Fred. 2002. *Forgive for Good: A Proven Prescription for Health and Happiness.* New York: HarperCollins Publishers.

Meador, Keith G., Harold G. Koenig; Dana C. Hughes, Dan G. Blazer, et al. 1992. "Religious Affiliation and Major Depression." *Hospital & Community Psychiatry* 43: 1204–1208.

Orth, Ulrich; and Elias Wieland. 2006. "Anger, Hostility, and Posttraumatic Stress Disorder in Trauma-exposed Adults: A Meta-analysis." *Journal of Consulting and Clinical Psychology* 74(4): 698–706.

Osbeck, Kenneth W. 1990. *Amazing Grace.* Grand Rapids, MI: Kregel Publications.

Pargament, Kenneth I., Bruce W. Smith, Harold G. Koenig, and Lisa Perez. 1998. "Patterns of Positive and Negative Religious Coping with Major Life Stressors." *Journal for the Scientific Study of Religion* 37: 710–724.

_____, and P. J. Sweeney. 2011. "Building Spiritual Fitness in the Army: An Innovative Approach to a Vital Aspect of Human Development." *American Psychologist* 66(1):58–64.

Park, Crystal L. 2005. "Religion as a Meaning-Making Framework in Coping with Life Stress." *Journal of Social Issues* 61:707–729.

Schaefer, Frauke C., Dan G. Blazer, and Harold G. Koenig. 2008. "Religious and Spiritual Factors and the Consequences of Trauma: A Review and Model of the Interrelationship." *The International Journal of Psychiatry in Medicine* 38(4): 507–524.

Sittser, Jerry. 2004. *A Grace Disguised: How the Soul Grows Through Loss.* Expanded Edition. Grand Rapids, MI: Zondervan Publishing House.

Smedes, Lewis. 1984. *Forgive and Forget.* New York: Pocket Books.

Smith, Timothy B., Michael E. McCullough, and Justin Poll. 2003. "Religiousness and Depression: Evidence for a Main Effect and the Moderating Influence of Stressful Life Events." *Psychological Bulletin* 129(4): 614–636.

Wolterstorff, Nicholas. 1987. *Lament for a Son.* Grand Rapids, MI: William B. Eerdmans Publishing Company.

Yancey, Philip. 2010. *What Good is God? In Search of a Faith that Matters*. New York: FaithWords Hachette Book Group.

ЧАСТИНА 7
Молитва, яка зцілює
Енн Хеймел

Boyd, Gregory. 2004. *Seeing Is Believing*. Grand Rapids, MI: Baker Books.

Keating, Thomas. 1999. *The Human Condition: Contemplation and Transformation*. New York: Paulist Press.

Jung, C.G. 1973. *Letters*. Vol. 1. Translated by R. F. C. Hull. Princeton, NJ: Princeton University Press.

Levine, Peter A., and Ann Fredrick. 1997. *Waking the Tiger: Healing Trauma: The Innate Capacity to Transform Overwhelming Experiences*. Berkeley, CA: North Atlantic Books.

Miller, Calvin, 2000. *Into the Depths of God: Where Eyes See the Invisible, Ears Hear the Inaudible, and Minds Conceive the Inconceivable*. Minneapolis, MN: Bethany House.

Poloma, Margaret M., and George H. Gallup, Jr. 1991. *Varieties of Prayer: A Survey Report*. Philadelphia, PA: Trinity Press International.

Sanford, Agnes. 1983. *The Healing Light*. New York: Ballantine Books.

Seamands, David A. 1973. *Healing of Memories*. Wheaton, IL: Victor Books.

_____. 1981. *Healing for Damaged Emotions*. Wheaton, IL: Victor Books.

Servan-Schreiber, David M.D., Ph.D. 2004. *The Instinct to Heal, Curing Depression, Anxiety, and Stress Without Drugs and Without Talk Therapy*. Paris: Editions Robert Laffont, S.A.

Tozer, A.W. 1992. *The Pursuit of God: The Human Thirst for the Divine*. Camp Hill, PA: Christian Publications, Inc.

Wardle, Terry. 1994. *Wounded: How to Find Wholeness and Inner Healing in Christ*. Ashland, OH: Cornerstone Formation Ministries, Inc.

_____. 2001. *Healing Care, Healing Prayer*. Orange, CA: New Leaf Books

White, Ellen G. 2001. *The Desire of Ages*. Coldwater, MI: Remnant Publications.

ПРО АВТОРІВ

Карен Ф. Карр, Ph.D., член організації «Barnabas International», є місіонеркою та клінічним психологом; працює клінічним директором у «Мобільній команді душеопікунства». 1989 року отримала докторський ступінь у клінічній психології у Virginia Commonwealth University та 1990-го завершила аспірантуру у сфері судової психології в University of Virginia. Упродовж восьми років вона працювала в центрі психічного здоров'я у Вірджинії, спочатку керівником клініки, а потім керівником програми з надання допомоги в надзвичайних ситуаціях. Починаючи з 2000 року, Карен живе в Західній Африці, спочатку в Кот-д'Івуарі, нині в Гані. Вона служить у «Мобільній команді душеопікунства» в Західній Африці, проводячи антикризові тренінги, оцінку, клінічне спостереження і консультації. Карен також працює в міжнародній команді МКД, забезпечуючи клінічне спостереження і набір співробітників.

Більше інформації про «Мобільну команду душеопікунства» на www.mtmct.org

Л. Енн Хеймел, Ph.D., D.Min., є клінічним психологом в University Medical Center у Беррієн-Спрінгс, штат Мічиган. До переїзду в Беррієн-Спрінгс 1990 року Енн одинадцять років служила місіонеркою в Центральній Африці. 1990 року Енн, її чоловік і троє маленьких синів потрапили в автокатастрофу в Руанді, після якої Енн залишилась вдовою й отримала серйозні ушкодження разом із найменшим сином. Через декілька місяців після аварії і повернення до Сполучених Штатів Енн розпочала процес здобуття докторського ступеня у сфері консультативної психології в Andrews University в Беррієн-Спрінгс, поставивши собі за мету допомагати місіонерам та іншим служителям, які зазнали травматичних подій. У цей період вона познайомилась з д-ром Лореном Хеймелом, лікарем і самотнім батьком чотирьох дітей. 1995 року вони об'єднали своїх сімох дітей в одну родину. Енн пройшла докторську інтернатуру в Pine Rest, у християнській психіатричній лікарні в Гранд-Рапідс, штат Мічиган. 2007 року вона отримала ступінь доктора служіння у сфері консультування в Ashland Theological Seminary. Енн працює з місіонерами як в Америці, так і за кордоном. Її спеціалізація – інтеграція релігії та психології в контекст лікування травми.

Скотт Е. Шом, М.А., нині служить в організації «Barnabas International» директором з розвитку персоналу. Він займається коучингом, духовним менторством і навчанням місіонерів у всьому світі, щороку відвідуючи багато країн. Життєве покликання Скотта – бути пастирем, і він прагне виявляти це в кожному контексті, направляючи людей до Живого Христа. Раніше він служив організатором церкви в Гонконзі, отримав ступінь магістра біблійних досліджень у Dallas Theological Seminary, також отримав освіту у сфері духовного менторства і пасторського консультування. Скотт одружений на Бет; у них троє дорослих синів.

Більше інформації про «Barnabas International» на www.barnabas.org

Чарлі А. Шейфер, Ph.D., служить клінічним психологом у Чапел-Хілл, штат Північна Кароліна. Ще до служіння в місії «Вікліф» у Того і Беніні, Західна Африка, отримав ступінь у сфері фізики й електромеханіки. Бажання підтримати християнських служителів привело його до подальшого навчання. Він отримав ступінь магістра богослов'я і доктора клінічної психології у Fuller Theological Seminary. Понад двадцять років займався приватною практикою. Чарлі працював у службі психічного здоров'я, а також у контексті церкви та місій. Він і його дружина, Фрауке Шейфер, тривалий час підтримують християнські церкви і місії, консультуючи пасторів і місіонерські організації, подорожуючи за кордон для проведення семінарів і ретритів та надання клінічної допомоги служителям. Крім того, Чарлі є одним із координаторів щорічної конференції «Психічне здоров'я і місія». Особливо цікавою для нього темою є застосування

християнських духовних ресурсів для посилення стійкості в період травми, горя, конфлікту, сорому і провини.
Вебсайт: www.CharlieSchaefer.com

Фрауке С. Шейфер, M.D., німецький сімейний лікар, служила в International Nepal Fellowship як керівник Green Pastures Hospital у Покхарі, Непал, у період 1990–1997 роки. Інтерес до сфери психічного здоров'я в контексті місій спонукав її вивчення психотерапії в християнській психіатричній лікарні (Klink Hohe Mark) у Німеччині. У цей період вона познайомилась з Чарлі Шейфером, американським християнським психологом зі схожими професійними інтересами, та вийшла за нього заміж, а 2000 року переїхала до Північної Кароліни, США. Її ординатура на факультеті психіатрії в Duke University надала їй можливість провести дослідження на тему травми і стійкості в житті місіонерів. У контексті дослідження вона вивчила вплив духовних факторів на наслідки травми. Фрауке продовжує працювати на факультеті консультування в Duke University і водночас займатися (з 2006 р.) приватною практикою в Чапел-Хілл, штат Північна Кароліна, допомагаючи багатьом служителям в американських церквах і в міжкультурних місіях. Вона консультує, проводить оцінку і тренінги та надає клінічну допомогу.
Вебсайт: www.FraukeSchaeferMD.com

www.ingramcontent.com/pod-product-compliance
Lightning Source LLC
Chambersburg PA
CBHW070420010526
44118CB00014B/1842